普通高等教育教材

客舱安全管理与应急处置

高宏 亢元 郑大莉 主编

KECANG ANQUAN GUANLI
YU YINGJI CHUZHI

化学工业出版社

·北京·

内容简介

本教材参考了"航空服务艺术与管理"和"空中乘务"专业人才培养目标和课程标准,分为基础知识、客舱安全管理、客舱应急处置三篇,包括总述、客舱安全管理及应急预案、客舱安全运行规则与客舱安全管理程序、旅客安全管理、客舱安全保卫、客舱灭火、劫机与爆炸物的应急处置、客舱释压应急处置、迫降与应急撤离、野外生存及客舱安全特情应急处置11章,并附应急处置实训指导书。在每章结构上,除了介绍基本内容外,还增加了学习目的、理论知识点、能力与素质、开放式讨论、思政阅读、本章总结、后续阅读、自我心理建设、课后思考与复习等教学逻辑导向元素,特别是在理论知识点提炼、精选的11个思政建设典型素材、拟定的11个典型的开放式讨论主题等,使教材更具特色,助力于新专业目录下航空人才的培养。

本教材逻辑严谨、内容全面,可作为本科"航空服务艺术与管理"、专科"空中乘务"等专业教材,也可以作为空乘职业培训教材,还可作为关注民航服务相关人士的参考阅读资料。

图书在版编目(CIP)数据

客舱安全管理与应急处置/高宏,亢元,郑大莉主编. —北京:化学工业出版社,2023.8
普通高等教育教材
ISBN 978-7-122-43539-2

Ⅰ.①客… Ⅱ.①高… ②亢… ③郑… Ⅲ.①民用航空-旅客运输-客舱-安全管理-高等学校-教材②民用航空-旅客运输-客舱-突发事件-处理-高等学校-教材 Ⅳ.①F560.82

中国国家版本馆CIP数据核字(2023)第094623号

责任编辑:姜 磊 旷英姿　文字编辑:张瑞霞 沙 静
责任校对:宋 夏　　　　　装帧设计:王晓宇

出版发行:化学工业出版社
　　　　(北京市东城区青年湖南街13号 邮政编码100011)
印　　刷:北京云浩印刷有限责任公司
装　　订:三河市振勇印装有限公司
787mm×1092mm 1/16 印张12½ 字数283千字
2023年10月北京第1版第1次印刷

购书咨询:010-64518888
售后服务:010-64518899
网　　址:http://www.cip.com.cn

凡购买本书,如有缺损质量问题,本社销售中心负责调换。

定　价:39.80元　　　　　　　　　　　　　　版权所有　违者必究

前言
PREFACE

安全是民航持续发展的基础和前提,百余年民航发展史的经验和教训警示我们:民航安全是民航的生命线,没有安全作为保证,民航的发展就无从谈起,保证安全是民航系统运行的核心,任何民航不安全事故的发生将牵涉国家层面,波及整个民航业的发展。客舱作为民航运输的微观载体,它承载的是旅客,更是旅客安全的期待,是落实"确保航空运行绝对安全,确保人民生命绝对安全"的第一阵地。在客舱服务的过程中,客舱服务人员既要为旅客服务,更要为客舱安全承担责任,这就需要在客舱服务人才的培养中,坚持以安全意识、安全责任培养为核心的人才培养理念,着力培养客舱安全管理能力及应急处置的技能。目前,各相关高校的航空服务类专业中,均将"客舱安全管理与应急处置"课程纳入培养计划,并配置相应的实训等实践教学环节,使人才培养不断地适应民航安全的需要。同样,在航空公司的客舱乘务员/安全员岗前培训和定期复训中,客舱安全管理与应急处置的相关训练占有突出的地位。

本教材的开发以"航空服务艺术与管理"本科专业学生为主要目标群体,同时兼顾其他层面的空中乘务专业的教学需要。在编写过程中,编者着力研究了自我国航空服务专业设置以来的教学实践及专业建设的发展趋势,充分学习已出版的同类教材研究成果,结合航空公司乘务员/安全员岗前培训特点,以塑造民航安全素质为导向,以培养学生的客舱安全处置能力为目标,通过教材内容的梳理,努力使教材内容更贴近新的专业目录下专业层次定位与学科属性的要求。基于"航空服务艺术与管理"的学科属性,在内容安排和阐述方式上,首先稳固技能培养目标,同时,适度增加理论分析,理论与实践相结合,使学生知其然,又知其所以然,以增强学生的自主思考能力和独立解决问题的能力,也是对提高人才培养层次途径的一次有益的尝试。

根据我国教育部门对教材建设的指导意见，教材努力贯彻学科交叉融合的新文科理念以及立德树人的教育思想，增加了"思政阅读"的模块，精选具有思想深度和时代特征的民航案例，在潜移默化中帮助学生树立正确的价值观、人生观和世界观，努力把凝聚知识、讲授理论及技能与传播社会主义核心价值观和职业道德修养相结合，努力培养具有家国情怀与全球视野，爱民航、具有民航情怀的"民航人"。这也是本教材的一次尝试，以不负新时代赋予教材建设的新的使命。

本教材基于作者近20年民航服务专业建设与一线教学实践中的积累，对教材内容进行了重新架构，采用分篇的结构形式，使客舱内容交代得更清晰，层次感更强，逻辑更加合理，内容更加丰富，贴近教学需要。在编写过程中，编写组通力合作，力图把本领域的最新研究成果融入教材体系，努力为读者奉献有益的学习参考资料。

本教材由高宏（沈阳航空航天大学）担任第一主编，负责全书内容的策划及统稿，并编写了第一章、第二章、第四章和第十章；亢元（沈阳航空航天大学）负责编写了第三章、第六章、第七章和第十一章；郑大莉（郑州经贸学院）负责编写了第八章及附录；周智慧（沈阳航空航天大学）负责教材思政阅读的资料收集与整理，顾新宇（中国南方航空公司）负责第五章的编写，并对各章的实操环节进行审核，李璇璇（中国南方航空公司）负责第九章编写，并对各章实操环节提出了修改意见。在编写过程中，编者借鉴了前人对民航领域的研究成果，参考了大量有关书籍、刊物和资料，在此谨一并向前人和被引用的书刊和资料的作者致以敬意与诚挚的谢意。也向为本教材提供插图照片的沈阳航空航天大学航空服务艺术与管理专业的张明谦和邱永正同学致谢。同时，由于水平和时间有限，不妥之处，恳请读者给予更多关注、批评、指正和帮助。

编者

2022年5月

上篇 基础知识

第一章 总述 ……………………………………………………………………………… 2

第一节 客舱安全与飞行体验 …………………………………………………………… 4
    一、民航安全的发展 ……………………………………………………………… 4
    二、客舱服务的安全特性 ………………………………………………………… 5

第二节 客舱安全管理与应急处置的任务与要求 ……………………………………… 8
    一、客舱安全管理与应急处置的认知 …………………………………………… 8
    二、客舱安全管理职能 …………………………………………………………… 10
    三、应急处置的基本原则 ………………………………………………………… 11

第三节 影响客舱安全的因素 …………………………………………………………… 11
    一、飞行环境因素对客舱安全的影响 …………………………………………… 11
    二、航空管制与流量控制对客舱安全的间接影响 ……………………………… 12
    三、客舱设备因素的影响 ………………………………………………………… 12
    四、机组因素的影响 ……………………………………………………………… 13
    五、机上旅客因素的影响 ………………………………………………………… 13

思政阅读1 守护客舱就是守护国家的荣誉 ………………………………………………… 14
开放式讨论1 ………………………………………………………………………………… 15

第二章　客舱安全管理及应急预案 ……………………………… 17

第一节　我国民航安全管理体系 …………………………………… 19
一、民航安全管理组织体系 ……………………………………… 19
二、民航安全管理系统（SMS）………………………………… 22

第二节　客舱安全管理职能与要求 ………………………………… 23
一、客舱安全管理职能 …………………………………………… 23
二、客舱安全管理与应急处置的要求 …………………………… 23

第三节　机组客舱安全管理的责任分工 …………………………… 24
一、机长的客舱安全职责 ………………………………………… 25
二、主任乘务长/乘务长的客舱安全职责 ……………………… 26
三、区域乘务长的客舱安全职责 ………………………………… 26
四、客舱乘务员的客舱安全职责 ………………………………… 26
五、客舱安全员的责任 …………………………………………… 27
六、兼职消防员客舱安全职责 …………………………………… 27
七、客舱乘务带飞教员客舱安全职责 …………………………… 27
八、客舱乘务检查员客舱安全职责 ……………………………… 27
九、机上指挥权的接替 …………………………………………… 28

第四节　乘务组自我管理 …………………………………………… 28
一、工作情绪管理 ………………………………………………… 28
二、身体健康主动管理 …………………………………………… 28
三、遵章守纪的自律管理 ………………………………………… 29
四、行为规范严格管理 …………………………………………… 29
五、个人安全自觉管理 …………………………………………… 29

第五节　客舱安全应急响应机制 …………………………………… 29
一、什么是客舱安全应急响应机制 ……………………………… 29
二、各类突发事件应急预案 ……………………………………… 30

思政阅读2　着力构建具有中国特色的航空安全治理体系 …………… 32
开放式讨论2 …………………………………………………………… 33

中篇 客舱安全管理

第三章 客舱安全运行规则与客舱安全管理程序……………………36

第一节 客舱安全运行规则………………………………………………38
　　一、各种情况下客舱与驾驶舱的联络规则……………………………38
　　二、进入驾驶舱人员的限制……………………………………………39
　　三、加机组成员的管理…………………………………………………40

第二节 客舱安全管理程序………………………………………………41
　　一、旅客登机前的客舱安全准备………………………………………41
　　二、旅客登机时的各项安全检查………………………………………41
　　三、飞机推出前的安全检查……………………………………………41
　　四、飞机滑出时的安全检查……………………………………………42
　　五、飞机起飞前的安全检查……………………………………………42
　　六、飞行中的安全检查…………………………………………………42
　　七、着陆前的安全检查…………………………………………………42

第三节 机舱门的开关程序及风险分析…………………………………43
　　一、机舱门操作与规则…………………………………………………43
　　二、机舱门关闭程序……………………………………………………43
　　三、重新打开舱门的程序………………………………………………44
　　四、内部开门存在的风险及缓解措施…………………………………45

思政阅读 3 "你开心，谁能放心！"——非机组成员非法进入
　　　　　 驾驶舱的警示……………………………………………………45

开放式讨论 3………………………………………………………………46

第四章 旅客安全管理……………………………………………………48

第一节 旅客安全管理基本规范…………………………………………50
　　一、旅客安全带的管理…………………………………………………50
　　二、旅客座椅的管理……………………………………………………50
　　三、旅客安全告示………………………………………………………51

四、便携式电子设备的禁用和限制…………………………………………51
　　　五、儿童固定装置的安全管理…………………………………………………52
　　　六、机上饮用酒精饮料的限制…………………………………………………52
　　　七、拒绝运输的条件和权力……………………………………………………53
　　　八、空中颠簸的安全管理程序…………………………………………………54
　　　九、特殊旅客的管理……………………………………………………………55
　　　十、危险品管理…………………………………………………………………57
　第二节　机上旅客行为管理………………………………………………………59
　　　一、机上旅客扰乱行为管理……………………………………………………59
　　　二、旅客非法干扰行为管控……………………………………………………61
　第三节　旅客的安全教育与培训…………………………………………………63
　　　一、旅客的安全教育与培训的重要性…………………………………………63
　　　二、乘客的教育安全训练内容…………………………………………………64
　思政阅读4　"空乘不仅是旅客的服务员，更是飞行安全的守卫者"
　　　　　　——春秋"大嗓门"空姐获奖励……………………………………65
　开放式讨论4………………………………………………………………………66

第五章　客舱安全保卫……………………………………………………………68
　第一节　概述…………………………………………………………………………70
　　　一、客舱安全保卫的认识………………………………………………………70
　　　二、客舱安全保卫特征…………………………………………………………70
　第二节　航空客运安全保卫工作内容……………………………………………71
　　　一、旅客及其手提行李…………………………………………………………71
　　　二、托运枪支弹药………………………………………………………………71
　　　三、接受司法和行政强制措施的人员以及遣返人员…………………………72
　　　四、携带武器乘机人员…………………………………………………………72
　　　五、过站和转机安全保卫………………………………………………………73
　　　六、登机口的安全保卫…………………………………………………………74
　第三节　航空器地面安全保卫……………………………………………………74
　　　一、概述…………………………………………………………………………74
　　　二、航空器地面保卫工作规则…………………………………………………75

第四节　飞行过程的安全保卫 ·· 76
　　　　一、机长的安全保卫权力 ·· 76
　　　　二、机组成员的安全保护责任 ··· 76
　　　　三、安全员的权力 ··· 76
　　　　四、飞行中客舱安保协同 ·· 77
　　　　五、机上旅客的安全保卫职责 ··· 77
　　　　六、机上防恐防爆 ··· 77
　思政阅读 5　民航安全从我做起——昆明航空"蓝卫"特勤小组开
　　　　　　　展航空安全进校园活动 ·· 78
　开放式讨论 5 ·· 79

下篇　客舱应急处置

第六章　客舱灭火 ·· 82
　第一节　火灾和烟雾的基本知识 ·· 84
　　　　一、客舱火灾特点及危害 ·· 84
　　　　二、烟雾及危害 ·· 85
　第二节　飞机上常见的火灾类型及发生场景 ··· 85
　　　　一、飞机上常见的火灾类型 ·· 85
　　　　二、飞机上火灾隐患易发生的场景 ··· 86
　　　　三、引起火灾的原因 ·· 86
　第三节　客舱内烟雾及起火处置的组织与操作流程 ···································· 87
　　　　一、客舱火灾处置的一般原则 ··· 87
　　　　二、处置的组织方式 ·· 87
　　　　三、处置的操作流程 ·· 88
　　　　四、对旅客的保护 ··· 88
　第四节　不同环境/物品失火的处置 ··· 88
　　　　一、常见灭火设备 ··· 88
　　　　二、不同环境/物品失火的处置方式 ·· 89
　第五节　客舱火灾的预防 ·· 93

一、强化乘务安全意识，提高设备的操作规范性……93
　　二、加强客舱安全宣传力度，避免旅客人为因素引发火情……93
　　三、提倡乘务员之间的互防互查，堵塞安全漏洞……93
　　四、加大巡视力度，特别是重点区域的巡视……94
思政阅读6　警示促警醒、知"疼痛"受教育——《关于深入开展运输航空公司空勤人员作风整顿的实施方案》启示……94
开放式讨论6……95

第七章　劫机与携带爆炸物的应急处置……97

第一节　劫机应急处置……99
　　一、劫机的概述……99
　　二、劫机的分类……100
　　三、反劫机处置的基本原则……100
　　四、劫机的防范措施……101
　　五、反劫机处置……102

第二节　客舱爆炸物的应急处置……106
　　一、客舱爆炸物及危害性……106
　　二、爆炸物的种类……106
　　三、最低风险爆炸区（LRBL）……107
　　四、机上发现（疑似）爆炸物处置程序……107
　　五、对（疑似）爆炸物的处置技术方法……109
　　六、（疑似）爆炸物匿名电话的处置程序……110

思政阅读7　英雄"空姐"郭佳："劫机者"是这样被制服的……111
开放式讨论7……112

第八章　客舱释压应急处置……114

第一节　概述……115
　　一、客舱释压……116
　　二、客舱释压的危害……116
　　三、释压的种类……118

　　　　四、出现释压时的反应 ··· 118
　　　　五、对机组成员的应急生存训练 ······································ 119
　第二节　客舱释压应急处置的原则与组织程序 ······························ 119
　　　　一、客舱释压应急处置遵循的原则 ··································· 119
　　　　二、客舱释压应急处置组织程序 ······································ 120
　第三节　客舱释压的应急处置规范 ·· 120
　　　　一、驾驶舱机组人员对释压做出的直接处置 ······················ 120
　　　　二、客舱乘务员对释压的直接处置程序 ···························· 120
　　　　三、释压时客舱应保持的状态 ·· 120
　　　　四、释压后的处置程序 ··· 121
　思政阅读 8　机舱释压，职责加压，128 条生命与死神擦肩而过
　　　　　　　——《中国机长》··· 121
　开放式讨论 8·· 122

第九章　迫降与应急撤离 ·· 124

　第一节　迫降的应急处置 ··· 126
　　　　一、备降与迫降 ·· 126
　　　　二、迫降种类 ··· 128
　　　　三、迫降要求 ··· 128
　　　　四、防冲撞姿势 ·· 128
　　　　五、迫降程序 ··· 130
　第二节　应急撤离 ·· 132
　　　　一、应急撤离概述 ··· 132
　　　　二、应急撤离的基本知识 ·· 132
　　　　三、应急撤离程序 ··· 139
　　　　四、应急（撤离）广播和指挥口令 ·································· 142
　思政阅读 9　俄客机起火，撤离时被要拿行李的
　　　　　　　乘客延误了 ··· 147
　开放式讨论 9·· 148

第十章 野外生存 … 150

第一节 野外生存的基本知识 … 151
一、威胁生命的主要因素 … 151
二、必须掌握的主要生存技巧 … 152
三、野外求生要素 … 152

第二节 陆地生存 … 153
一、撤离后的组织 … 153
二、避难所的选择与构建 … 153
三、信号与联络 … 154
四、饮水 … 155
五、食物 … 156
六、野外生火 … 157

第三节 水上生存 … 158
一、水上生存的困难 … 158
二、水上生存的要点 … 158
三、发现陆地 … 159
四、获救 … 159

第四节 特殊环境求生 … 160
一、冬季/极冷求生 … 160
二、森林生存 … 161
三、沙漠生存 … 161

思政阅读10 真人版荒野求生——飞行员迷失在亚马孙丛林36天后成功获救 … 161

开放式讨论10 … 162

第十一章 客舱安全特情应急处置 … 164

第一节 飞机颠簸 … 166
一、颠簸及对安全的影响 … 166
二、颠簸的处置 … 167
三、颠簸危害的预防 … 168

第二节　机上旅客物品丢失 168
    一、预防遗失与被盗 168
    二、遗失与被盗的处置 169
  第三节　特殊救治 169
    一、烧伤烫伤 169
    二、晕厥 170
    三、心绞痛 171
    四、气道异物阻塞 171
    五、心肺复苏（CPR） 172
  第四节　传染病处置 173
    一、航空鼠疫疫情处理措施 173
    二、航空霍乱疫情处理措施 174
    三、新冠疫情处置措施 174
思政阅读 11　以"三个敬畏"构建民航安全的钢铁防线 176
开放式讨论 11 177

附录　应急处置实训指导书 179
  一、实训项目 179
  二、实训要求 179
  三、实训目的 179
  四、实训条件 179
  五、实训内容 179
  六、实训考核建议 185

参考文献 186

CIVIL AVIATION

上篇
基础知识

第一章 总 述

"人民至上、生命至上",人的生命高于一切,任何行业的发展与运行都必须把人身安全置于首位。鉴于民航运输的特殊性,其安全性涉及的范围之广,影响之大,远超过其他交通运输方式。在民航发展的初期,民航安全尚无技术层面可靠的保证,客舱设施十分简陋,功能简单,更谈不上保证旅客客舱安全的设施和技术手段。但如今现代的民航飞机,客舱设施不断完善,应急处置的手段更加丰富,防范措施更加完备,大大提高了防御各种客舱安全风险的能力,可以说,今天的民航是安全的民航,是最安全的交通运输工具之一。同时,客舱安全是一个系统性问题,包括客舱不安全因素的管控、紧急情况下的科学处置,不再是简单的人与人、人与设备的问题,而是一个客舱安全系统的管控和紧急情况下组织与管理、应急设备的有效利用集成性问题。

通过有效的客舱安全管理,借助现代化的应急响应设备,并在紧急情况下有效组织撤离疏散,客舱安全才能得到保证;将客舱安全置于法制与章程的管控下,有条不紊地按规范实施客舱服务,才能真正扎紧客舱安全的篱笆;只有客舱服务人员具备强烈的安全责任感与过硬的应急处置能力,关键时刻与旅客密切配合,才能使客舱真正成为抗御风险、保护旅客生命的安全堡垒。

本章从客舱安全与飞行体验的关系入手,分析了客舱安全管理与应急处置的基本要求,介绍了客舱安全管理与应急处置的原则,并系统地分析了影响客舱安全的因素,以期使学生建立起客舱安全与应急处置的整体概念与安全意识,为进一步掌握客舱安全管理的基本手段与方法、培养不同紧急情况下的应急处置能力与技术奠定扎实的基础。

本章学习目的

本章的学习目的包括:
1. 理解民航安全的重要性,以及与旅客飞行体验的关系。
2. 理解民航服务与客舱安全的关系。
3. 全面理解与掌握影响客舱安全的因素。
4. 掌握客舱安全管理与应急处置的任务与要求。
5. 牢固树立客舱安全意识,正确处理客舱安全、应急处置与预防、预案的关系。

理论知识点

1. 客舱安全是民航安全系统中的重要组成部分，而客舱安全具有的随机性与突发性的特点，使得其产生的后果很难预知，必须以预防为前提，把客舱安全事故发生的概率控制至最低。

2. 客舱是个"人机"系统，包括旅客、乘务人员、管理规则及应急处置等，客舱安全的核心是人及其相关系统，因此，提高乘员的安全意识，落实安全责任，才是客舱安全的基础。

3. "百密一疏"，再完善的安全管理也避免不了出现漏洞，客舱应急处置可以化解危机，摆脱风险的威胁，使可能的损失最小化，因此，客舱安全管理与应急处置是最大的服务。

能力与素质

1. 能力要点

（1）总体分析能力：从客舱安全客观要求与影响因素出发，能够全面分析客舱安全的客观规律与特点，培养理论与实际相结合的能力。

（2）系统思维能力：客舱安全看似"有限空间"的孤立问题，但小客舱、大系统，解决客舱安全问题必须将预防、管理与处置相结合，以预防为主，过程管控贯穿始终，避免衍生发展与危机性突变，每一个环节与最后的安全灾难事故都是一个因果的逻辑演变过程。

2. 素质要点

（1）道德素质：国家情怀，爱民航，做"民航人"。

（2）职业素质：安全意识，培养"有令必行、有禁必止"的执行规范作风，敢于承担责任、团结合作。

导读

客舱安全是实现民航安全的最后一道堡垒

现代民航发展至今，一直面临着安全的挑战。早在民航诞生初期，安全问题是人们最关注的问题，但大批民航先驱与前辈，以热爱民航之心和永不屈服的勇敢精神，不断地探索与实践，积累了大量的经验，推动着民航逐步走向成熟；同时，现代科技进步的助力和管理水平提高，成就了今天的现代民航，也才有了今天更加安全可靠的民航运输。民航安全防线可以简略分为三个层面：第一是飞行器的安全、可靠与智能化，只有飞机可靠，才有民航发展的基础；第二是飞行技术与保障体系，驾驭飞行过程的操作技术与飞机的性能相结合，各种相关的保障措施到位，飞机才能安全地飞行；第三是客舱安全管理与应急处置能力，也是必要的安全保障，但总还有一些问题可能是在意料之外的，而面对客舱安全的管理与应急处置是民航安全的最后防线，可以化风险为平安，安全也许就"随手而得"。这里引用一位普通的乘务员关于客舱安全的演讲的内容："乘务员——客舱内的灵魂人物，我们需要以客舱安全管理为基础职责，提高业务水平，规范操作流程，肩负起客舱内部安全以及对旅客进行安全管理的重任。客舱安全取决于乘务人员和旅客的相互理解和相互配合，所以乘务人员不仅要做好本职工作，还要担负起管理、引导旅客的责任。"乘务员只有在高度的安全意识前提下，以认真、细致、负责的态度投入工作，做好客舱安全管理与应急处置，才能顺利圆满地完成一次又一次航班任务，使旅客享受愉快的飞行体验。

第一节　客舱安全与飞行体验

一、民航安全的发展

1. 世界民航安全的发展

早期的民航，由于飞行器的技术水平、客舱设备及机场、空管等各项保障条件的限制，民航安全一直是困扰其发展的核心问题。从早期民航以飞行为主要诉求，而无力做到更好的安全保障，致使民航安全事故频出，到如今的民航安全水平保持在稳定可控的状态，标志着民航步入了成熟的现代民航阶段。

早期的民航是冒险实践活动，而随着飞机不断演变，与人类高科技文明结合，飞行的安全水平得到了提升。直到20世纪40年代，飞机开始进入商业运营，民航逐渐成为普遍意义上的交通工具。在民航进入商业运行以后，民航安全才有了跨越式提升，时至今日，保证飞行安全成了全人类科学家和飞行专业人士的不懈追求目标。统计数据显示，从第二次世界大战至20世纪90年代，随着民用航空飞行数量的大幅上升，民航安全情况仍不容乐观，每年全球的飞行事故基本上稳定在60～80次之间。但到了20世纪90年代后，随着飞机制造技术、飞行保障的提升及飞行安全管理文化的普及，飞行事故数量开始逐年降低，民航安全保持着稳定的可控状态。今天的民航安全水平的提高，安全保障体系的日趋成熟，体现在以下几个方面。

第一，飞机制造商从气动、推进和飞机系统技术入手，提高了飞机系统的可靠度，同时，材料、电击保护、机体结构和客舱系统健康监测等方面的进步，极大地增强了飞机的安全性，减少了耗油率和维护费用，而减轻材料和结构重量又降低了制造成本，提高了飞机的经济性。比如说在飞机制造中新的合金材料和复合材料的使用，以及新的飞机维护定检制度，使以前（20世纪六七十年代）的飞机在空中解体的梦魇般的飞行事故大大减少。

第二，在民航的发展进程中，全世界最先进的技术和管理规范应用于飞行安全领域，使民航系统不断完善，逐渐形成系统的科学运行体系，在完整的闭合安全链下，航班安全得以保证。特别是20世纪80年代，新的技术创新与革命、智能化，使飞机可靠性与安全性有了长足的进步，尤其是空客公司和波音公司两大制造商的成长，造就了飞机制造业的良性竞争，使飞机的安全性、可靠性和经济性都得到了大幅度的提升，如现在全球飞行最多的波音737和空客A320系列，就是那个时代开始在各国航空公司普及的，具有划时代意义。

第三，新型的彩色气象雷达和增强型近地警告系统（EGPWS）作为标准设备配备在了所有的飞机上，使得飞行员能够避开风切变这样的气象飞行"杀手"，也使飞机可控撞地的技术大幅提升。飞机的避让系统也让飞行冲突这样的飞行事故几乎绝迹。同样，飞行保障系统不断完善，地面导航设备的精度也大幅提高。二次雷达、盲降等一系列新技术的使用，使飞行迷航的概率大大降低，飞行的安全性大大提高。

然而，安全是个复杂的系统工程，不存在绝对的安全，不安全因素总是存在的，总会以某一种方式影响着安全状态。时至今日，民航安全仍然存在着隐患，波音737MAX所出现的飞行事故就足以说明问题。再好的技术，再严谨的安全管理，再周密的安全保障措施，也总有遗漏的地方，百密一疏，客观是残酷的，民航安全必须警钟长鸣。

2. 我国的民航安全发展

我国真正的民航起步于新中国成立以后，改革开放以后才进入快速发展的周期，民航安全也从低水平，到今天我国的民航安全成为世界标志，同样经历了不断成熟的过程。据民航官方资料披露，"十三五"期间（2016—2020年），中国民航运输航空百万小时重大事故率和亿客公里死亡人数均为0，并连续18年确保了空防安全。截至2020年8月25日，全行业实现运输航空安全飞行10周年，在此基础上开始创造新的安全纪录，截至2020年8月持续安全飞行120+4个月、8943万小时，安全水平稳居世界前列，而同期世界民航安全数据表明，运输航空每百万飞行小时重大事故率五年滚动值的世界平均水平值为0.088。

我国民航起步晚，发展的历史较短，但正由于我们严谨的态度、科学的安全管理和对生命的敬畏精神，经过几代人奋斗，今天我国民航安全水平已经步入世界先进行列。客观地说，中国民航已经成为全球最安全民航的代名词。

二、客舱服务的安全特性

客舱不仅是民航旅客运输的载体，在各种因素的影响下，客舱也必然存在各种安全风险，因此，客舱服务的过程，就是以客舱安全为前提的对旅客的组织、管理与呵护过程，使其舒适安全地抵达目的地。

1. 直接关系到旅客的安全与飞行体验

尽管飞机的安全性是毋庸置疑的，但意料之外的情况总有发生，一旦客舱出现不安全的状况，诸如颠簸、释压、迫降、火警或更严重的劫机，都直接关系到机上人员的安全，包括机上旅客与机组成员。无论这些状况发展到什么程度，旅客要经受心理、身体，乃至生命的考验是在所难免的，愉快的飞行体验不复存在。因此，人们常说"有安全才有民航"，安全飞行是旅客获得愉快心理体验的前提。这充分地说明，客舱是旅客体验空中旅行和乘务员为旅客提供服务的场所，也是安全防范要地，为了安全，再严苛的措施也不为过。

2. 突发性强，危险的演变速度快

飞机所面临的风险往往是突发性的，而且危险的演变过程既迅速又无法人为地控制，并且事态的发展具有不确定性，具有瞬间爆发式的演变特点。在实际飞行过程中，表现在两个方面：其一是不可预知或不可控制因素的存在，使客舱安全事件的突发性强，如飞行中，驾驶舱挡风玻璃破损的出现是瞬间的、不可预知的，来得突然，后续影响也是突如其来的，且可控制性极弱，如带来客舱释压、颠簸及旅客恐慌，严重者甚至使飞机处于失控状态；其二是安全危险向恶化演变的时间短，一旦客舱出现安全问题，留给机组的纠正与挽回时间短暂，而且，客舱安全事件会使飞机的飞行状态受限制，容易处于失控状态，客舱安全的发展方向就处于开放状态。

3. 处理过程的技术复杂性、规范制约性强

客舱是飞机其他构件的基础，而且直接关系到飞行器整体性能与飞行状态，加之飞行环境因素的影响，往往具有牵一发而动全身效应。同时，飞行过程有特定的技术规范与操作规程，特别在处置突发事件时，有极其严格的操作规范与程序约束，容错时间和空间极其有限，这使得消除客舱安全隐患成为对机组成员意志、技术与经验的考验。

比较典型的案例是2002年大连5·7空难。据相关资料显示，飞机后舱起火后，飞机上的100多名乘客与乘务员都很慌张，乘务员多次要求旅客冷静地坐在座位上，但是大量旅客都向出口处跑去，挤在出口处，导致飞机机身失去了平衡。随着火势越来越大，惊慌失措的旅客开始往飞机前方跑，飞机内的空间本来就很狭窄，大量旅客来回跑动造成了人员踩踏。由于重力不平衡，飞机开始降落，几秒钟的工夫，飞机突然向一侧倾斜90°，俯角瞬间达到30°，最终飞机撞击海面时解体，飞机上所有的人全部遇难。在这个事故链中，机场安全检查纵然存在重大漏洞，但在客舱遇到火情的情况下，机组和乘务员进行安全防范与处置的无力与无奈也是不可忽视的重要原因。

4. 人为因素及设备影响相互交替性

在影响客舱安全状态的众多因素中，人为因素是核心，而且与设备状态交互作用，飞机驾驶操作不当、客舱设备使用不当、旅客在客舱中的违规行为等，都会大大削弱飞机应对各种风险的能力，特别是特定的飞行环境和飞行状态下，如客舱释压、应急迫降、撤离疏散等，需要机组沉着冷静及团队合作，更需要旅客的密切配合，否则，各种因素相互诱发，将会使事态升级，致使客舱安全失控。

5. 安全诱发因素与组织缺陷链的相互作用

大量的飞行安全事故原因统计表明：客舱安全事故往往是由安全隐患诱发而起，并由组织的缺陷链而致。曼彻斯特大学教授Jame Reason提出了reason模型，对缺陷链给予了解释，提出的基本逻辑是：事故的发生不仅有一个事件本身的反应链，还同时存在一个被穿透的组织缺陷集，事故促发因素和组织各层次的缺陷（或安全风险）是长期存

在并不断自行演化的,但是这些事故促因和组织缺陷并不一定会造成不安全事件,当多个层次的组织缺陷在一个事故促发因子上同时或次第出现时,不安全事件就会失去多层次的阻断屏障而发生。也就是说,航空安全事件往往是以事故链的方式发生的,过程与结果之间并不一定存在必然的一一对应的关系,事件的发生是由于安全保障各个环节的缺陷处于贯通状态,一旦不安全因素出现,且多层的组织缺陷同时或次第出现,就等于防护系统被击穿,事故诱因从可能就变成了必然,亦即人们说的"偶然中的必然"(如图1-1所示)。

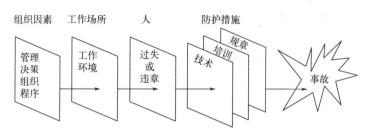

图1-1　reason模型的缺陷链

这里有个正面的案例可以给出警示,早在2008年北京奥运会期间,中国南方航空公司(简称南航)飞机上的空姐首先发现恐怖组织成员,避免了一场特大灾难就是一个典型的案例。事件中是一名女性旅客从洗手间出来后,乘务员闻到这名旅客身上有可疑气味。乘务员机敏地感觉这种气味很不正常,之后在洗手间门口,她也闻到有刺鼻的香水混杂汽油的气味。乘务员立即对卫生间进行检查,在卫生间垃圾桶里发现了可造成燃烧的物体。随即通知安保人员,并通过观察这位女性的言谈举止,发现旁边座位的一名男性旅客是其同伙。将两人隔离后,机组按照程序把可疑物品放在专门处理器械中进行处理,避免了一次灾难性事故的发生。

在恐怖组织成员将危险物品带上飞机的情况下,假如,当时机上的乘务员没有机警地嗅到可疑的气味,没有迅速地沟通、排查恐怖组织成员的同伙,及早地采取果断的行动,那这次航班的安全将是另一种情形。在这个事故链中,在安检失守的情况下,乘务员再失守、应急处置不到位,机毁人亡的惨剧就很难避免。

6. 应急处置有效性需要有效组织保证

客舱的应急处置都是在面临威胁旅客人身安全,乃至生命的情况下采取的措施,如释压、失火或迫降等,尽管飞机客舱均有应对突发事件的设备,可以协助旅客自救与逃生,但由于空间与时间以及场地的限制,往往时间就是生命,需要分秒必争,因此,客舱应急处置面临着有限条件最大化利用的问题,受制于短时间的高效组织程度。很多业内人士认为,飞机失事后一分半钟内是逃生的"黄金"时间。只要在这段时间内及时离机,生还概率就相当大。但许多乘客经受住了飞机坠毁时的强大冲击力,撤离飞机是十分困难的。历史上曾有一架法国航空公司(简称法航)客机在加拿大多伦多皮尔逊国际机场失事,就在52秒内,机上3/4的乘客全部离开,309人在短短两分钟之内逃离机舱,全部生还,堪称民航史上的奇迹,这次成功的撤离,表明机组成员的沉着冷静、训练有素和卓越的组织能力。

第二节 客舱安全管理与应急处置的任务与要求

客舱安全管理肩负着保障客舱安全的重任，而应急处置是在发生紧急情况下，科学而规范地处置，以使可能的危害和损失降到最低。日常性客舱安全管理与应对突发事件应急处置都是保护客舱旅客安全必不可少的工作。

一、客舱安全管理与应急处置的认知

1. 客舱安全管理

客舱安全是多因素构成的系统问题，涉及目标、因素、方法、组织、监督等一系列问题，保证客舱安全是民航运输开展的前提，追求稳定可控的客舱安全状态是航空公司的责任。

在现代民航安全的理念下，客舱安全管理通常是指对影响安全的各种因素和与安全活动过程进行有效管理的过程，以达到客舱安全水平稳定而可控。也就是说，客舱安全需要借助科学有效的方法与手段，而与管理对象不同的是，一旦客舱安全管理不善，其后果的严重程度远比其他管理失效更不可接受，甚至是灾难性的。为此，可以从三个方面去理解客舱安全管理。

第一，着重控制好客舱安全状态。本质上讲客舱安全就是不存在不可接受的风险。按ICAO SMS（《国际民航组织安全管理体系》）对安全的定义：安全是一种状态，即通过持续的危险识别和风险管理过程，将人员伤害或财产损失的风险降至并保持在可接受的水平或降到最低。常态下，任何安全都是灰色的，是相对的，介乎于黑色（发生事故）与白色（绝对安全）之间的中间状态，不同的航空公司，其安全状态对比来看只是灰色度不同而已。作为客舱安全管理，就是要尊重客舱安全规律，准确把握安全趋势，有效控制安全走向，用是否存在危险而不是只看到是否发生了危害来判定安全水平，以保持对客舱安全的警觉性，必须始终将客舱安全作为权重最大的砝码，建立常态机制。

第二，充分认识客舱安全的动态特征。事实已经证明危险的存在，当然是不安全的；危害尚未实际发生之际，危险因素却可能存在着，系统也不一定就处于安全的状态，保证了安全并不能说明系统和过程中就没有问题存在，今天没有出现问题，并不能保证明天不会发生问题，这就是客舱安全的动态性。也就是人们常说的客舱安全是个变数，其安全管理工作只有起点没有终点，只有靠一天天地进行积累，进而形成一个稳固的防范机制，建立可靠的安全防火墙，才能抵御可能风险于客舱之外。

第三，客舱安全管理是个系统性工作。对民航而言，安全是多系统、宽领域、多层次工作共同作用的综合结果，客舱安全也是如此。为此，国际民航组织（ICAO）对安全管理体系（SMS）给出了定义，认为安全管理体系是指建立安全政策和安全目标，安全管理体系是有效管理安全的方法，包括必要的组织结构、问责办法、政策和程序。我国民航安全管理体系同样认为安全管理体系是指建立安全政策和安全目标，通过对组织内部组织结构、责任制度、资源、过程、程序等相互关联或相互作用的一系列要素进行系统性管理,实现安全目标的管理体系。可见,减少和遏制客舱安全机制上、运行中存在的显性和隐性问题,努力阻隔客舱"事故链"的连接,提高客舱安全系统工作的可靠性,才能使客舱安全置于可控制、稳定状态。

客舱安全是飞行安全的重要组成部分,其安全水平直接影响着民航整体安全水平。我国改革开放以来,民航在迅速发展的同时,飞行安全水平已经明显高于世界同期平均水平,且优于美国、欧盟等航空发达经济体。但相比较而言,客舱安全方面存在的问题与民航持续快速发展的势头、与航空安全稳步提升的态势、与广大乘机旅客对客舱安全期待和要求还不相适应,仍然任重道远。

2. 客舱应急处置

如前所述,再完善的安全保障体系也无法保证意外的不发生,保证民航的绝对安全是民航追求的至上目标。客观地看,在飞机执行飞行任务的过程中出现意外情况是客观的,只是出现的性质不同,而核心是如何处置,以使可能的安全风险降低到最低水平,处置得当就等于为客舱安全筑起一道防火墙。

这里的"应急"有两层含义,"应"是应急响应,即对客舱正在发生或可能发生的事件的有效应对。如客舱发生火灾,需要迅速采取相应的组织与技术措施,核心是必须应急行动。"急"是指突发客舱安全事件的危害性,不容丝毫怠慢,且后果严重,同时,客舱安全隐患或事件的未来影响程度具有高度的不确定性。处置泛指分门别类采取一定手段进行处理,客舱作为人与环境、人与设备复杂系统决定了客舱应急处置的复杂性,需要按照章程与规范,采取有效的措施和技术手段,以消除安全隐患或把安全风险降到最低程度。

从客舱安全的角度看,客舱应急处置可以理解为面对客舱已经出现的各种应急事件所实施的有组织、有目的的一系列技术活动。作为客舱安全保障措施重要组成部分,在发生紧急情况时,客舱应急处置的重点在于处置,而且是有效的处置。

根据客舱应急事件的危害性属性,客舱应急处置工作具有以下几个特点。

第一,预防性。处置始于预防,预防是最好的处置,是处置的前沿,早发现远不如不发生;预防到位,就关紧了风险进入的大门。

第二,及时性。及早发现,及时处置,把安全事故消灭在萌芽状态,是化解可能危险的最好选择。典型例子是机上火情,及时处置与延迟处置,其后果可能是截然不同的。

第三,有效性。很多客舱安全危险事件发生后演进快,"纠错"机会甚少,甚至如果不一次有效解决,就会失去消除危险的最佳机会,这就需要通过训练强化,使处置一次到位,立竿见影。

第四,协同性。需要客舱所有的人,包括旅客及客舱服务人员,在机长的统一指挥下,协同行动,共同参与,完成各项应急处置任务。

3. 客舱突发应急事件种类

客舱突发应急事件是在非正常情况下发生的,具有突然性、危害性的事件。应急处置重点是针对突发事件而言的。客舱突发应急事件一般可以按严重程度分为以下四大类。

(1)恐怖行为 包括劫机、爆炸及其他非法干扰等犯罪行为,其中,劫机、爆炸、纵火属于恐怖行为,对飞机安全的威胁最大。

(2)旅客扰乱行为 在航空器上不遵守行为规范,或不听从机场工作人员、机组人员指示，从而扰乱机场或航空器上良好秩序和纪律的各种行为，如吸烟、违法占座、霸机、冲突殴斗、携带危险品等，这类事件发生频率高，对飞行的潜在威胁不容忽视。

（3）突发的飞行状况　包括飞机迫降、火灾、释压、鸟击、紧急撤离等，这类事件不仅会影响客舱的安全，更会威胁整个飞机的飞行安全，一旦处置不当，往往会引发灾难性的后果。

（4）机上紧急医疗事件和公共卫生事件　主要包括乘客突发疾病、婴儿误吞入食物，或传染性疾病等。

上述分类往往是相互交叉的，比如突发的飞行状况与飞机状态有关，也往往与恐怖行为、旅客扰乱行为以及机上紧急医疗事件相关，因此，客舱突发事件具有系统性、诱发性和转化的属性。

二、客舱安全管理职能

客舱安全要素的管理，其目标是提高客舱的安全水平，保障旅客生命财产的安全和航空器的安全。保证乘机旅客生命财产的安全是航空公司作为承运人的基本责任；保证航空器安全就是防范、制止破坏航空器的任何行为，这不仅关系到航空公司的财产安全，同时，也是通过保护航空器而保护旅客的生命财产安全。我国民航在实现管理目标的过程中，客舱安全管理需要发挥以下职能。

第一，贯彻民航局及航空公司的各项客舱安全政策、法规，完善与推广客舱安全规章。贯彻与执行是对客舱安全的宏观层面的认识。民航是国家的民航，安全涉及的是国家安全，在民航安全工作的"五大属性"中，政治属性首当其冲。需要认识客舱安全的形势和面临的问题，以国家安全政策为导向，贯彻安全法规的规定与客舱安全章程，从而落实整个民航的安全目标和实施计划，以应对民航安全出现的新情况、新特点、新问题，树立高度的民航安全责任感，使全体人员坚定安全信念，统一意志，把客舱安全工作作为头等大事来抓。

第二，建立客舱安全管理体系与管理规范，细化客舱安全管理措施。抓落实才能夯实客舱安全基础，要把科学的安全管理理念与科学的管理方法相结合，使客舱安全置于科学管理的体系中，做到制度化、规范化、系统化，形成长效机制，安全管理才能取得长远效益，安全水平才能更具稳定性、长期性。

第三，实施全员客舱安全教育，制定各专业训练计划，组织实施安全培训。通过安全文化教育，使民航安全工作的"五个属性"深入人心，牢固树立红线意识，通过安全培训教育，持续加强"三基"建设，深化班组建设，推进安全教育、手册文化、风险防控、技能培训、作风建设到班组；同时，持之以恒抓好作风建设，使"三敬畏"转化为员工的自觉行动，加强对一线员工人文关怀，解决一线员工的急难愁盼，切实增强员工对企业的向心力和凝聚力。

第四，客舱安全状态评估，安全工作的检查、监控与考核。实施客舱安全状态的动态管理，以发现问题，及早解决问题，堵塞管理漏洞，消除安全隐患。

第五，处理各责任主体责任范围内客舱安全事故。客舱安全处理涉及不同层次责任主体，上至领导者、运行单位、各级行政机关，下至各类员工的安全岗位均是不同的责任主体，需要对各类安全事故责任进行划定，处罚分明，警钟长鸣，才能纠正错误，使不同责任主体各尽其责，各项安全措施得到落实。

三、应急处置的基本原则

在《民用航空法》《公共航空运输承运人运行合格审定规则》等有关规定中，要求航班机组要全程监控服务工作，对客舱安全进行管理，及时快速处置客舱应急事件，确保国家财产和旅客生命的安全。要实现应急处置的目的，机组成员不仅要把规范牢记于心，处置技术娴熟，更重要的是必须遵守基本处置原则，有条不紊，不能出现原则性错误。

（1）听从机长指挥　机长是应急处置的最高指挥官，机组成员必须无条件地按机长指令，处置各类应急事件。

（2）迅速正确判断　飞机上的突发事件，比起地面的应急更"急"，变化更"快"，情形更加"复杂"。在瞬息万变的情况下，必须迅速做出判断，并按规范做出正确的行动决断，否则会失去最佳的处置良机，造成更大的无法挽回的损失。

（3）准备处置措施　按客舱突发事件应急处置预案，做好各种突发事件处置方案，并有具体的措施保障。

（4）随机应变　客舱突发事件的影响因素会随着飞行延续而产生突变，且事态的发展趋势很难准确地预知，这就需要灵活机动，随变而变，随机而变，这也是应对客舱突发事件的基本规律。

（5）沉着冷静　客舱的突发事件均具有威胁客舱安全的属性，涉及人的生命安危，也往往引发机组和旅客的情绪的波动，沉着冷静应该是对机组成员心理素质的基本要求。

（6）维持秩序　客舱内旅客集聚，各种心理状态各异，在突发事件出现后，客舱很可能出现秩序混乱或骚动的状态，需要在维护好客舱秩序的前提下，有条不紊地开展应急处置。

（7）团结协作　飞机的系统复杂性以及突发事件要素的关联性，需要机组成员团结协作，相互照应，相互补充，以团队的力量去抵御和化解各种风险与威胁。

第三节　影响客舱安全的因素

作为飞机的重要组成部分，客舱是实现飞机载客的载体，因此，影响飞行器安全的因素都会通过各种方式传导到客舱，直接或间接影响到客舱安全；同时，客舱作为封闭系统，人员密集复杂，有其自身的安全特性和要求。因此，影响客舱安全的因素是多维度的，而且各因素之间交互作用，使客舱安全状态呈现错综复杂的状态。

一、飞行环境因素对客舱安全的影响

飞机在大气层飞行，因此，飞行的大气环境必然对飞行安全产生影响，飞行气象条

件对航空器飞行的影响极其重要且表现错综复杂，而对飞行的影响会传导到客舱，进而使客舱出现不安全状态。不同飞行气象条件有不同的飞行规则与操作规范，对飞机的起、降及飞行过程有不同的要求。即使在允许飞行的天气条件下，突发的高空气象变化也会对客舱安全造成影响。典型的是飞行中遭遇湍流，会使飞机出现颠簸现象，对乘务组和旅客安全造成威胁，甚至人身伤害，但需要明确的是，尽管颠簸会给旅客带来不适的感觉，给乘务组服务带来很多困难，现代飞机的性能可以保证颠簸状态下的飞行安全，但也必须妥善处理，采取安全措施，以减少乘客的恐惧心理，否则也会引发客舱安全事故。

这里有一个由于遇湍流而引发的颠簸现象典型案例。2017年法国巴黎飞往中国昆明的东航MU774航班在进入新西伯利亚上空时，几道闪电过后，飞机垂直下落500米以上，人机"自由落体"两次，前后持续10多分钟，激烈颠簸左右摇摆三四次，头顶行李舱打开，物件跌落又飞起来，未系安全带的人直接撞到机顶，飞起来又跌落……，尽管机组成功使飞机安全降落在昆明机场，但机上乘客26人受伤，接受治疗。

除此之外，极端天气会对飞行器造成一定的损坏。如风、跑道积水和结冰造成飞机降落时偏出跑道，而损坏机体；雷暴发生时，闪电超强的电场可能会对飞机以及地面的导航和通信设备造成干扰与破坏；云中气流的强烈垂直运动，也会造成飞机强烈的颠簸。同时，在伴有冰雹出现的雷暴天气下，不但会对飞行中的飞机造成损害，甚至对停场飞机和机场地面设施都会造成损伤，会导致飞机迫降，或紧急撤离等突发事件的发生。

二、航空管制与流量控制对客舱安全的间接影响

航空管制与流量控制对客舱安全的影响是间接的。航空管制是由于某些特殊原因（如特殊飞行等）在一定区域内禁飞；而流量控制是由于同一方向的航班很多而形成的空中"堵车""扎堆"现象，直接的后果就是造成航班持续延误，影响旅客的旅行计划，也会诱发旅客的情绪波动，出现服务矛盾的激化，严重者甚至会因旅客发泄不良情绪而引发"霸机"事件。另外，飞机计划的打乱，可能导致飞机备降，会引发一系列问题。

2014年2月23日曾发生旅客"霸机"的事件。当天，由于大连地区出现雾霾天气，导致当晚9时从成都起飞、中转徐州飞往大连的3U8813航班被迫取消，晚上8时30分，值飞该航班的四川航空公司宣布取消航班的消息后，部分旅客情绪激动，个别旅客借"返回机舱取行李"的机会登机后霸占飞机，其中3名旅客霸占飞机、扰乱机场正常运营秩序达3小时。徐州市公安局机场分局在接到报警后立即处置，依法对3名"霸机"旅客进行治安处罚。

三、客舱设备因素的影响

飞机是客舱安全的保障条件，尽管设备的可靠性极高，但也有失效的情况出现。如挡风玻璃、客舱门、安全门、通信设备、供氧系统、灭火系统、座椅系统等出现失效状况。

典型的案例就是2018年5月14日，四川航空的空客A319飞机执行重庆至拉萨的3U8633航班任务，起飞后，正常爬升至9800米巡航高度。在飞经成都空管区域时，该机驾驶舱右座前风挡玻璃突然破裂并脱落，造成飞机客舱严重失压，旅客氧气面罩掉落，

整个航班飞机处于紧急危险状态。在民航各部门密切配合下，飞机安全备降成都双流机场，机上所有旅客安全。事件造成驾驶舱部分设备受损，副驾驶和一名乘务员受轻伤。调查分析指出："本次事件的最大可能原因是B-6419号机（当事飞机）的右风挡封严（气象封严或封严硅胶）可能破损，风挡内部存在空腔，外部水汽渗入并存留于风挡底部边缘。电源导线被长期浸泡后绝缘性降低，在风挡左下部拐角处出现潮湿环境下的持续电弧放电。电弧产生的局部高温导致双层结构玻璃破裂。风挡不能承受驾驶舱内外压差从机身爆裂脱落。"

四、机组因素的影响

机组成员泛指飞行期间在航空器上执行任务的航空人员，包括飞行组成员和乘务组。其中，飞行组担任操纵飞行期间的航空器任务，乘务组担任操纵航空器以外的辅助工作，两者分工明确，但就客舱安全而言，两者是一个整体，共同协作，完成安全飞行与服务任务。机组成员均经过严格的训练和考核，获得资质，具备保障客舱安全能力。

民航安全的统计数据表明，民航事故的原因中，人为因素占70%左右，即事故是人为差错所造成的。而人为差错是指在规定时间和条件下，人没有完成分派给他的任务，包括个体、群体和组织的差错，任何差错均会给客舱安全带来风险。客舱安全的责任主体和机组成员，出现差错无法绝对回避，往往表现在安全意识、操作规范程度、组织管理、协同合作等。

2014年5月25日，国内某航空公司一架波音767客机，因一名乘务员操作失误，打开了应急滑梯包。飞机最后未停靠廊桥，改用客梯车下客。2017年12月12日晚，也发生飞机由西安飞往乌鲁木齐，在乌鲁木齐机场降落并滑行到机位后，因乘务员操作失误导致滑梯释放的同类事件。

五、机上旅客因素的影响

旅客是航空运输的服务对象，从企业发展的市场角度看，旅客是上帝，全心全意为旅客服务是航空公司的宗旨，同时，客舱安全与旅客的状态休戚相关。在飞行中，旅客是客舱安全系统中重要的组成部分，其行为对客舱安全有着重大的影响。

1. 旅客的违规违法行为

在危害民航运输秩序的各类违法行为中，发生率较高的分别是机上吸烟、误操作应急设施、使用禁用物品、私拿机上供应品和霸占航空器等。容易出现的情况有：

（1）抽烟和携带打火机或火柴上飞机，使客舱存在火险隐患。

（2）触碰应急设备，安全门、氧气面罩、救生衣这些应急设备只有在紧急情况下才能使用，如果是由于好奇或是误操作而打开或使用时，会造成航班延误、临时备降。

（3）使用严禁的电子设备，会干扰飞机的通信、导航、操纵系统，会干扰飞机与地面的无线信号联系，尤其在飞机起飞下降时干扰更大，即使只造成很小角度的航向偏离，也可能导致机毁人亡的后果，是威胁飞行安全的"杀手"。

（4）随身携带违规液体，飞机在起落期间的压力变化是很大的，会导致可燃性气体的密度发生变化，从而产生泄漏而发生安全事故。

（5）机上使用的物品失窃，如毛毯、枕头、救生衣等机身用品丢失现象。其中，救生衣只能在飞机发生意外时供旅客逃生时使用，并不能被反复使用。如缺失救生衣，在发生紧急水上撤离时，会给旅客带来生命危险。

（6）随意更换座位，影响飞机平衡，以及飞行性能，危及飞行安全。

（7）捏造、传递劫机、有炸弹、炸机等虚假信息行为，扰乱正常飞行秩序行为，可能引起飞机立刻返航或就近作紧急降落。按照相关法律法规，公安机关将对此类行为追究刑事责任。

2. 旅客的非理智行为的影响

缺乏修养或缺乏情绪控制的旅客，会因为非理智行为，包括寻衅滋事，乘客冲突，服务冲突，以及影响其他乘客的不文明行为，在失控时，有可能演变成影响客舱安全的事件发生。

守护客舱就是守护国家的荣誉
——从南航北京乘务组誓用生命捍卫奥运会飞行安全说起

【事件概况】

2008年8月8日凌晨，唯一一架准备从迪拜飞往国内的南航飞机停靠在迪拜国际机场，乘务组准时登上飞机。为了不给恐怖组织成员以可乘之机，乘务组按预先协作会的要求，两个人从飞机的最后一排打扫客舱卫生到最前排（包括卫生间卫生，满客舱266条毛毯棉被的叠摆，所有座椅后面清洁带的插放）；两个人分别使用专业的监测仪器，对客舱、货舱的每一个角落进行仔细检测（包括所有旅客的行李）；两名乘务员始终保持高度警觉，密切观察客舱动向；派专人负责清点机上旅客餐食，为做到万无一失，每一辆餐车、每个餐盘甚至每盒米饭都要在飞机门口被逐一打开检查，确认无任何外来物品后乘务员才把餐车推进客舱；客舱清理出来的垃圾也由乘务员放在飞机门外，再被地面清洁人员拿走，从而杜绝了任何当地机场工作人员进入客舱。过站期间的地面服务保障工作，就这样在主任乘务长段辉的带领下严谨有序地完成了。

飞机在机组的操纵下快速拉起，直冲云霄。本次航班的乘务员，大部分飞行时间不超过2年，乘务长也是平均飞行时间不超过8年，但在飞行过程中，他们严格按照航前协作时机长与主任乘务长的各项要求，逐项落实到位；他们的每一个手势、每一个眼神、每一个肢体动作都代表了一种信息，所有信息按照预定的方案及时向机组传递，整个飞行过程机组人员无一人休息，始终不间断地在客舱巡视、服务。乘务组在服务过程中，将加入"天合联盟"后的南航形象和南航人的风采，充分展示给旅客，使旅客感受到了南航品牌的魅力。8个小时的航程在乘务组内紧外松的服务中安全度过，飞机平稳落在北京首都国际机场。

思政启发

南航北京分公司执行的北京—迪拜—拉各斯（非洲尼日利亚）航线，是国内所有航空公司执行航班任务中航程最远、航班安全最为复杂、保障任务最重的一条航线。南航北京分公司作为承担奥运运输任务的最前沿阵地，乘务队伍年轻化，经验相对不足，肩负着巨大的责任和压力。

南航北京分公司段辉的乘务组在拉各斯执行航班任务时，接到了该航线作为二级预警的信息。主任乘务长段辉要求组员必须将个人飞行箱包及物品随时掌握在自己视线范围内，做到"箱包四清楚"，杜绝单人外出活动，并在协作会上与机组人员制定了一整套更加周密的飞行应急预案，细化了可能出现的各种状况下的处置措施。同时，全体组员庄严承诺："一旦发现恐怖组织成员有劫炸机的企图，要不惜生命代价，坚决制止，即使全体机组人员牺牲，也绝不让恐怖组织成员的阴谋得逞。我们要用生命捍卫奥运安全、国家安全，让奥运的圣火在鸟巢上空燃烧"。

启发1：民航的安全是国家的荣誉基石。

启发2：乘务员不是光鲜亮丽的代表，更是安全责任的担当者。

启发3：严谨是生命线，不折不扣才能平平安安。

启发4：爱民航就要从工作的细节做起。

 开放式讨论1

讨论题目——为什么客舱安全是民航安全的最后一道防线？

引导性提示

1. 客舱安全的属性决定了没有安全就没有民航，没有安全就谈不上飞行体验。

2. 客舱安全与服务的关系决定了客舱安全与客舱服务同等重要，且客舱安全是服务的前提，因此，服务与客舱安全保障是飞行体验的两个方面。

3. 客舱安全管理与应急处置直接面对的是客舱安全隐患或威胁，当问题出现的时候，只有迅速判断、勇敢面对、稳处理，而没有其他选择，否则，就会产生更严重的后果。

4. 客舱安全与机组成员的关系中，机组成员本身就是客舱安全的责任人、"保护神"。

5. 客舱安全问题的出现往往是影响民航安全各种因素、各环节的积累结果。

 本章总结

1. 客舱安全的意识：客舱安全是客舱服务的基础，没有安全就不存在真正的服务。

2. 客舱安全不仅是航空公司发展的需要，是旅客获得愉悦飞行体验的基础，也是民航发展的前提。

3. 最好的管理是不发生任何安全隐患，因此，客舱安全预防是最好的安全保障。

4. 再好的安全管理系统也会有漏洞的，防患于未然，有备无患，才能应对紧急发生的客舱安全问题。

5. 客舱安全的影响因素是多方面的，而任何影响因素演变成客舱风险和威胁，在于其演变过程中是否会尽早发现迹象、是否受到阻止，这与机组成员的工作态度、飞行作风、规范的执行力度、化解危机的能力，以及发生紧急情况的处置能力休戚相关。

 后续阅读

推荐资料1：窦淳. 浅谈民航客舱安全管理. 科学与财富. 2019（29）.

推荐资料2：东航西北分公司客舱部开展"客舱安全宣传月"系列活动. 澎湃新闻，2021-02-10. https://www.thepaper.cn/newsDetail_forward_11302180.

 自我心理建设

机组成员如何塑造坚守规则的坚定信念，特别是在紧急情况下，如何临危不惧，按客舱安全规则处理客舱安全问题。

课后思考与复习

思考题

1. 为什么要把客舱安全管理与应急处置作为民航的头等大事来抓？
2. 在塑造民航形象中，客舱安全处于什么地位？
3. 如何系统地去理解客舱安全的影响因素？

复习题

1. 简述客舱安全的含义及意义。
2. 简述应急处置的内涵及原则。
3. 简述客舱服务的安全特性。
4. 简述客舱安全管理的原则与目标。
5. 简述客舱安全的影响因素及特点。

第二章
客舱安全管理及应急预案

客舱安全和民航整体安全一样，不仅仅是技术防范问题，更是安全管理科学体系问题，当把客舱安全作为一个系统性的研究对象，把安全管理理论、科学手段及防范措施相结合，建立客舱安全因素与安全威胁之间的联系，形成一个封闭的安全管控链，才能建立起稳固的安全堡垒。尽一切可能防止不安全状态出现，尽一切努力有效处置可能出现的应急状态，减少对旅客生命和财产的损失，需要以客舱安全管理体系为基础，树立牢固的客舱安全意识和主体责任，以明确的客舱安全岗位责任与分工为主线，形成有效处理各种客舱安全应急事件的预案，使客舱安全管理与应急处置有章可循、有具体方案可实施，每一个责任人有明确的分工，团结合作就能有效地应对各种客舱安全突发事件。大量的客舱安全事件的处置表明，只要处理及时有效，化解风险和危害的可能性是很高的。

小客舱，大安全，需要心系大民航。现代民航安全进步进程表明，方法论的进步与引入，为民航安全进步的贡献是实质性的。本章从客舱安全的组织体系与管理体系分析入手，分析了民航安全管理体系及内涵，对客舱安全管理的职能与要求、不同责任主体的分工与责任给予介绍，以期能使读者建立起客舱安全的整体概念，培养牢固的意识，提高客舱安全实际管理能力和应急处置能力。

本章学习目的

本章的学习目的包括：
1．了解民航安全组织体系的构成与责任。
2．理解民航安全管理系统（SMS）的概念及体系。
3．掌握航空公司客舱安全管理的分工与责任。
4．全面理解客舱安全管理职能与要求。
5．理解客舱安全体系与客舱安全管理职能之间的相互关系。

理论知识点

1. 客舱安全管理组织体系的层次性与责任：民航局、航空公司及责任部门共同构成了完整的客舱安全组织保证体系，三者缺一不可，承担着不同职能与责任。
2. 民航安全管理系统（SMS）的核心问题：是一种文化、体系与方法的系统结合。
3. 民航安全管理系统（SMS）的构成：包括政策、风险管理、安全保证和安全促进四大支柱。
4. 掌握航空公司客舱安全管理的分工与责任：管理层次越微观，责任越具体，分工越明确具体，做到不留缺口、全面覆盖，特别是机组成员的分工与责任必须清晰明了。
5. 客舱安全管理职能与要求：客舱安全管理职能一般是根据客舱安全管理过程的内在逻辑，划分为几个相对独立的部分，既是指导思想，也是明确分工与责任的手段，通过明确的职能，保证客舱安全管理科学有序地进行。

 能力与素质

1. 能力要点
（1）总体分析能力：以整体思维去认识客舱安全问题，体系化是保证客舱安全的重要思想与前提。
（2）系统思维能力：培养宏观与微观的联系性思维模式，建构事物之间的内在联系，学会透过现象看本质。
（3）解决问题的能力：客舱安全问题的解决，需要抓安全体系建设，并明确岗位分工与责任，使安全保障落实到位。
2. 素质要点
（1）道德素质：爱民航，做民航人，有责任担当意识。
（2）职业素质：树立安全管理的宏观意识，"小客舱，大民航"的安全观。

导读

客舱安全管理组织与体系——客舱安全管理进步重要标志

组织与体系是生产力，是推动社会进步的动力。无论是管理科学的产生，还是民航安全的进步，最离不开的是组织论。早期的民航安全管理是经验型的，即凭借对已发生民航事故的总结与分析经验，加之飞行者的实践来实现对民航安全的掌控。但随着民航安全环境日益复杂，经验型管理已经力不从心；而安全管理理论的产生、安全管理体系成熟为客舱安全水平的提高注入了活力，客舱安全管理逐渐步入了科学系统的时代；民航安全的系统思维、思维模式改变及组织体系创新，客舱安全由经历了技术可靠性、人为差错预防的阶段，发展到如今强调组织因素的系统管理阶段。

在民航安全管理发展中，有一个不争的事实：当民航安全一直遵守日益复杂的规章时，在一定程度上降低了航空事故的发生，但即使遵守了所有的规章制度，事故仍然有发生的可能。后续的科学研究，使人们意识到：发生事故或事故征候都是由一个事故链构成的，只有把导致事故发生的每一个隐患及早发现并得以纠正，才能真正起到事故预防的效果。正基于这样的认识，诞生了民航安全管理组织与体系，即发挥组织作用的系统管理模式。它强调民航安全管理从事后到事前、从开发到闭环、从个人到系统、从局部到全局的四个转变，并通过事故追溯去消除未来的危险源，着眼于预防事故的"向前看"的系统安全思维，进而形成了识别—分析—控制的安全管理方法。民航安全管理组织与体系的有效说明，民航安全，乃至客舱安全不单单是在某个局部或环节发力，需要在民航安全管理指导思想、政策、法规下进行的，做好宏观设计与系统架构，制定并实施客舱安全管理与应急处置具体措施，才是保证民航安全的稳定和可控目标的实现的最佳选择。

第一节　我国民航安全管理体系

一、民航安全管理组织体系

在管理体制上，我国民用航空安全管理体系采用的是："两级政府、三级管理"体制。其中，"两级政府"是指中国民用航空局和中国民用航空地区管理局；"三级管理"指的是民用航空局、民用航空局地区管理局及地区管理局的派出机构安全监督管理局。政府与管理层面解决的是立法决策、组织实施、监督检查等宏观管理。

在具体实施层面，民航安全管理的主体是民航相关企业与部门，如机场部门、各航空公司，它们负责组织实施、监督检查、执行操作等微观管理，如图2-1所示。

1. 中国民用航空局

民航局与民航安全相关的机构包括：

（1）航空安全办公室　航空安全办公室的主要职责是保障全行业航空安全。

（2）飞行标准司　飞行标准司主要负责对民用航空器安全运行状态的审定和持续监督，制定民用航空器维修以及与航空器运营相关的各类人员的管理规章、标准和程序，并根据这些程序对其进行持续性的管理和监督。

（3）航空器适航审定司　航空器适航审定司的主要职责是制定民用航空器、发动机、螺旋桨及其零部件、机载设备的适航审定规章、标准，并根据相应的规章标准对航空产品进行适航性的审定，保证民用航空产品符合相关的适航标准，从而达到保证航空产品

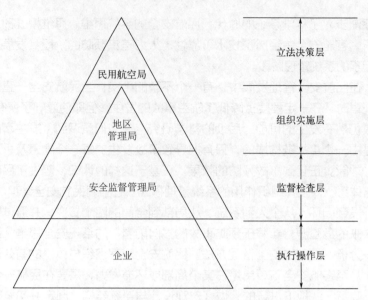

图2-1 我国民用航空安全管理组织体系的功能结构

安全性的根本目的。

2. 民用航空地区管理局

民用航空地区管理局是在中国民用航空局的领导下,主要负责对所在辖区的民用航空事务实施行业管理和监督,包括华北地区管理局、华东地区管理局、中南地区管理局、西南地区管理局、西北地区管理局、东北地区管理局、新疆地区管理局共计七个民用航空地区管理局。其主要职责包括:

(1) 监督检查安全活动。
(2) 发布安全通报和指令。
(3) 对航空企事业单位的安全评估。
(4) 调查处理航空事故。

3. 地区管理局的派出机构

鉴于地区管理局管辖的范围很大,为了更好地实施监管,各地区管理局根据不同情况,增设派出机构。与安全管理相关的派出机构包括:

(1) 应急管理办公室　在安全方面,按授权参与辖区内民航飞行事故、航空地面事故的调查,组织事故征候和不安全事件的调查工作;承担辖区内民用航空网络和信息安全监管工作。

(2) 航空安全办公室　按授权,参与辖区内民航飞行事故、航空地面事故的调查,组织事故征候和不安全事件的调查工作;负责辖区内民用航空安全信息管理工作。

(3) 飞行标准处　按授权,承办辖区内民用航空运营人运行合格审定、飞行训练机构合格审定的有关事宜并实施监督管理;负责辖区内民用航空飞行人员、乘务人员的资格管理;监督管理辖区内的民用航空卫生工作。

(4) 适航维修处　按授权,承办辖区内民用航空器维修单位合格审定的有关事宜并实施监督管理;负责辖区内民用航空器持续适航及维修管理;负责辖区内航空器维修人员资格管理。

（5）机场处　按授权，负责对辖区内民用机场（含军民合用机场民用部分）的安全运行、总体规划、净空保护以及民航专业工程建设项目和航油企业安全运行等实施监督管理。

4．航空公司安全组织机构

在民航安全企业及部门中，航空公司是民航安全，特别是飞行安全的主要责任主体。在安全方面，航空公司在民用航空总局和民用航空地区管理局的领导下开展工作，其安全管理活动主要集中在组织实施、检查和执行操作等微观管理与保证层面。

在安全管理体制上，航空公司均设立安全委员会（如图2-2所示），对整个公司的安全运营进行总体的、全局的把握、管理、审计和监督。安全委员会下设的安全监察部负责实施具体的航空安全管理方针、政策的执行和对公司安全工作实施综合管理与监督检查。

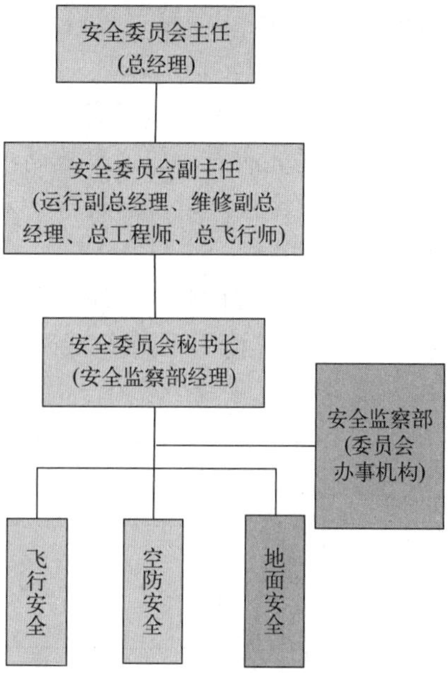

（1）航空公司安全委员会责任

① 贯彻执行民用航空法律、法规、方针、政策，在集团的领导下，坚持"安全第一，预防为主，综合治理"的工作方针。

② 开展安全生产宣传教育活动，提高公司全体员工的安全意识。

③ 组织安全监察，定期召开安全形势分析会，识别公司安全管理系统的风险，制定安全措施和实施方案，监督落实整改。

图2-2　航空公司安全委员会组织结构

④ 研究制定公司的航空安全战略规划。

⑤ 依据行业标准和公司相关标准，审定不安全事件的性质和责任单位、责任人，审核、批准不安全事件调查报告。

⑥ 研究处理安全工作中的重大问题及奖惩问题。

（2）安全监察（运行）部职责

① 负责公司航空安全检查与日常监督工作。

② 负责公司航空安全内部审计工作。

③ 负责公司航空安全信息的管理工作。

④ 负责公司内部航空不安全事件的调查与处理工作。

⑤ 负责公司飞行品质监控管理工作。

⑥ 负责公司航空安全系统的研究与规划，开展公司航空安全风险管理研究和人为因素研究工作。

⑦ 负责公司航空安全委员会的日常工作。

⑧ 负责公司航空安全奖惩工作。

⑨ 参与公司的航空安全教育、安康杯和劳动竞赛等活动。

⑩ 协调、参与政府部门、集团以及公司所属各单位间的航空安全相关工作。

二、民航安全管理系统（SMS）

民航安全管理系统（Safety Management System，简称SMS），是在基于质量管理体系原则，应用于组织的安全文化范围，动态地管理组织规模范围内的运行风险的过程。国际民航组织对"安全管理体系"的定义：它是一个管理安全的方法，其中包括必要的组织结构、责任、政策和程序。我国民航对SMS的定义：SMS是一个系统的、清晰和全面的安全风险管理方法，它综合了运行、技术系统、财务和人力资源管理，融入公司的整个组织机构和管理活动中，包括目标设定、计划和绩效评估等，最终实现安全运行和符合局方的规章要求。包括安全识别意识，规避风险的纠正措施，以及持续监督和定期评估。

SMS的目标是提高对安全的主客观认识，促进安全基础设施的标准化建设，提高风险分析和评估能力，加强事故防范和补救行动，维护或增加安全有效性，持续对内部进行事故征候监控，以及通过审计对所有不符合标准的方面进行纠正，对由审计形成的报告实施共享等。

在民航局2018年3月16日起施行的《民用航空安全管理规定》中，提出安全管理体系应当至少包括以下四个组成部分，共计十二项要素（如图2-3所示）。

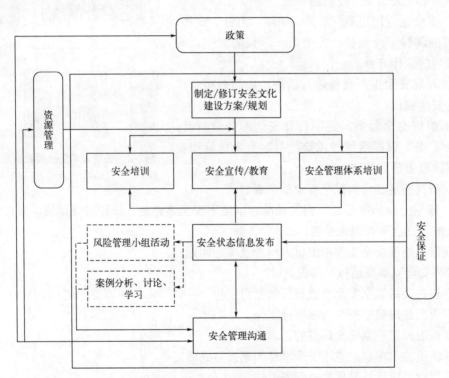

图2-3 民航安全管理体系的结构

1. 安全政策和目标

所有的管理体系都必须明确政策、程序、组织结构以实现目标。包括：

（1）安全管理承诺与责任。

（2）安全问责制。

（3）任命关键的安全人员。

（4）应急预案的协调。
（5）安全管理体系文件。

2. 安全风险管理

安全风险管理是安全管理体系内的一个重要过程，由系统和工作分析、危险源识别、风险分析、风险评价和风险控制组成，包括两个方面：
（1）危险源识别。
（2）安全风险评估与缓解措施。

3. 安全保证

风险控制措施被确定后，运营人可利用安全保证功能，确保风险控制措施持续被执行并在不断变化的环境下持续有效。包括：
（1）安全绩效监测与评估。
（2）变更管理。
（3）持续改进。

4. 安全促进

运营人必须用支持良好安全文化的活动把安全作为核心价值进行促进。包括：
（1）培训与教育。
（2）安全交流。

第二节 客舱安全管理职能与要求

一、客舱安全管理职能

贯彻落实各项客舱安全政策、法规，建立客舱安全管理体系，对客舱安全状态进行评价与跟踪。
（1）贯彻各项客舱安全政策、法规，完善与推广客舱安全规章。
（2）建立客舱安全管理体系，建立管理规范，细化客舱安全管理措施。
（3）实施全员客舱安全教育，制定各专业训练计划，组织实施安全培训。
（4）客舱安全状态评估，安全工作的检查、监控与考核。
（5）处理责任范围内客舱安全事故。

二、客舱安全管理与应急处置的要求

民航局《关于进一步加强客舱安全工作的紧急通知》《关于进一步加强客舱秩序管理工作的紧急通知》等通知中，对客舱安全管理提出了明确的要求，各航空公司也对客舱

安全提出了相关规章与具体规范。根据目前我国客舱安全与应急处置的实际情况,其基本要求可以归纳如下:

1. 人文关怀,生命第一

客舱安全管理与应急处置的核心是安全,而第一位的就是旅客的人身安全,"生命大于一切"是中国传统文化以天人合一为核心,在生命意识基础上所形成的民族集体意识。在漫长的历史发展过程中,中华民族形成了敬畏生命、尊重生命、珍爱生命、感恩生命、创造生命、发展生命和超越生命的生命意识和崇高理念,并一直延续至今。所以,客舱安全必须以"生命第一"作为第一准则,并通过具体的规范落实到安全保障的细节中。

2. 意识先行,预防为主

消除各种安全威胁的最好办法是不发生威胁后的处置,安全管理的最高境界是通过预防,使安全威胁不发生。所以,安全管理的基础是预防,通过强烈的安全意识,建立安全防范的钢铁长城。总结曾经发生的客舱安全事故,乘务组的日常安全意识和预防措施的不到位是主要原因之一,因此,安全管理首先从培养安全意识和预防做起。

3. 责任明确,不留漏洞

有效安全管理需要明确责任,各司其职,不留责任空隙;同时,还要建立责任体系,使不同责任主体之间建立有机联系和互保体系,避免推诿,贻误处置最佳机会。在机组成员之间,信息畅通,有令必行,有禁必止,体现出高度的规范与统一性。

4. 及时判断,处理果断

任何事情的发生都有征兆,安全事故也是一样的。出现安全隐患或突发事件,需要及时准确地判断其性质、原因、事态的发展,这是消除安全隐患的重要环节;同时,要不失时机地果断处置,尽可能把隐患消灭在萌芽状态,控制事态的恶化,尽可能把危险降低到最低程度。

5. 认真仔细,坚守底线

细心往往是机组成员妥善处理客舱安全隐患的重要品质,马虎大意带来不可原谅的失误,甚至犯罪。要细心观察,坚持安全思维,坚守底线思维,把安全作为第一生命线。

6. 团结协作,勇于奉献

大量客舱安全处置案例表明,机组成员的团结合作,是在突发事件出现时,化危机为平安的制胜法宝。四川航空3U8633紧急降落事件之所以成功,除了空管、地面、机场的协调与配合外,机组成员的团结协作,无畏危险,临危不惧,互相鼓励,携手共克时艰,才是成功的法宝。

第三节　机组客舱安全管理的责任分工

航空公司客舱安全的管理一般由运行副总裁、服务副总裁共同负责,部门与岗位有相应的客舱安全职责。但从微观实施角度,客舱安全管理更重要的是机组成员,他们是客舱安全责任的承担者和客舱安全管理的实施与保卫者。特别是机长,在飞行过程中,对客舱安全具有决策权和指挥权。

一、机长的客舱安全职责

(1) 在飞机运行期间,飞机的操作由机长负责,机长应当严格履行职责并对飞机的安全运行、机上所载人员和财产的安全负责。

(2) 机长对飞机拥有完全的控制权、管理权和最终决定权,这些权力没有限制,可以超越机组其他成员及他们的职责;为保证飞机及机上人员安全和良好的客舱秩序,机长在其职权范围内发布的命令,机上所有的人员必须听从机长的指挥,服从机长命令。

(3) 机长发现机组人员不适宜执行飞行任务的,为保证飞行安全,有权提出调整。

(4) 负责组织机组进行飞行前的预先和直接准备,与飞行签派员共同签字放行;并对飞机实施必要的检查;未经检查,不得起飞。机长发现飞机状态、机场条件、气象条件等不符合规定,不能保证飞行安全时,有权拒绝起飞。

(5) 对于任何破坏飞机、扰乱飞机内秩序、危害飞机所载人员或者财产安全以及其他危及飞行安全的行为,在保证安全的前提下,有权决定有关人员或货物离开飞机。

(6) 严格执行相关程序、检查单和操作手册中的要求,以及燃油量、氧气量、最低安全飞行高度、机场最低标准和备降场等规定;依据 MEL/CDL 确定飞机满足适航要求。其中,MEL/CDL 分别为签派专用术语,MEL 最低设备清单,是公司飞机在带有不工作设备项目或者设备项目缺损时的放行指南;CDL 为构型缺损清单,是公司飞机在遇到机身/发动机外部部件缺损时的放行指南;MEL/CDL 是公司签派放行飞机的依据之一,所有飞行机组、飞行签派员和飞机维修人员应共同遵守。

(7) 确保载重平衡符合安全要求;检查技术记录本上所填写的故障处理情况和故障保留单,确认飞机的适航能力。

(8) 向全体机组人员下达命令,可将部分职责授权给指定的机组人员并分配任务;当其离开驾驶舱时,应做出适当的指示;返回时,应立即听取汇报;履行职责,严格按操作规范驾驶飞机,严格按飞行计划飞行,并遵守其运行规范和空中规则。

(9) 应保证始终在有效的通信频率上进行无线电通信;并与其他机组人员建立有效的联系。

(10) 飞机发生事故,机长应当直接或者通过空中交通管制部门,如实将事故情况及时报告空中交通管制部门;并确保运行期间飞行记录器不被人为地关断。

(11) 在需立即决策或行动的紧急情况下,可采取任何必要的行动,在此情况下,为了安全起见,可不必遵循常规、操作程序及方法,但对其结果负责。

(12) 飞机遇险时,机长指挥机组人员和飞机上其他人员采取一切必要抢救措施。在必须撤离遇险飞机的紧急情况下,首先组织乘客安全离开飞机;未经机长允许,机组人员不得擅自离开飞机;机长应当最后离开飞机。

(13) 机长收到船舶或者其他航空器的遇险信号,或者发现遇险的船舶、航空器及其人员,应当将遇险情况及时报告就近的空中交通管制单位并给予可能的合理援助。

(14) 飞行中,机长因故不能履行职务的,由仅次于机长职务的驾驶员代理机长;在下一个经停地起飞前，民用航空器所有人或者承租人应当指派新机长接任。

（15）当机长使用应急权力时，他必须将飞行进程情况及时准确地向相应的空中交通管制部门和公司运行控制中心报告，并在返回驻地后24小时内向安全监察部门提交书面报告。

（16）飞行结束后，机长检查各种记录本、文件、报告填写正确。适时进行机组讲评。

二、主任乘务长/乘务长的客舱安全职责

（1）应维护公司利益，在机长的领导下，有权处理机上服务及客舱安全方面的各种事宜。

（2）在执行航班任务过程中，应认真执行《民用航空法》和公司手册中的有关规定，全程监控服务工作和客舱安全，确保国家财产和乘客的安全。

（3）在每次航班飞行的始终，隶属机长领导。协助机长保证乘客、客舱、货物在正常和紧急情况下的安全管理与应急处置。

（4）飞行中遇有紧急情况及时报告机长，在机长的指示下，指挥客舱乘务员充分利用机上应急设备沉着、冷静地进行处理，尽最大努力保证乘客安全。紧急情况下，负责广播。

（5）主任乘务长/乘务长就客舱乘务组的监督、客舱管理和客舱安全以及服务质量向机长负责。

（6）在客舱中发生与安全有关的事件后，填写公司机上紧急事件报告单，并向所在单位报告。

三、区域乘务长的客舱安全职责

（1）在主任乘务长的领导下开展工作，协助主任乘务长处理机上服务及客舱安全的有关事宜。

（2）在服务工作中除承担本区域所规定的工作职责外，还应对所管辖区域的服务工作及客舱安全进行全面管理。

（3）遇有紧急情况及时报告主任乘务长、机长，在机长/主任乘务长的指挥下，沉着、冷静尽最大努力保证乘客安全。

（4）检查落实本区域紧急设备处于待用状态。

（5）区域乘务长就客舱乘务组的监督、客舱管理和客舱安全以及服务质量向主任乘务长负责。

四、客舱乘务员的客舱安全职责

（1）按照分工负责本区域的服务工作和客舱安全，严格执行各项安全规章。

（2）遇有紧急情况及时报告机长、乘务长；检查落实本区域内紧急设备处于待用状态。

（3）按照规定操作管理服务设备和应急设备。

（4）客舱乘务员应对机上乘客的安全、健康和舒适负责。

五、客舱安全员的责任

安全员是民航飞行器中执行客舱安全保卫任务的空勤人员，其主要责任包括：

（1）在乘客登机前和离机后对客舱进行检查，防止无关人员、不明物品滞留在空舱内。

（2）制止与执行航班任务无关人员进入驾驶舱。

（3）在飞行中对受到威胁的航空器进行巡查与监视，妥善处置发现的爆炸物、易燃品和其他可疑物品。

（4）处置劫机、炸机及其他非法干扰事件。

（5）制止扰乱飞行器内秩序的行为。

（6）协助有关部门做好押解罪犯、被遣返人员在飞机上的监督工作。

（7）协助警卫部门做好警卫对象和重要乘客乘坐民航飞机、专机的民航保卫工作。

（8）执行上级交给的其他安全保卫工作。

六、兼职消防员客舱安全职责

（1）除执行本区域乘务工作职责外，还要在机长、主任乘务长的领导下担负机上消防工作，及时消除火情隐患。

（2）熟悉机内货舱灭火设备、内话机系统、应急设备的位置及操作方法，并负责管理机内货舱门的钥匙。

（3）起飞前，检查机内货舱的应急设备及行李，如不符合客舱安全要求，应立即报告机长并及时纠正。

（4）飞行中，至少每30分钟对机内货舱区域的应急设备和安全情况进行检查。长航线兼职消防员轮休时，由该区域的值班乘务员承担此项职责。

（5）发现烟或火后，要立即按灭火程序实施灭火，并报告机长、主任乘务长/乘务长。

（6）如火已经扑灭，客舱或机内货舱有烟，应在机长、主任乘务长/乘务长的指挥下进行排烟。

七、客舱乘务带飞教员客舱安全职责

客舱乘务带飞教员在执行带飞任务时，除履行本区域的工作职责外，还要对学员的违章操作负责。

八、客舱乘务检查员客舱安全职责

（1）客舱乘务检查员负责对客舱乘务员的资格进行审定。

（2）客舱乘务检查员应依据《客舱乘务员手册》，对客舱乘务组的客舱安全管理进行持续监督检查。

（3）在工作中有权制止违章行为，且有责任提出处理意见。

九、机上指挥权的接替

为了保证客舱安全,紧急情况下,机上全体人员必须听从机长指挥;如机长失去指挥能力,机组中按机上指挥权的接替规定下达命令。

(1) 机组成员的姓名和他们在飞行中所担当的职位,按签发飞行任务书的排序,机长栏内第一位的是该次航班的机长,需三名(含)以上驾驶员的飞行组,机长后面一位为第二机长或者副驾驶。

(2) 在飞行期间,机长对飞机的运行拥有完全的控制权和管理权,这种权力没有限制。当机长由于生病、生理或其他原因丧失管理和指挥能力时,接替指挥、管理权的次序是第二机长/副驾驶→飞行机械员→飞行通信员→主任乘务长/乘务长→区域乘务长→乘务员,按飞行任务书上的次序排列。

第四节　乘务组自我管理

乘务组是客舱安全的保护神,具备严谨的自我管理能力,是保证客舱安全的根本,而缺乏自律、责任心,违章违规,缺乏严格训练,带来的将是风险,甚至导致灾难的发生。

一、工作情绪管理

情绪是内心的感受经由身体表现出来的状态,从生理学的角度分析,情绪其实是大脑与身体的相互协调和推动所产生的现象,因此,一个正常的人,是必然有情绪的。情绪是双刃剑,情绪控制好了,人就能够有好的心态,就会以饱满的热情投入生活和工作中去,工作的境界性高,判断就会敏锐,行动就会灵敏。

客舱服务与安全管理工作,需要乘务员有稳定的情绪和较高的工作热情,而面对工作、生活等因素的影响,乘务员的情绪容易波动,直接影响机上服务的状态,这就需要乘务员采取有效的方法进行自我情绪管理,保持心情舒畅。

二、身体健康主动管理

健康关系到执行客舱责任状态与完成任务的能力,为此,对身体状态有以下要求。

(1) 航前有充足的睡眠。
(2) 保持适当的身体锻炼,提高飞行时的耐受力。
(3) 合理饮食,营养均衡。
(4) 禁止空腹飞行。
(5) 执行航班任务前8小时内或执行任务期间,不饮用或使用酒精类饮料、毒品、麻醉药物或其他有损工作能力的药品。

三、遵章守纪的自律管理

违规违章的行为主要是指不良的语言习惯、严令禁止的活动、无组织无纪律的作风、粗心大意的工作态度等。要时刻提醒自己按规章、规范工作，永远牢记规章、规范是客舱服务的第一要务。

四、行为规范严格管理

行为习惯是一个养成的过程，也具有延续影响的特点，一旦形成不良的行为习惯，尽管看起来微不足道，往往导致行为失误或差错，这在有关人为因素对安全影响的分析中已经得到验证。无论在日常行为习惯的管理和工作行为习惯的形成中，要以严谨的态度认真对待每一个行为细节，不能原谅自己不良行为习惯的存在，如粗枝大叶、马马虎虎、不求甚解等，要牢记严格才能保障安全，注重细节才能稳健中保安全。

五、个人安全自觉管理

乘务员与乘客一样，也是安全因素之一，需要对个人安全进行管理，主要是乘务员行李的安全管理，其要求是：

（1）所有机组人员的行李应标有一个机组人员全称的识别标签。
（2）机组人员的行李必须始终有人照看。
（3）机组人员不得接受携带第三者托带的密封包裹和信件。这一条要求，必须严格执行，否则会触犯法律，我国某航空公司曾经发生过乘务员善意协助乘客携带物品而导致毒品想借助专门安检通道的案例，不仅影响航班的正常运行，也导致乘务员触犯法律，失去自己的职业发展前途。

同时，每位机组人员对其私人行李的装运与安全负责，且应严格遵守如下规定：
（1）机组人员的行李必须由本人亲自整理。
（2）不使用时应将包锁好。
（3）离开饭店前，确认包中所有属于自己的物品均在其中，并且未被他人动过。
（4）在所有公共场所应始终看管好个人行李。
（5）不得接受陌生人、同事或熟人委托代为携带的任何物品。

第五节　客舱安全应急响应机制

一、什么是客舱安全应急响应机制

一般意义上的应急响应机制指针对特殊事件、突发事件的紧急处理机制，属于一种应急预案，事先做好防备及应对策略，避免事件进一步扩大或事态加重，使损失最大程度地减小。其核心是防备及应对策略，以在突发事件发生时，以最有效的方式，遏制和消除事件带来的影响。我国突发事件应急管理体系的核心内容是"一案三制"。以此作为应对突发公共事件的重要基础和制度保障，其中"一案"指的是设立相应的应急预案；"三制"指的是体制、机制和法制。

客舱的特殊性决定了其突发事件演变成事故的可能性极大，建立响应机制有着极其重要的意义，可以在突发事件发生时，反应灵敏、及时，处置有效。

二、各类突发事件应急预案

依据《中国民用航空应急管理规定》《国家处置民用航空器飞行事故应急预案》相关法律文件等和我国民航管理部门的要求，各航空运输企业均根据客舱突发事件分类、等级、性质、处置的技术要求，制定了详尽的处置预案，并通过各类空勤人员培训，强化应急处置能力。与客舱安全直接相关的突发事件应急预案包括以下内容。

1. 非法干扰事件应急预案

非法干扰行为是指违反有关航空安全的规定，危害或足以危害民用机场、航空器运行安全或秩序，以及有关人员生命和财产安全的行为，非法干扰是我们保证空防安全所要预防与制止的主要对象。

我国民法规定劫持民用航空器，对机上人员使用暴力，隐匿携带危险品、限制品上机，违规运输危险品，向使用中的航空器上放置危险品，故意传递虚假情报，破坏航行设备，聚众扰乱机场秩序，航空人员玩忽职守等九种行为为非法干扰的犯罪行为，应受到国家刑法的惩罚。中国民航局公安局颁布了《处置非法干扰民用航空安全行为程序》，对处理各类非法干扰事件的处置原则、指挥、信息传递、处置程序等有应急体系，对发生在不同时段的各类非法干扰事件的处置，作出了详尽的说明。

以下是针对客舱内声称劫机或有爆炸物的处置预案，主要包括：

（1）判明真伪　机组或其他工作人员遇到客舱内有人称要劫机或有爆炸物时，首先要辨明真伪。如行为人确有劫机、炸机等破坏行为，或者情况难以辨明时，按照处置劫、炸机工作预案进行处置。

如行为人因对航班延误、民航服务等原因发泄不满而语言过激，同样按处置劫、炸机工作预案进行处置。

（2）在起飞前发生的机组处置　机组、航空安全员应对行为人及其行李物品予以监控；如行为人有随行者，同时注意监控。一旦发生劫机或机上存在爆炸物，需要做如下处置：

① 立即按规定报告机场公安机关，请公安人员登机处理。
② 对周围旅客讲明情况，稳定旅客情绪，防止事态扩大。
③ 动员知情旅客积极配合公安机关调查取证，或请旅客提供亲笔证词。

（3）在起飞后发生的机组处置

① 如行为人有其他过激行为，应予以约束，等降落后，移交机场公安机关处理。
② 如行为人无其他过激行为，可在飞行途中安排专人控制，待飞机降落目的地后移

交机场公安机关处理。

（4）机场公安机关处置程序

① 机场公安机关接报后，立即派人登机将行为人及其行李物品扣押，带离飞机，并对其座位及行李舱架进行安全检查；如有同行人，可视情况一并带离。其交运行李应从机上卸下，一并扣留。

② 如航空器尚未起飞或中途降落，在采取前项措施后，一般可不再对其他旅客及行李重新进行安全检查。

③ 尽快做好旅客和机组调查取证工作，按规定与机长办理移交手续。

④ 及时将处理情况报现场指挥部门，由其决定是否放飞。

⑤ 机组在航班结束后将情况报公司保卫部门。

2. 航空器被劫持事件预案

劫机是非法干扰事件中最严重的事件，劫持航空器是极其严重的危及国家安全、生命财产的重大事件，就处置的政策、原则、信息传递、程序而言，机组处置措施等有详细的规范规定。

3. 航空器发现爆炸物或受到爆炸物威胁处置

爆炸物可以瞬间以声、光、热、机械功等形式放出大量能量物质，无论是物理爆炸、化学爆炸乃至核爆炸，都具有很强的破坏性，对民航飞行器的安全构成极其严重的威胁。遇到此情况，机组宣布"Mayday！"。对客舱爆炸物或受到爆炸物威胁的应急处置是保证飞行安全措施的重中之重。其应急预案就处置原则、流程、危险品排除、乘客管理等给出详尽的规范。

4. 医疗卫生事件应急处置

医疗卫生事件是指航空器进入国际卫生组织或中国政府发布警告的大面积传染疾病区域的事件，或在地面、飞行中出现旅客突发病症、死亡的事件。为了有效预防、及时控制和消除突发公共卫生事件的危害，指导和规范各类突发公共卫生事件的民航应急处置工作，保障广大旅客和民航员工的身体健康和生命安全，保证突发公共卫生事件应急物资及时运输，防止疫情通过航空运输传播，维护正常的运输生产秩序，民航部门制定《突发公共卫生事件民用航空应急控制预案》，各航空企业，依据预案的要求，提出了具体的实施方案，并举行突发公共卫生事件应急处置演习，对应急处置方案做好备份，做到有备无患。

5. 航空器紧急迫降事件处置

在遇到机械液压或电气设备失灵，失火，燃油不足，发现爆炸物，在空中与别的飞机或物体相撞，机上人员伤病有生命危险，飞机迷航，天气突然变坏，劫机或非法越境行为的情况下，飞机需要紧急迫降。迫降一般具有预防性和应急性，因迫降对迫降点环境及飞行器的性能要求很高，所以存在着较大的风险性，常有可能造成机毁人亡。为此，飞行机组和乘务组都有相应的预案和应急操作程序，而且都经过了严格训练，并且每年都会定期复训演练。

思政阅读 2

着力构建具有中国特色的航空安全治理体系

【事件概况】

2020年1月8日，民航局召开了全国民航航空安全工作会议。会议强调要把习近平总书记对民航安全工作的重要指示批示精神作为推进民航安全治理体系和治理能力现代化的总遵循，要认识民航安全治理体系和治理能力现代化对保障航空安全的重要作用。由他律向自律，由基于规章符合性的管理向规章符合性基础上的基于安全绩效的管理模式转变，是我国民航安全管理进步重要标志。必须根据民航安全治理体系和治理能力现代化的总体要求，构建完善与新时代民航安全需求相适应的民航安全治理体系和治理能力。把握好"安全与发展、安全与效益、安全与正常、安全与服务"之间的关系。

会议特别提出民航安全的6项重点工作。包括：

第一，要严格排查风险隐患。既要保持"对安全隐患零容忍"的高压态势，又要严肃对待安全生产运行中出现的新情况、新问题、个别偶发不安全事件，防止因重视不够，处置不当，发酵演变，引发更大范围、更大危害的次生不安全事件。

第二，要严格管理队伍作风。要特别抓好"三基"建设（抓基层，打基础，苦练基本功），强化作风建设，弘扬工匠精神，建立作风建设长效机制，实现作风建设制度化、规范化。

第三，要严格执行安全监管。航空安全的原则问题和大是大非面前，安全监察员决不能含糊，必须坚定立场，严格落实安全监管职责，做到"敢管、肯管、会管、严管"。要敢于下狠手、用猛药，对违规的责任单位和责任人失责就追，以铁的决心、铁的标准、铁的手腕依法严肃惩治，确保各项安全规章制度落到实处。

第四，要充分发挥体系效能。真正做到风险防控关口前移；持续推进安全管理体系（SMS）建设，真正将风险防控融入日常管理、日常运行；要强化科教对民航安全的支撑作用，着力推进新技术与民航安全治理深度融合，加强安全数据信息的开发利用。

第五，要着力提升监管效能。主动转变监管理念，深化监管模式改革，实施精准监管，着力提升安全监管效能；要重点加强基层监管机构和能力建设，加强监察员资质能力建设，着力改善监管一线履职尽责的条件和环境。

第六，要精心培育安全文化。始终把航空安全作为领导干部的政治生命线，弘扬和践行当代民航精神、英雄机组精神、工匠精神，建立完善"三基"建设长效机制，真正把安全从业人员作风建设落实到平时养成上；要加强行业安全诚信体系建设，形成安全治理的合力。

> 💡 **思政启发**

启发1:"敬畏生命"不仅是一句口号,更是一个民族发展的价值理念,需要从国家角度去做出制度、政策的安排。身为中国人深感骄傲与自豪,也要有职责与担当,培养自己敬畏生命的人文精神。

启发2:我们民航人能做什么?该怎么做? 客舱乘务员、安全员的工作是民航安全的第一线,也是最后一道防线,需要每个人都能在自己岗位、自己的职责范围内,尽心尽责,堵住漏洞,在民航安全的防线上尽到自己的责任。

启发3:精心培育安全文化,让民航安全置于内心,融于血液,是民航安全长治久安的基本国策。

 开放式讨论2

讨论题目——民航安全的宏观管理与微观实施的关系

引导性提示:

1. 宏观的安全管理是导向,决定着安全管理的高度与走势,涉及民航安全的管理机制、系统、制度。

2. 微观实施体系是自上而下的"贯穿性"体系,需要落实到部门,乃至工位,微观安全管理需要细致,需要没有"死角",消除任何"漏洞",打通保证客舱安全的"任脉"。

3. 民航安全在不同管理层面有着不同的职能与责任,相互衔接构成完整的体系,缺一不可。

4. 在实际安全管理中,微观的管理需要宏观的支持,微观的有效性决定着宏观安全目标的实现,在客舱管理层面,关键是实施一套行之有效的措施与规范。

> ✏️ **本章总结**

1. 民航安全管理组织体系,是由民航局、地区管理局、航司及航司的职能部门构成。客舱安全管理与应急处置,更多的是客舱安全的保证与实施环节,具体的责任主体是以机组成员为主。

2. 民航安全管理体系(SMS),包括四个组成部分,共计十二项要素,其核心是系统的组织体系,也体现在现代民航安全管理体系。

3. 航空公司客舱安全管理的分工与责任是一个有机整体,主要是机组成员,包括机长、乘务人员、安全员等的责任,其责任与岗位分工需要明确清晰,不是孤立的,需要相互协调配合，但机长正确行使权力、统一领导是前提。

4. 客舱安全管理职能，包括贯彻各项客舱安全政策、法规，完善与推广客舱安全规章；建立客舱安全管理体系，建立管理规范，细化客舱安全管理措施；实施全员客舱安全教育，制定各专业训练计划，组织实施安全培训；客舱安全状态评估、安全工作的检查、监控与考核，以及处理责任范围内客舱安全事故。

5. 客舱安全管理与应急处置的要求：从人文关怀入手，一切均以预防、化解、处置的有效性为基本脉络，突出"及时有效"地处置。

 后续阅读

推荐资料1：2021年全国民航工作会议、全国民航安全工作会议强调驰而不息推进安全治理体系和治理能力现代化. 中国民航网，2021-01-12. http://www.aero.cn/2021/0112/109056.html.

推荐资料2：民航局关于客舱安全的规定. 中国民航局网站. http://www.caac.gov.cn/INDEX/HLFW/HLZN/KCAQ/.

 自我心理建设

培养机组成员居安思危的思维定式。

课后思考与复习

思考题

1. 如何认识民航安全与应急处置组织体系与管理体系建设的重要性？
2. 我国民航安全管理体系有什么特点？
3. 如何在民航从业者内心树立牢固的安全责任意识？

复习题

1. 简述民航安全管理组织体系及内容。
2. 简述民航安全管理体系内容及核心。
3. 简述机组成员各自的客舱安全责任。
4. 简述客舱安全管理与应急处置的基本要求。

中篇
客舱安全管理

第三章
客舱安全运行规则与客舱安全管理程序

"民航欲求安全,必须规范,规则先行",这是民航发展过程中,大量血的教训总结出来的"法宝"。航空器及其飞行是个复杂的系统问题,对飞行条件有严格的要求和运行规则,对遇到的各种安全问题的处理有严格的规范。正是客舱安全管理的各项规章、规则与规范体系,才建立起客舱安全的长效机制与管理规则,按运行规则操作,按程序处理问题,按规范管理,对安全隐患"零容忍",已经成为民航铁的纪律,成为民航人的行为准则。

本章以民航客舱安全章程等为依据,首先介绍客舱安全运行的基本规则及应急处置的要求,同时介绍了客舱管理程序、内容,并对机舱门的开关程序及安全风险进行分析,为后续内容奠定基础。

 本章学习目的

本章的学习目的包括:
1. 理解客舱安全运行规则。
2. 了解客舱安全运行的内容。
3. 熟悉不同阶段客舱安全检查内容。
4. 掌握机舱门的开关程序。
5. 理解客舱门开启过程中存在的各种风险。

理论知识点

1. 客舱安全运行规则的严肃性:规则是客舱安全保障的法宝,是血的教训的总结,也是铁律,违规就等于忽视安全,漠视生命。
2. 客舱安全运行规则内容包括客舱安全各环节和具体细节的活动准则,包括不同环节、不同情形、不同岗位人员的管理规定。
3. 客舱安全管理程序是客舱安全管理的细化,堵塞漏洞,置客舱安全于可控状态。

4. 客舱门开启风险与启示。开关机舱门程序有严格的操作规范，但违规或误操作等会给客舱安全带来风险与威胁，严防死守，一丝不苟，才能保证客舱门成为真正的"生命之门"。

 能力与素质

1. 能力要点

（1）规则、规范、程序的认知能力：培养"规则、规范重于泰山"的思想意识，形成良好的思维定式，并以此塑造自己的职业品质。

（2）规则、规范、程序的行为化能力：做到内化于心，外化于行，培养良好的行为习惯。

2. 素质要点

（1）道德素质：做民航人，侥幸、疏忽亦等于"犯罪"。

（2）职业素质：规则、规章是最高指令，任何人都没有超越规则、规章的"权威"，每个人都是客舱安全最后一道"防线"。

 导读

规章规范是民航的安全生命线

与客舱服务相比，客舱安全是民航运输的重中之重，也是民航服务的前提条件。客舱要安全，运行的规则、工作流程、规范与标准是最基本的武器，也是客舱安全管理的基本特征，大量的客舱安全事故的原因中，规章违规是最重要的原因，因此，客舱中的一切服务操作及旅客的行为，都必须符合规章规范的要求。规章规范是一切客舱活动服从飞行安全的要求，符合规范的要求，按规范操作，才能使每个环节均处于安全可控的状态。为此2020年5月7日交通运输部颁布了《大型飞机公共航空运输承运人运行合格审定规则》（CCAR-121-R6），以对大型飞机公共航空运输承运人进行运行合格审定和持续监督检查，保证其达到并保持规定的运行安全水平，同时《中华人民共和国民用航空安全保卫条例》《公共航空旅客运输飞行中安全保卫规则》以及各航空公司编写的《客舱乘务员手册》均对客舱安全提出明确要求，制定了安全运行规则与规范。《中国民航报》2019年曾发表评论指出：欲求安全，必须有规则，必须按规范操作，这是民航发展用血的教训总结出来的"法宝"。

第一节　客舱安全运行规则

一、各种情况下客舱与驾驶舱的联络规则

飞机的客舱与驾驶舱是相互隔离的，但任何情况下，驾驶舱与客舱的联系均不能中断。通常情况下，在飞行期间，客舱乘务长（员）应使用机上内话与机组保持通信。当条件不允许时，机组可使用熄灭"系好安全带"灯再打开的方式替代（如飞行关键阶段、起飞或着陆的通知）。如果客舱与驾驶舱的内话系统出现故障，乘务长必须通知机长，并制定另一种通信联络的途径；如果是某一站位与驾驶舱内话系统故障，应使用就近有效的内话系统进行联系，或是联系机组将情况说明。必要和可能情况下，可以通过人工方式传递信息，此时，乘务长负责将新的联络方式通知所有民航乘务员。

1. 客舱与驾驶舱的非常联络规则

在紧急情况时，客舱与驾驶舱正常通信失效，或不能使用正常通信方式，机组可使用旅客广播直接向乘务组发布指令，必要时，使用如下特殊联络信号的方式进行联络。

（1）一遍呼叫铃声方式　飞行员/客舱乘务员回答内部电话时，如果客舱乘务员没有收到内话机回答，客舱乘务员应立即拿起最近处的话筒再次与驾驶舱联系或立即进入驾驶舱。

（2）多遍呼叫铃声或"pilot alert"（如果装有）视频信息或收到预先制定的联络暗语　此时表明客舱有紧急情况或被劫持，应有一名机组成员了解、确定紧急情况的性质并采取相应程序。可通过内话系统或驾驶舱门上观察窗镜观察，锁闭驾驶舱门。视情况，进入客舱协助乘务组（如客舱内话机上装有紧急按钮，在此情况下使用）。

（3）暗号、暗语方式　为了保密起见，机组和乘务组在飞行前还可以商定临时性的暗号、暗语，以保证非常情况下的联系与指挥。

2. 飞行过程的不同阶段的联络规则

（1）滑行延误　如果遇到滑行延误，机长估计延误的时间充足时，可告知客舱乘务组延误情况，便于客舱里巡视并提供服务。一旦恢复滑行，立即进行广播，使客舱乘务员就座；如果从停机位到进入跑道的滑行时间预计少于5分钟时，通知客舱乘务长。

（2）起飞通知　机长应当在即将起飞前通知客舱（可使用两遍"系好安全带"铃声信号的方式），需要特别注意的是，如果起飞前客舱乘务员无法完成对旅客的安全介绍，则应当通知驾驶舱延迟起飞，直至完成安全介绍。

（3）进入或离开飞行关键阶段　飞机进入或离开飞行关键阶段的时机，在进入或离开飞行关键阶段时，机长应通知客舱乘务组的内容包括：

① 机长应通知客舱乘务长："进入飞行关键阶段，或现已离开飞行关键阶段。"客舱乘务长回答："明白。"（也可使用两遍"系好安全带"铃声信号的方式回答。）

② 如果机长预计要在10000英尺（约3000米）以下等待，应通知客舱乘务组，便于

他们能继续进行空中服务。

③ 如果乘务组无法完成下降准备，应当通知驾驶舱。

3. **着陆检查后联络规则**

完成着陆检查单后，驾驶舱应以两遍"系好安全带"铃声信号通知客舱。

4. **变更时间计划时联络规则**

当航班预计到达时刻提前10分钟以上时，改航、备降等非计划情况发生以及紧急情况下，应尽快通知乘务长。

5. **飞机放下起落架前联络规则**

为使客舱乘务组有足够的时间做好着陆准备，驾驶舱应以两遍"系好安全带"铃声信号，以通知客舱机组。

6. **关车后联络规则**

关车后，"系好安全带"信号灯关断，表示发动机已经关停，乘务组可以解除滑梯预位，打开舱门。

二、进入驾驶舱人员的限制

驾驶舱是飞机飞行的中枢神经，直接关系到飞行安全，在《大型飞机公共航空运输承运人运行合格审定规则》中对进入驾驶舱的人员有明确规定，乘客擅入飞机驾驶舱或将触犯刑法。

（1）下列人员可以进入飞机驾驶舱，但并不限制机长为了安全而要求其离开驾驶舱的应急决定权。

① 机组成员。

② 正在执行任务的局方监察员或者局方委任代表。

③ 得到机长允许并且其进入驾驶舱对于安全运行是必需或者有益的人员。

④ 经机长同意，并经合格证持有人特别批准的其他人员。

（2）被准许进入驾驶舱的非机组人员，应当在客舱内有供该人员使用的座位，但下列人员在驾驶舱有供其使用的座位时除外。

① 正在对飞行操作进行检查或者观察的局方监察员或者经授权的局方委任代表。

② 局方批准进行空中交通管制程序观察的空中交通管制员。

③ 合格证持有人雇用的持有执照的航空人员。

④ 其他合格证持有人雇用的持有执照的航空人员，该人员得到运行该飞机的合格证持有人的批准。

⑤ 运行该飞机的合格证持有人的雇员，其职责与飞行运作的实施或计划，或者空中监视飞机设备或操作程序直接有关，此人进入驾驶舱对于完成其任务是必需的，并且已得到在运行手册中列出的有批准权的主管人员的书面批准。

⑥ 该飞机或者其他部件的制造厂家技术代表，其职责与空中监视飞机设备或者操作程序直接有关，进入驾驶舱对于完成其职责是必需的，并已得到该合格证持有人在运行手册中列出的有批准权的运行部门负责人的书面批准。

(3)局方监察员进入驾驶舱的权力。局方指定的监察员执行监察任务时,向机长出示局方监察员证件后,机长应当允许该监察员不受阻碍地进入该飞机的驾驶舱。

三、加机组成员的管理

1. 空勤人员

执行任务的空勤人员加机组,应持有空勤登机证、飞行任务书,核准后方允许乘行。

2. 飞行翻译和航医

执行本公司飞行任务的飞行翻译和跟班检测的航医加机组,应持有飞行任务书、公务乘机证明、中国民航公务乘机通行证。

3. 飞机维修人员

为飞机排故、放行及执行紧急航材调拨,而派往异地的维修人员加机组,应持有工作证、飞行任务书、公务乘机证明、中国民航公务乘机通行证。

4. 公司保卫人员和安全督察员

公司安全运行国家监察委员会为检查(调查)有关安全运行工作的保卫人员和安全督察员加机组,应持有工作证、公务乘机证明、中国民航公务乘机通行证。

5. 参加航线实习的人员

空中交通管制员、飞行签派员、航行情报员、航空天气预报员加机组时,应持有工作证、航线实习任务书、公务乘机证明、中国民航公务乘机通行证。

6. 其他人员

其他人员加机组,应持有局方有关部门或本公司领导的特批文件、工作证、公务乘机证明、中国民航公务乘机通行证。

需要特别着重强调的是,对于能够进入飞机驾驶舱的人员,一直以来都有着严格的标准。而若不遵守规章制度,则可能引发严重后果。乘客无论何种原因擅自进入飞机驾驶舱,其后果都是非常严重的,甚至引发灾难。世界民航史上,因非允许人员进入驾驶舱而引发的安全事故,最典型的是1994年3月23日凌晨,俄罗斯航空593号航班坠毁在俄罗斯西伯利亚地区,机上75名机员及乘客全部罹难。空难调查人员调查发现,事发前,机长按正常程序离开驾驶舱到客舱休息,只有第一副机长和第二副机长在驾驶舱。随后,第一副机长将自己15岁的儿子和12岁的女儿带到驾驶舱参观,并让他们坐在驾驶舱内体验"开飞机"的感觉,最终酿成惨剧。

根据《中华人民共和国治安管理处罚法》第三十四条中的规定,盗窃、损坏、擅自移动使用中的航空设施,或者强行进入航空器驾驶舱的,处十日以上十五日以下拘留。如果造成重大飞行事故,造成严重后果的,可能触犯刑法中规定的重大飞行事故罪,将会承担刑事责任,对相关责任人同样受到追责等严肃处理。桂林航空机长违规让无关人员进入驾驶舱的行为应引起警示,必须引以为戒,警钟长鸣。

第二节　客舱安全管理程序

一、旅客登机前的客舱安全准备

客舱安全状态需要分步骤递进管理，旅客登机前的安全状态是基础，客舱乘务组在旅客登机前需要落实涉及客舱安全工作的规定，包括：

（1）按规定数量配备的民航乘务员已到位。
（2）分配客舱安全检查和服务准备工作。
（3）供旅客存放物品的行李架已全部打开，机组的行李和飞行箱已放在指定的行李架或储物间里。
（4）各项准备工作完毕并报告机长。

二、旅客登机时的各项安全检查

（1）注意旅客登机情况，如手提行李及行李摆放、重量限制。
（2）如果手提行李超出规定，应通知机长和地面值机人员进行处理。
（3）关好并锁好行李架。
（4）应急出口座位的控制：
① 评估旅客是否符合在此座位就座。
② 向旅客讲解应急出口座位，并要求旅客仔细阅读应急出口安全须知卡。

三、飞机推出前的安全检查

飞机推出前的安全检查包括以下14个主要项目：

（1）安全广播和安全演示。
（2）确认每个旅客系好安全带。
（3）确认所有的移动电话、便携式电脑等电子设备已关闭并妥善存放。
（4）禁止旅客吸烟。
（5）调直座椅靠背，脚垫收起，空座椅上的安全带已扣好。
（6）扣好小桌板，打开遮光板。
（7）所有的帘子拉开系紧。
（8）确保紧急出口、走廊过道及机门附近无任何手提行李。
（9）出口座位旅客符合乘坐规定。
（10）洗手间无人占用并锁好。
（11）固定好厨房餐具、餐车及供应品。
（12）调暗客舱灯光。
（13）电视屏幕已收起。

（14）向驾驶舱报告客舱准备完毕。

四、飞机滑出时的安全检查

飞机滑出时，客舱乘务员应注意以下有关安全的事项：
（1）注意观察驾驶舱和客舱情况。
（2）除了为保障飞机和机上人员安全的工作外，民航乘务员应当在规定的座位上坐好并系好安全带和肩带。
（3）回顾应急准备措施、应急设备的位置和使用、出口位置和使用。
（4）回顾应急程序准备。
（5）回顾可以协助客舱乘务员实施应急程序的旅客。

五、飞机起飞前的安全检查

在飞机起飞前，客舱乘务员应该进行"再次确认系好安全带及关闭电子设备"的广播，同时注意观察驾驶舱和客舱情况，确保符合规范。

六、飞行中的安全检查

客舱乘务员在飞行中有以下注意事项：
（1）在每次起飞后，"系好安全带"的信号灯即将关闭前或刚刚关闭后，广播通知旅客，即使在"系好安全带"的信号灯熄灭了，在座位上仍然要继续系好安全带。
（2）低于10000英尺（约3000米）时遵守"飞行关键阶段"原则。
（3）时刻保证驾驶舱门附近区域安全。

七、着陆前的安全检查

飞机着陆是飞行的关键阶段，在着陆前，所有的工作均聚焦于安全，客舱乘务员应完成以下10项与安全相关的检查工作：
（1）注意驾驶舱的情况。
（2）确认每个旅客系好安全带。
（3）确认所有的移动电话、便携式电脑等电子设备已关闭并妥善存放。
（4）旅客禁止吸烟。
（5）调直座椅靠背，脚垫收起，空座椅上的安全带已扣好。
（6）扣好小桌板，打开遮光板。
（7）所有的帘子拉开系紧，行李架扣好。
（8）确保紧急出口、走廊过道及机门附近无任何手提行李。
（9）洗手间无人占用并锁好。
（10）固定好厨房餐具、餐车及供应品。

第三节　机舱门的开关程序及风险分析

一、机舱门操作与规则

机舱门是飞机的重要组成部分，更是旅客生命的通道，特殊情况下的求生之道。在结构设计上，机舱门的开启有其技术原理，因而在实际使用上机舱门开启与关闭规定了严格的技术规则，对开启的程序等提出明确的规定，在乘务员初级训练与在职乘务员复训中均有强化训练。

在正常航班情况下，机舱门的开启规则与程序是一致的，但不同机型也存在着差异，特别是在操作技术方面，有其特殊的要求，而在紧急情况下，如逃生撤离时，需要按相应的应急撤离规定进行操作。因此，客舱乘务组必须准确熟练掌握机舱门的功能与操作细节，按规则、规范作业，做到严防死守，一丝不苟，消除各种安全风险与隐患。

二、机舱门关闭程序

乘务组上飞机后，检查舱门的警示带及挂环是否可以完全收回到凹槽内。如果无法正常使用须报告责任机长，确认是否需要通知机务人员上机检查，判断其是否适航，并填写客舱设备故障记录本（CLB）。

按照《民航乘务员手册》要求，民航乘务员在飞机舱门关闭和锁定前要确认舱门警示带（安全绳）是否收好，其挂环是否已完全收回到凹槽内。机舱门、警示带如图3-1、图3-2所示。

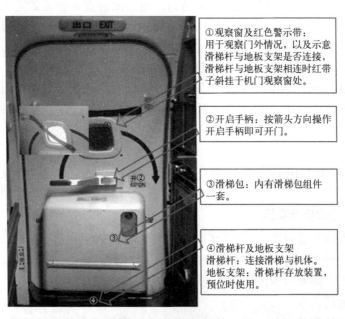

图3-1　机舱门结构图

   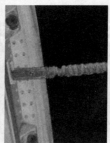 

黄色警示带：位于每个机门左侧门框，当客梯车或其他外接设备尚未完全与飞机对接时，黄带子起到为工作人员和旅客提供安全警示的作用，其结构分为拉出式和按扣，适用于不同机型。

图3-2 警示带

舱门关闭程序如下：
（1）确认舱门处无任何障碍物。
（2）解除阵风锁。
（3）一手抓住舱门区一侧辅助手柄，另一手反握住舱门上的辅助手柄。
（4）回拉舱门，当舱门与机体呈90°夹角时，松开抓住舱门处一侧辅助手柄的手，扶住舱门开启手柄，以防止舱门砸向民航乘务员而发生意外。
（5）舱门拉回后，顺时针压下开启手柄，关闭舱门。

其中，阵风锁的作用是当飞机舱门打开时，阵风锁起到固定舱门的作用。阵风锁分为按压式（有向下按压、向里按压）和抬起式。

① 按压式阵风锁。按压式阵风锁的解锁手柄装在门的上部导向臂上，舱门推至固定位时自动上锁。按压式阵风锁一般位于前登舱门。拨片一旦按下或抬起，阵风锁即解除，随即可以关闭舱门，无需一直按压。按压弹簧式阵风锁操作如下：

按压弹簧式阵风锁的解锁手柄装在门的上部导向臂上，舱门推至固定位时自动上锁。此类阵风锁一般位于后登机门及前后勤务门。当关闭装置有弹簧式阵风锁的舱门时，需一手按住阵风锁，一手关舱门，当舱门松动能往回拉时，方可松开阵风锁，否则阵风锁会自动弹起，再次锁定舱门。由于装配有此类阵风锁的舱门在关闭时需双手操作，所以操作时需要注意将身体的重心靠后，以免发生危险。

② 抬起式阵风锁。抬起式阵风锁的解锁手柄装在门框上。使用时，一手将滑块往上提，一手回拉舱门，当舱门松动时，松开滑块，拉回舱门。注意：操作时将身体重心靠后，以免发生危险。

三、重新打开舱门的程序

1. 重新打开舱门的步骤实施

如果地面人员有要求重新打开舱门，应按照以下步骤实施：
（1）乘务长要报告机长，取得机长的同意。
（2）乘务长通知所有的民航乘务员解除滑梯/分离器预位状态。
（3）打开舱门。
（4）登机门重新关闭后，乘务长要立即广播所有舱重新进行滑梯/分离器预位并进行交叉检查。

（5）乘务长报告机长舱门重新关闭。

2. 飞机客舱门内部开门操作流程

（1）解除客舱门预位，将滑梯包的预位杆（girt bar）放置到滑梯包下部的挂钩中。

（2）解除观察窗红色飘带。

（3）根据操作指示通过手柄打开客舱门，并视情设置栏门警告绳。

四、内部开门存在的风险及缓解措施

1. 内部开门存在的风险源

（1）由于挂钩老化变形等原因摩擦力不够，由于振动等其他原因，在开门时，预位杆从挂钩中脱出，从而产生舱门关闭风险。

（2）预位杆没有正确放置到挂钩中，现场模拟证明，不当操作导致预位杆可以从挂钩中脱出的情况出现。开门时，将会导致预位杆与其他物体干涉导致滑梯包意外释放。

（3）正常情况下，预位杆与滑梯包之间的布带长度不会与地板摩擦，各种原因可能导致布带长度较长并与地板摩擦。开门时，如果不慎踩到布带或其他物体与布带干涉也有意外释放滑梯包的风险。

2. 风险缓解措施

（1）预位杆要正确放置到滑梯包下部的挂钩中。

（2）检查预位杆与挂钩之间是否有足够的摩擦力。如果摩擦力小，开门时，应密切注意防止预位杆意外脱出。

（3）检查预位杆与滑梯之间布带长度是否合适，有无与地板摩擦情况。如果有，开门时注意防止意外踩到布带或布带与其他物体干涉。

（4）客舱乘务员发现以上问题要及时填写客舱记录本（CLB），以便后续及时解决，消除安全隐患。

3. 启示

在客舱中，诸如机舱门等客舱安全设备很多，在操作、使用中均会存在各种因素带来的风险，通过风险评估，找出各种风险源及影响方式，制定周密的规范，对提高客舱的安全度是很有益处的，很多规范的制定也正是基于风险源评估结果。

思政阅读 3

"你开心，谁能放心！"——非机组成员非法进入驾驶舱的警示

【事件概况】

2019年1月4日，一名女乘客在空中进入桂林航空 GT1011 航班的驾驶舱喝茶、拍照还发了自媒体。有无关旅客在商业航班中进入驾驶舱，并在驾驶座就座。图片显

第三章　客舱安全运行规则与客舱安全管理程序

示，一位穿着非航空制服、未带任何证件的年轻女性。在飞机驾驶舱中，单手做V形手势拍照。

该事件引发了大众的广泛关注，严重影响了民航的形象。桂林航空官方微博表示针对机长违规让无关人员进入驾驶舱的行为，桂林航空决定对当事机长作出终身停飞的处罚，公司的相关负责人也受到了相应的处罚。

 思政启发

非机组成员非法进入驾驶舱事件，不仅是违章、违规、违法，而且反映了航空公司安全文化的匮乏，所带来舆论界的热炒背后，更发人深省、耐人寻味的是民航安全之忧。

启发1：民航规章与制度，此时丢到哪里了？
启发2：为什么会发生在这家航空公司，这个机长的身上？
启发3：这位乘客为什么有这样的"魄力""勇闯"驾驶室？
启发4：关于民航安全意识的思考：民族素质、安全文化教育。

 开放式讨论3

讨论题目——自我管理的矛盾与冲突

引导性提示

1. 自我管理就是主宰自己的灵魂，是人生走向成功的必备条件，人的差异也往往体现在自我管理的能力差距。

2. 良好的自我管理可以转化为战斗力，也是应急处置能力提高的保证；自我管理是约束和放弃，约束自己行为，做到遵规守纪，放弃自私的心理，树立大的胸怀。

3. 自我管理的修炼是内心的抗衡——放任与约束，与个人修养、初心，以及环境约束等坚持密切相关。

4. 民航面对的安全挑战是常态化的，容不得任何懈怠和渎职，自我管理能力是职业修养的重要标志。

 本章总结

1. 客舱安全运行规则是民航安全的保障，也是一种法律，具有强制性，不可动摇。
2. 客舱安全运行规则中，任何情况的客舱与驾驶舱的联络是安全飞行的神经系统，除了正常飞行时的安全通报、飞机关键节点的命令传递外，需要把关系到民航安全的紧急情况信息迅速有效地传递。

3. 对进入驾驶舱人员的严格限制是飞行安全的需要，法律规定驾驶舱神圣不容侵犯，进入人员均要符合法律规定，任何旅客都不允许进入驾驶舱。

4. 客舱安全管理程序还包括旅客登机前、登机过程、飞机推出前、飞机滑出时、飞机起飞前，飞行中和着陆前等不同阶段的安全检查。

5. 机舱门是旅客进入和离开机舱的唯一出入口，是客舱的要害部位，开启、关闭和重新开启必须按操作规程进行，为了使机舱门安全开启，必须排除可能的风险因素的影响。

后续阅读

推荐资料1：周敬萍. 一名民航乘务长的"修炼"心得. 民航资源网，2014-08-14. http://news.carnoc.com/list/291/291261.html.

推荐资料2：许凌洁. 航空安全重于服务，是时候重塑旅客观念了. 民航资源网，2015-09-02. http://news.carnoc.com/list/322/322848.html.

自我心理建设

对旅客的耐心养成与原则的把握。

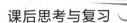
课后思考与复习

思考题

1. 为什么客舱管理程序如此复杂？
2. 机舱门开启风险对客舱安全管理启示有哪些？

复习题

1. 简述客舱安全规则的内容。
2. 简述客舱安全管理程序涉及的内容。
3. 简述客舱门开关需要的程序。
4. 简述客舱门开启过程中存在的风险以及如何规避。

第四章
旅客安全管理

旅客既是民航运输的对象，客舱安全的受益者，同时，也是影响客舱安全的重要因素，是需要管控的变数。置身于客舱安全封闭链中，旅客的行为与活动方式，对客舱安全的影响是直接的或间接的。因此，如何对旅客的乘机行为、携带物品以及乘机活动进行有效的管理，是客舱安全的基础，也是管控的重点之一。民航局颁布了《公共航空运输旅客服务管理规定》（CCAR-273）、《公共航空运输企业航空安全保卫规则》（CCAR-343-R1），以及下发《关于进一步加强客舱秩序管理工作的通知》等都对旅客行为与管理做出规定。同时，在各航司的乘务员手册中也明确提出了针对旅客安全管理的规范细则。

本章将系统介绍有关旅客安全管理规范细则及机上旅客行为管理规定，对行为不当的旅客和非法行为的管控做了具体说明，同时，介绍了旅客安全教育与训练的问题，便于乘务人员进一步了解服务对象，熟悉旅客的管理规范，规避旅客可能对客舱安全带来的风险。

本章学习目的

本章的学习目的包括：
1. 理解旅客安全管理规范的重要性。
2. 掌握旅客安全管理规范的主要内容。
3. 理解为什么要对旅客的行为实施管理。
4. 熟悉旅客扰乱行为包括的种类。
5. 熟悉旅客非法行为包括的种类。
6. 理解扰乱行为与非法行为的差异。
7. 理解旅客安全教育与训练重要性。

理论知识点

1. 旅客安全管理规范：旅客需要管理，这是基于客舱安全教训和飞行系统的技术要求，通过强制规范旅客乘机行为，进而规避客舱安全的风险因素和对客舱安全的危害。

2. 行为不当旅客属于文明和素质层面，但可能进一步发展，演变成更严重的后果。

3. 非法行为旅客管理属于违法、犯罪范畴，需采取一切强制措施进行防范。

4. 旅客需要管理，也需要对其进行客舱安全教育与训练。

 能力与素质

1. 能力要点

（1）总体分析能力：学会机上旅客对客舱安全的影响方式及可能存在的风险进行综合分析。

（2）联系性思维能力：客舱安全管理规范及旅客行为管理与客舱安全的内在关系。

（3）解决问题的能力：对可能带来客舱安全风险旅客的识别与管控。

2. 素质要点

（1）道德素质：爱民航，做民航人，以及一丝不苟的敬业精神。

（2）职业素质：敏锐洞察与甄别能力，养成注重细节的工作风格。

导读

客舱安全管理规范与细则的每条规定都是用鲜血与生命换来的

飞机是最安全的交通工具之一是不争的事实，但这是建立在一切正常的条件下得出的结论，正由于客舱安全管理的细致及实施，消除了各种可能的安全隐患，化解了可能的安全风险，才创造了客舱安全环境。民航安全事件中，很多是源于客舱安全管理不善或管理失位。客舱安全管理细则实施是保证客舱安全的有效手段，筑起了客舱安全的基本防线，其各种细致的条款都是长期大量安全事故的经验与教训的总结。"成于细节，败于疏忽"，客舱安全没有小事，它涉及大到物品携带安全，小到起飞和降落时要打开遮光板、调直座椅靠背、收起小桌板等细节，都可能引起灾难性后果。比如不系安全带与空中颠簸、迫降致旅客伤亡；小桌板收起与否与调直座椅靠背及紧急情况下的逃生撤离；吸烟引发的客舱火灾等，均有大量血的教训。再如，安全带可以提高非正常情况下旅客的安全系数，美国波音曾经利用波音727飞机进行坠毁试验来验证，飞机开在2500英尺（约762米）

的高空后,驾驶员跳伞,随后飞机将通过远程操控最终坠落地面。机内的座椅上安放了专门用于碰撞实验的假人,它们以三种不同的姿势被放置在座位上:其中一个用安全坐姿并系好安全带,另一个系好安全带但不是安全坐姿,最后一个既没有系安全带也不是安全坐姿。在试验飞机坠落地面后,专家发现这些假人的鼻子最先被撞,第一个"人"幸存下来,第二个"人"的头部遭到严重创伤,最后那个"人"丧失了生命。

旅客安全管理细则之细,涵盖了与安全相关的每一个环节,是安全的需要,更是铁律。无论是机组还是乘客,把细致落实到对旅客的有效管理过程,更是消除客舱安全风险的重要环节。

第一节　旅客安全管理基本规范

一、旅客安全带的管理

(1) 当飞机在地面移动、起飞和下降、着陆期间,飞机上的每个占座旅客都应当在座椅上就座,并用单独的安全带适当扣紧。乘务员必须全程监督,并及时纠正旅客的不正当行为。

(2) 需要检查或广播通知旅客系好安全带的情况。在下列情况下,乘务员应检查或广播通知旅客系好安全带:

① 飞机滑行、起飞、降落时,"系好安全带"信号灯亮起。
② 遇有颠簸时。
③ 在夜间飞行时。
④ 遇有劫持者劫机时。
⑤ 飞机紧急下降时。

(3) 座椅上为旅客提供的安全带不得与2周岁以上的人共同使用。

(4) 客舱乘务员在执行客舱安全检查时,应确认无人乘坐的座位上,安全带是固定好的,使其不妨碍机组成员执行任务或紧急情况下人员的撤离。

二、旅客座椅的管理

(1) 当飞机在起飞和着陆期间,客舱乘务员应检查每个座位靠背处于直立位置。除由于健康方面不能直立坐着的人的座椅外,不得存在妨碍乘务员走向通道或抵达就近任一出口的情况。

(2) 飞机在地面滑行、起飞或着陆时,旅客座位散放的衣物类物品必须用安全带固定存放,以免物品滑动或滑落,堵塞通道。

三、旅客安全告示

（1）飞机在地面的任何移动，每次起飞和着陆及机长认为必要的任何时间，应当接通"系好安全带"信号灯。

（2）确保每个座位都能清晰地看到"系好安全带"和"禁止吸烟"的明显信号或标牌。

（3）飞机上的每一个洗手间内都应有"禁止损坏洗手间内的烟雾报警器"的标志或者标牌。

（4）在飞机上的任何人应该遵守下列规定：

① 当"禁止吸烟"信号灯亮或"禁止吸烟"标牌出示时，任何人禁止在客舱内吸烟，包括任何型号的电子烟。

② 禁止在洗手间内吸烟或电子烟。

③ 不得触动或损坏洗手间内的"烟雾报警器"。

④ 每个旅客应该遵守机组成员发出的指令。

四、便携式电子设备的禁用和限制

1. 一般规定

通常不会影响飞机导航和通信系统的便携式电子设备，方可在机上使用。从飞机关舱门开始到飞机起飞，至飞机着陆后完全停稳时，飞机上任何人员不得使用限制性的便携式电子设备。

2. 允许飞行时全程使用的电子设备

国际上，不同的航空公司有不同的规定，如欧盟2014年发布指南，建议在欧盟注册的航空公司允许乘客在飞机整个飞行期间使用智能手机、平板电脑等便携式电子设备，且不需要将设备调成飞行模式。便携式电子设备包括智能手机、平板电脑、笔记本电脑、电子阅读器等。按照新规定，今后飞机上的乘客就可以像乘坐其他交通工具时一样，使这些电子设备保持开机状态。

对是否允许携带这些设备，欧盟航空安全局指出：是否允许使用便携式电子设备，将由各航空公司具体决定。在允许使用这些电子设备之前，航空公司应进行评估，确保飞机系统不会被便携式电子设备传输的信号所影响。因此，在欧盟范围内，不同航空公司是否允许使用便携式电子设备以及何时能使用可能会有差异。其他国家，如韩国大韩航空允许乘客在飞行全程使用便携式电子设备。

我国对于可携带的电子设备，不同航空公司均有详尽的规定，需要按照各航空公司规定执行。一般允许并有限制条件使用的电子设备包括：

（1）可单手掌握的小型电子设备。外形尺寸长、宽、高三边总和小于31cm（含）。并设置为"飞行模式"，停止搜索信号发射并关闭Wi-Fi的可全程使用。如：移动电话、电子书、平板电脑（iPad）、电子游戏机、电子字典、数码相机、具有电话功能的手表等。

（2）医学辅助用的电子设备：心脏起搏器、助听器等。

（3）其他可全程使用的电子设备：电子计算器、电动剃须刀、便携式录音机、不带遥控装置的小型电动玩具及不具备发射信号的电子设备。

注：在飞行关键阶段，不可使用设备的连接配件，如：耳机和数据连接线等。

3. 只可在巡航阶段使用的电子设备

通常可以使用外形尺寸长、宽、高大于31cm的电子设备，如：笔记本电脑和iPad等。

注：为避免阻碍通道从而在飞行关键阶段影响撤离速度，应将笔记本电脑或iPad放置于前排座椅背后的口袋里或关机放于行李架内，在巡航阶段可使用。

4. 全程禁止使用的便携式电子设备

无法通过"飞行模式"关闭信号传输功能的移动电话、便携式电视、无线电发射机、无线遥控器的玩具或设备、移动充电电源（充电宝）等能够对飞机产生干扰的电子设备。

注：飞机在空中禁止使用电子设备的蜂窝移动网络和数据通信功能，储存在随身行李或行李架内的电子设备电源必须处于关闭状态。

5. 旅客违反规定的处置程序

客舱乘务员发现违反使用电子设备的旅客，要立即制止其行为，将相关法规告知旅客，对不听劝告者，造成不良后果，危害飞行安全的旅客，客舱乘务员应向主任乘务长/乘务长和机长报告，采取必要的措施，机长通知相关执法部门，到达第一个降落站时，将其交由执法部门处理。乘务组按规定上报公司，填写各类报告单。

五、儿童固定装置的安全管理

儿童不能自我管理，需要高度重视，儿童固定装置的位置需符合安全和服务的要求。

（1）不允许放置儿童固定装置的位置是：①任何过道边的座椅；②紧急出口座位及前一排、后一排的任何座椅。

（2）允许放置固定装置的位置是：任何靠窗口但不是应急出口及前一排、后一排的任何座位。

（3）任何不满2周岁的儿童可以由占有座椅的成年人抱着；也可以放置在经局方批准的儿童限制装置内。

（4）在飞机起飞、着陆和地面移动期间，不得使用助力式儿童限制装置、马甲式儿童限制装置、背带式儿童限制装置和抱膝式儿童限制装置。

（5）如儿童的父母请求使用儿童限制装置，需购买占座机票。为儿童限制装置确定最合适的旅客座椅位置且能够恰当地固定在经批准的前方座椅上。将儿童固定好在该装置内，并且其体重不超过该装置的重量限制。

（6）客舱乘务员应在安全检查时，固定好安全装置，使其不妨碍紧急情况下的人员撤离疏散。

六、机上饮用酒精饮料的限制

通常除机上提供的含酒精饮料以外，任何人不得在飞机上饮用其他自带含酒精的饮料。

（1）禁止向下列人员提供酒类饮料：
① 醉酒状态的人。
② 押送机密文件的人员。
③ 犯罪嫌疑人及其押送者。
④ 遣返人员。
⑤ 特准携带武器人员。
⑥ 十八岁以下旅客。
⑦ 勤务动物携带者。
⑧ 正在护送别人的人或者被护送的人。
⑨ 就座于翼上出口座位的旅客，且紧急情况下需履行一定职责协助机组人员帮助机上人员撤离的援助者。

（2）客舱乘务员应对酒精饮料需求频繁的旅客，进行状态评估，减少酒量供应，避免旅客饮酒过量。

（3）不允许任何处于醉酒状态的人进入飞机。

（4）当发现有人拒绝遵守以上规定，或者发生由于处于醉酒状态的人进入飞机引起的骚扰事件时，机长或机长授权人员应当场制止，主任乘务长/乘务长应当在事发的第一时间按规定向局方报告。

七、拒绝运输的条件和权力

为了保证客舱安全，出于客舱安全的考虑，相关法律对承运人有权拒绝运输的旅客有明确的规定，包括：

（1）旅客不遵守国家的有关法律、政府规章和命令，以及航空公司的规定者。

（2）旅客拒绝接受安全检查者。

（3）非法无票登机者（无登机牌的旅客）或旅客未能出示或拒绝出示国家的法律、法规和政府的规章及其他规范性文件的规定的有效证件；出示客票的人不能证明本人即是客票上"旅客姓名"栏内列明的人；旅客出示的客票是非法获得或不是在航空公司或其授权销售代理人处购买的，或是已挂失或被盗的，或是伪造的。

（4）精神错乱、具有威胁客舱安全举动、身体状况或旅客的年龄不适合航空飞行，或可能使其他旅客不舒适或反感，或对其自身或其他人员或财产可能造成任何危险或危害的旅客。

（5）登错飞机的旅客。

（6）有醉酒或吸毒迹象；神志不清或因受到酒精麻醉品或其他毒品的侵害并处于麻醉状态而给其他旅客带来不愉快，造成不良影响的旅客。

（7）中毒者。

（8）要求静脉注射者。

（9）怀孕35周（含）以上的孕妇；或无法提供证明其孕期的材料或拒绝配合接受机场急救中心检查且不愿按航空公司规定填写相关声明的孕妇。

（10）产后不满7天的孕妇。

（11）出生未满14天的婴儿或出生未满90天的早产儿。

（12）不符合旅客运输安全规定的担架旅客；或病危的旅客，濒临死亡或已经死亡的旅客。

（13）患有传染性疾病的旅客。

（14）不听从机组人员指挥的旅客。

（15）心智不健全的旅客，其行为可能对自身、机组成员或其他旅客造成危险。

（16）面部严重损伤，有特殊恶臭或怪癖，可能引起其他旅客厌恶者。

（17）因伤、病而只能占据通道运输的旅客。

（18）携带国家规定的禁止物品、未经航空公司同意运输的危险品、异常气味、腐败的物品或易污损飞机的物品的旅客。

（19）对飞机、旅客、机组可能造成安全威胁的旅客。

（20）根据各航空公司中的规定有权拒绝承运的旅客，可要求下机。

八、空中颠簸的安全管理程序

航空公司应通过影像、广播内容和客舱乘务员安全演示相结合，向旅客介绍防范颠簸伤害的规定和程序、对洗手间的使用限制、手提行李的存放等安全事项。

1. 颠簸的等级分类

颠簸一般分为三个等级，分别为轻度、中度、重度。三个等级特征不同，与机组之间的沟通应对的专业术语、判断颠簸的剧烈程度也有明显的差异，需要对不同等级采取不同的对应措施（如表4-1所示）。

表 4-1　颠簸分类与措施

等级	轻度	中度	重度
定义	轻微、快速而且有些节奏的上下起伏，但是没有明显地感觉到高度和姿态的变化或飞机轻微、不规则的高度和姿态变化	快速上下起伏摇动，但没有明显地感觉到高度和姿态的变化，但是始终在可控范围内。通常这种情况会引起空速波动	飞机的高度或姿态有很大并且急剧的改变。通常空速会有很大波动，飞机可能会短时间失控
客舱内部反应	饮料在杯中晃动但未晃出，旅客有安全带被微微拉紧的感觉	饮料会从杯中晃出，旅客明显觉到安全带被拉紧的感觉，行走困难，没有支撑物较难站起	物品摔落或被抛起，未固定物品摇摆剧烈，旅客有安全带被猛烈拉紧的感觉，不能服务与行走
餐车和服务设备	餐车移动时略有困难，送热饮时需小心或视情况暂停服务，固定餐车和服务设备，提醒使用洗手间的旅客抓紧扶手	餐车移动困难，暂停客舱服务，固定餐车和服务设备，锁闭洗手间	立即停止一切服务，在原地踩好餐车刹车，将热饮料放入餐车内，锁闭洗手间
安全带的要求	提醒并检查旅客已入座和系好安全带，手提行李妥善固定好	视情况检查提醒旅客已入座并系好安全带以及手提行李已妥善固定，乘务员坐好，系好安全带和肩带	马上在就近座位坐好并系好安全带，抓住客舱中的餐车，口头提醒周围旅客系好安全带，对于旅客的服务呼叫可稍后处理
广播系统	客舱乘务员广播，视情况增加广播内容	机长或指定的飞行机组进行广播，视情况增加广播内容	机长或指定的飞行机组进行广播，视情况增加广播内容和次数
安全带灯熄灭后	客舱乘务员巡视客舱，并将情况报告主任乘务长/乘务长，主任乘务长/乘务长向机长报告是否有人受伤、客舱是否有破损异常情况，如机上有人受伤，按客舱乘务员手册急救处置程序进行处置		

2. 预防旅客颠簸受伤需采取的措施

（1）起飞前，客舱乘务员应重点对特殊旅客人群，包括老人、儿童、抱婴旅客等做好安全简介，提醒全程系好安全带、提前使用洗手间。

（2）起飞后，广播告知旅客在飞行中全程系好安全带的要求。

（3）要求旅客听从客舱乘务员的指令，回到座位并系好安全带。

（4）加强客舱巡视，督促旅客切实落实颠簸防范措施，提醒未系安全带的旅客系好安全带。

（5）夜航飞行，必须广播提醒旅客系好安全带，以防突发颠簸带来的危害。

（6）遭遇颠簸时，客舱乘务员在做好自我保护的同时，督促离开座位的旅客尽快就座并系好安全带。

（7）下降前10分钟或更早，做出提醒旅客飞机进入下降阶段和目的地信息的播报，提醒旅客应回到原位坐好并系好安全带。如条件允许应对老人、儿童、抱婴旅客等特殊旅客人群单独提醒。

（8）落地前30分钟完成客舱安全检查，确保所有旅客和客舱机组均应坐好并系好安全带；客舱乘务员应随时检查客舱情况，及时提醒离开座位的旅客系好安全带直至飞机完全停稳。

九、特殊旅客的管理

特殊旅客是指需要给予特殊礼遇和照顾的旅客，或由于其他身体和精神状况需要给予特殊照料，或在一定条件下才能承运的旅客。中国民航局规定的特殊旅客范围主要包括但不限于：婴儿、无人陪伴儿童或老人、孕妇、残障旅客、行动不便的人、担架上的人、禁止入境旅客、被驱逐出境者等。这些规定，既是为了旅客自身的安全，也是为了客舱安全，特别是针对可能由于旅客个体原因而导致的安全隐患采取的措施。

1. 孕妇

怀孕超过35周（含）的孕妇，不予承运。

2. 婴儿

出生14天至2周岁以下的婴儿应由成年旅客抱着，或乘坐经局方批准的且在其陪护的成年人座位旁的儿童限制装置内。每位成人只能有一名怀抱婴儿。

注：陆地运行航班承运婴儿数量最多18名，跨水运行航班不得超过10名；不允许其坐在出口座位，每一侧排旅客座位只允许安排一位2岁以下婴儿。

3. 无人陪伴儿童（简称UM）

无人陪伴儿童年龄为5（含）～12岁之间（不包括听障、双目失明等病残儿童），必须申请无成人陪伴服务。可视情况先上后下，并符合客舱安全规定。

注：每个航班上无成人陪伴儿童数量不能超过10个。其中5（含）～10周岁的无陪儿童不得超过5个。

（1）地面工作人员应填写"无人陪伴儿童（UM）"的记录等文件，且在无人陪伴儿童的外衣上标出统一标志，把儿童送上飞机。主任乘务长/乘务长与地面人员做好交接工作，并保管有关资料。

（2）没有地面工作人员的陪同时，无人陪伴儿童不得独自下飞机。

（3）乘机期间，客舱乘务员对无成人陪伴儿童负有责任并需提供特殊服务和照顾，进行必要的安全讲解。

4．病残旅客

残疾人是指在心理、生理、人体结构上，某种组织、功能丧失或者不正常，全部或者部分丧失以正常方式从事某种活动能力的人。残疾人包括肢体、精神、智力或感官有长期损伤的人，这些损伤与各种障碍相互作用，可能阻碍残疾人在与他人平等的基础上充分和切实地参加社会活动，具体表现为视力残疾、听力残疾、言语残疾、肢体残疾、智力残疾、精神残疾、多重残疾和其他残疾人。

（1）航空公司为了安全、技术上的原因，可以限制在其任何航班上接受各类残障旅客的数量。

（2）病残旅客要求乘坐飞机旅行，首先需要交验医疗证明书一式三份，"医疗证明书"需由医疗单位填写旅客的病情及诊断结果，在航空旅行中不需要额外医疗协助能安全完成其旅行的书面证明。

（3）不得安排残障旅客就座于应急出口或靠通道的座位，也不得安排其直接与另一位类似的旅客同排就座。

（4）紧急情况下，指定两名援助者协助残障旅客撤离飞机。

5．轮椅旅客

（1）机下轮椅（WCHR）：旅客可以自行上下飞机，并在客舱内可以自己走到座位上去。

（2）登机轮椅（WCHS）：旅客不能自行上下飞机，但在客舱内能够自己坐到座位上去。

（3）机上轮椅（WCHC）：旅客完全不能自己行动，需要由别人扶着或抬着进到客舱内的座位上去。

（4）旅客自备折叠式轮椅，旅客应办理托运。

6．担架旅客

（1）担架旅客在旅行中不能使用飞机上的座椅，只能躺卧在担架上。

（2）需要担架的旅客订座，不得迟于航班起飞前72小时。每一航班上仅限载运一名担架旅客，担架旅客必须至少有一名医生或护理人员同行。

（3）在通常情况下，担架旅客应安置在客舱后部。

（4）在可能发生应急撤离时，担架旅客和障碍旅客不能先于其他旅客下机。

7．部分特殊旅客的代码

以下旅客需要按规范进行特殊安全关照。

（1）BLND——视力障碍旅客。

（2）DEAF——听障旅客。

（3）STCR——担架旅客。

（4）DPNA——智力或精神严重受损，不能理解机上工作人员指令的残疾旅客。

（5）PETC——携带服务犬乘机的残疾旅客。

56　客舱安全管理与应急处置

（6）OXYG——需要在机上使用氧气的旅客。
（7）UMNR——无人陪伴儿童。
（8）MEDA——患病旅客。
（9）PREG——孕妇旅客。

8. 偷渡者

（1）在国际航班上，隐藏在任何分隔舱内，如洗手间、衣帽间、行李箱内的人均可被认为是偷渡者。

（2）判断有偷渡嫌疑的人应立即报告机长。不得收取偷渡者的任何费用。

（3）如起飞前发现，终止该旅客行程，并进行清舱检查；如起飞后发现，需指定专人监视其动向，必要时采取应急措施。客舱乘务员负责协助航空安全员搜集有关信息并向机长进一步请示。

9. 被驱逐出境者

如果飞机上有被驱逐出境者，客舱乘务员在空中协助处理被驱逐出境者事宜。有任何问题，客舱乘务员应保持与机长联系。被驱逐出境者不作为囚犯，因此，运送被驱逐者没有人数限制。

10. 无签证过境

无签证过境旅客是指不需要签证的国家或地区边检/移民部门的规定。除非是换飞机，否则，他们不允许在途经城市下飞机。承运无签证过境旅客需满足相关国家或地区边检/移民部门的规定。

十、危险品管理

1. 危险品定义

危险品是指能危害健康、危及安全、造成财产损失或环境污染，并在国际航空运输协会（International Air Transport Association，简称IATA）发布的《危险品规则》最新版的危险物品表中列明和根据此规则进行分类的物品或物质，包括货物、行李、航空邮件中的危险物品。

2. 危险品的分类

根据所具有的不同危险性危险物品分为九类（如表4-2所示），其中有些类别又分为若干项，便于参照和清查处置。

表4-2　危险品的分类

类别	名称	主要物品
第1类	爆炸品	烟花爆竹、弹药
第2类	气体： （1）易燃气体； （2）非易燃无毒气体； （3）毒性气体	压缩氧气/空气、氧气瓶、海伦（Halon）灭火器、催泪瓦斯、打火机填充气体、喷雾剂、液态氮
第3类	易燃液体	清漆、油漆（稀释剂）、打火机用液体、汽油、各种黏合剂、甲基化酒精

续表

类别	名称	主要物品
第4类	（1）易燃固体，自反应物质，聚合物质和固态减敏爆炸品； （2）易于自燃的物质； （3）遇水放出易燃气体的物质	火柴、镁粉、磷
第5类	（1）氧化性物质； （2）有机过氧化物	漂白粉、过氧化氢、硝铵、硝化钙、过氧化钾
第6类	（1）毒性物质； （2）感染性物质	杀虫剂、除草剂、砒霜、细菌、活病毒物质
第7类	放射性物质	某些医学诊断或治疗的设备、心脏起搏器的核电池、多种测量设备
第8类	腐蚀性物品	水银（温度计）、硝酸、硫酸、蓄电池
第9类	杂项危险物质和物品，包括环境危害物质	锂电池、磁性物质、石棉、救生艇、干冰、汽车

3. 禁止旅客和机组携带或托运行李中夹带的危险品

（1）闪光灯，玩具枪，爆炸品，如烟花、鞭炮、弹药、装有锂电池或烟火物质的保密型外交公文包、现金箱及现金袋等。

（2）梅斯毒气、胡椒喷雾器等刺激性或使人致残的器具。

（3）液氧装置。

（4）火柴、打火机。

（5）电击武器，含有诸如爆炸品、压缩气体、锂电池等危险品的电击武器（如泰瑟枪——"电休克枪"）。

（6）自加热食品。

（7）没有安全帽或防止意外启动保护装置的由锂电池或锂金属电池供电的打火机。

4. 危险品的携带和交运

（1）一般要求　根据航空运输《危险品规则》规定，除特殊情况外，危险物品绝不能作为行李或随身携带。部分经航空公司允许的个人自用的除外。

（2）必须选用最恰当的语言描述用品或物品的条目　如电子香烟应满足"电子香烟"的相关规定，而不是"含有锂金属或锂离子电池芯或电池的便携式电子设备"的规定。

（3）包含多种危险品的用品或物品必须符合所有适用条目的规定　计划放入客舱的手提或随身行李被放入货舱时，应符合允许放入交运行李中危险品的规定。地面服务人员必须与旅客确认，确保只允许作为手提行李、随身行李携带的危险品已被取出。

（4）以下危险品不受限制

① 因医疗用途存在人体内的放射性药物。

② 供个人或家庭使用的装在零售包装内的节能灯具。

5. 危险品的处置

一旦发现危险品，根据危险品的具体情况，需要及时处置，基本规定如下：

（1）立即报告机长，由机长通知空中管制系统，选择就近机场着陆，在整个处理过程中应随时与驾驶舱保持联系。

（2）通过询问旅客，确认危险品的性质等情况。

（3）如果溢出或泄漏，则需要立即采取如下措施：

① 打开所有的通风孔，增加客舱内的空气循环，以确保客舱内有毒气体的排出。

② 准备好海伦灭火器，随时准备扑灭因危险品的溢出和挥发可能造成的火灾。

③ 戴上橡胶手套和防烟面罩——便携式氧气瓶。

④ 将旅客从发生事故的区域撤离，并向旅客发放湿毛巾和湿布。

⑤ 将一般危险物品放进聚乙烯（塑料）的袋子里。

⑥ 把受到影响的设备当作危险品处理。

⑦ 把地毯、地板上的溢出物选用合适材料盖住。

⑧ 经常检查被隔离放置的物品和被污染的设备。

（4）用生化隔离包将危险物品包好后，移至对飞机危害最小的部位，其部位是后舱右侧机舱门处。

（5）记录危险物品的处理经过和发现时间，以备相关部门的信息交接。

（6）做好着陆后的应急撤离准备。

第二节　机上旅客行为管理

旅客是社会人，就必然存在着不同性格、修养差异，甚至出现行为偏激，乃至极端心理行为、犯罪行为等现象，一旦出现各种非正常行为，将直接影响到客舱的安全。为此，需要对不同的旅客行为进行管理，及时发现不安全的因素，制止和消除安全隐患，以确保客舱安全。通常，我们可以从行为角度，将旅客分为正常旅客、行为不当的旅客、扰乱行为和非法行为旅客，前者是正常运输的旅客，后两者均会对客舱安全造成不同的影响。

一、机上旅客扰乱行为管理

1. 机上旅客扰乱行为表现及危害

《公共航空旅客运输飞行中安全保卫工作规则》（交通运输部令2017年第3号）指出：扰乱行为，是指在民用机场或在航空器上不遵守规定，或不听从机场工作人员或机组成员指示，从而扰乱机场或航空器上良好秩序的行为。航空器上的扰乱行为主要包括：

（1）强占座位、行李架的。

（2）打架斗殴、寻衅滋事的。

（3）违规使用手机或其他禁止使用的电子设备的。

（4）盗窃、故意损坏或者擅自移动救生物品等航空设施设备或强行打开应急舱门的。

（5）吸烟、使用火种的。

（6）猥亵客舱内人员或性骚扰的。

（7）传播淫秽物品及其他非法印刷物的。

（8）妨碍机组成员履行职责的。

（9）扰乱航空器上秩序的其他行为。

民航协会也从文明乘机角度，对因扰乱航空运输秩序且已危及航空安全，造成严重不良社会影响，或依据相关法律、法规、民航规章应予以处罚的不文明行为的管理提出了明确要求。依据中国航空运输协会制定《民航旅客不文明行为记录管理办法》（2016），以下11种行为列入民航旅客不文明行为记录：

（1）堵塞、强占、冲击值机柜台、安检通道及登机口（通道）的。

（2）违反规定进入机坪、跑道和滑行道的。

（3）强行登（占）、拦截航空器的。

（4）对民航工作人员实施人身攻击或威胁实施此类攻击的。

（5）强行冲击驾驶舱、擅自打开应急舱门的。

（6）故意损坏机场、航空器内设施设备的。

（7）妨碍民航工作人员履行职责或者煽动旅客妨碍民航工作人员履行职责的。

（8）违反客舱安全规定，拒不执行机组人员指令的。

（9）在机场、航空器内打架斗殴、寻衅滋事的。

（10）编造、故意传播虚假恐怖信息的。

（11）其他扰乱航空运输秩序、已造成严重社会不良影响或依据相关法律、法规、民航规章应予以处罚的行为。

飞机不等同于普通的交通工具，由于其在高空飞行，干扰飞行秩序具有极大的危险性，将极大威胁到数百人生命安全和全社会公共安全。机上旅客扰乱行为，轻则影响航班的正常，影响同航班旅客的出行，重则危害航班安全，可能酿成机毁人亡的惨祸。

对于旅客扰乱行为，除了交给公安机关依法处理之外，民航企业也需要联合起来，实现信息共享，集体将这类旅客拉进"黑名单"之中，限制他们乘机出行。对旅客来说，限制乘机出行增加了其作出不恰当乘机行为的成本，对旅客的不文明行为有一定的遏制作用，也可以倒逼旅客在乘坐飞机的过程中增加自己的理性，克制自己的行为，确保航班正常、安全运行。

2. 机上旅客扰乱行为的管控

尽管不希望出现旅客扰乱行为，但却屡见不鲜，也成为影响客舱安全的顽症。一旦发现旅客扰乱行为，必须引起乘务员的高度重视，并果断采取行动，严重时，乘务员需立即报告给乘务长/主任乘务长，乘务长/主任乘务长与机长协商决定处置方案。一般采取三级分类管控办法。

第一级扰乱行为，简单的不当行为，尚不构成干扰或危险的，也是最容易处理的，乘务员对旅客提出遵守规则的指示，旅客可以停止行为，乘务员无需采取进一步的行动，通常也没有必要向乘务长/主任乘务长报告，但需密切关注旅客的行为，避免出现反复或事态扩大。

第二级扰乱行为，事件有明显的升级迹象，旅客不能遵守乘务员的要求，继续扰乱，事态有升级的迹象，如果不能立即制止，可能威胁到客舱安全。此时，必须向乘务长/主任乘务长报告，乘务组和机长应协调采取有力的办法加以解决。同时，乘务组应该形成报告，经机长签字提供给航站人员，必要时，机长需要根据承运人的运行程序和规章提交一份事故报告。

第三级扰乱行为，也是最严重的旅客不当行为。中国民用航空法对严重的旅客不当行为的解释为：

① 任何旅客袭击、威胁、恐吓或干扰机组成员执行工作。
② 用身体攻击、踢、撞旅客或对航空公司合法人员攻击或殴打。
③ 有意识地毁坏、损坏、偷窃航空公司财产或机组成员个人财产。

事实上，旅客扰乱行为的危害程度的判断是有难度的，但严重扰乱行为必须得到及时的处理。对连续干扰致使机组组员履行职责中断，或有旅客或机组成员受伤或受到使人确信能付诸行动的伤害威胁时，必须采取限制措施。在飞行中发生严重的旅客行为不当情况时，乘务组应与机长协商处置方案，如果决定需要强制性的法律帮助，机长将通知飞行管制部门，并通过飞行管制部门与目的地机场联系，做好后续善后工作，乘务长应从目击者获得相关的证据，填写好事件报告单，所涉及的机组及机场旅客服务部门人员应该填写情况报告，并随机上事件报告单一并送至公司安全运行监察部等有关部门。

我国民航局颁布的《公共航空旅客运输飞行中安全保卫工作规则》规定：在航空器上出现扰乱行为或者非法干扰行为等严重危害飞行安全行为时，根据需要改变原定飞行计划或对航空器做出适当处置；机组成员应当按照机长授权处置扰乱行为和非法干扰行为；根据机上案（事）件应急处置程序，发生扰乱行为时，机组成员应当口头予以制止，制止无效的，应当采取管束措施；发生非法干扰行为时，机组成员应当采取一切必要处置措施；对扰乱航空器内秩序或妨碍机组成员履行职责，且不听劝阻的，采取必要的管束措施，或在起飞前、降落后要求其离机。

以下两个典型的案例说明，旅客乘机时的不当行为时有发生，对客舱安全构成威胁。

案例一：2015年10月25日，瑞丽航空DR6525航班停靠后舱门尚未打开时，男性旅客闫某和女性旅客张某因拿行李过程中发生口角和肢体冲突，造成旅客张某身体多处受伤并影响到机上其他旅客下机秩序。因扰乱航空器秩序，旅客闫某被处以行政拘留5日，旅客张某被处以罚款200元。

案例二：1999年8月3日，山西旅客李某乘坐中国国际航空公司CA1408航班从成都飞往北京。在飞行过程中，李某因疏忽没有关掉手机，结果到达首都机场上空即将降落时，手机对飞机导航系统产生了严重干扰，造成飞机偏离正常航线30°。所幸当晚天气较好，加上机组及时发现了航线偏离，果断采取了补救措施，调整了航向，飞机才安全降落在北京首都机场，从而避免了一起空中事故。当时驾驶CA1804航班的机长陈兴海不无担忧地说："飞机偏离正常航线会造成与空中其他飞机危险接近，扰乱空中秩序，给地面指挥员造成麻烦。如果天气不好，机组很可能无法正常落地，后果就严重了。"飞机落地后，首都机场公安分局依据《中华人民共和国民用航空法》和《中华人民共和国民用航空安全保卫条例》的有关规定，给予李某治安拘留7天的处罚。这是我国首例因手机未关处于待机状态导致飞机偏离航线，乘客被拘留的事件。

二、旅客非法干扰行为管控

1. 机上旅客非法干扰行为表现及危害

非法干扰是一种极端行为，属于触犯法律的行为，也是民航安全的最具危险的人为因素和公敌。在《东京公约》《海牙公约》《蒙特利尔公约》《蒙特利尔议定书》等国际公约中规定，触犯刑律的犯罪行为（恐怖主义罪行）包括实施或者企图实施劫持、爆炸航空器，袭击、爆炸机场等行为。

我国民航局颁布的《公共航空旅客运输飞行中安全保卫规则》（CCAR-332-R1）中，将危害民用航空安全的行为或未遂行为等行为定义为非法干扰行为。主要包括：

（1）非法劫持航空器。

（2）毁坏使用中的航空器。

（3）在航空器上或机场扣留人质。

（4）强行闯入航空器、机场或航空设施场所。

（5）为犯罪目的而将武器或危险装置、材料带入航空器或机场。

（6）利用使用中的航空器造成死亡、严重人身伤害，或对财产或环境的严重破坏。

（7）散播危害飞行中或地面上的航空器、机场或民航设施场所内的旅客、机组、地面人员或大众安全的虚假信息。

需要特别提示的是，非法干扰行为多为带有恐怖主义色彩，以劫持、爆炸、自杀性袭击或其他严重危害航空器及所载人员生命、财产安全的行为，影响恶劣，危害严重，均属于犯罪行为。

随着国际国内航空运输的发展，非法干扰的危害性日益凸显，特别是美国"9·11"事件更是给全世界人民敲响警钟，国际社会和各国政府越来越关注民航安全，并加大打击非法干扰行为的力度。

2. 机上旅客非法干扰行为管控

保证旅客安全是法律赋予机组成员的最高职责，对机上任何非法干扰行为，机组成员都应义不容辞地与之作斗争。在管控上，根据非法干扰的具体种类，采取不同的处置方法。

对于实施或者企图实施劫持、爆炸航空器，袭击、爆炸机场等行为属于触犯刑律的犯罪行为的恐怖主义罪，在处置劫炸机行为的现场处置方面，有系统的规范与准则，其内容将在后续介绍。就一般意义上的非法干扰行为的管控，在处置上坚持如下原则：

（1）确保航空安全，争取飞行正常。

（2）确定性质，区别处置。

（3）及时控制事态，防止矛盾激化。

（4）教育与处罚相结合。

（5）机上控制，机下处理。

（6）空地配合，互相协作。

对非法干扰的机上处置过程，包括机组、空管、安检、公安、地面指挥等相关部门与人员需分工合作。就机组而言，需要按职责行使处置，基本规定如下：

（1）机长对机上发生的非法干扰事件处置负全责。

（2）航空安全员在机长领导下，具体负责落实机长的指令，在紧急情况下，航空安全员为了保证航空器及其所载人员生命财产安全，有权采取必要措施先行处置后报告机长。

（3）航空器飞行中发生非法干扰时，全员（乘务员）应及时报告机长，机长应立即将情况报告地面有关人员,并随时通报事态发展情况。

（4）在飞行中,对非法干扰航空安全的行为,机长可视情节予以劝阻、警告,并决定对行为人采取管束措施、中途令其下机等必要措施,这里的管束措施是指机长指令航空安全员及其他机组人员（必要时可请求旅客协助）对非法干扰行为人实行看管、强制约束以使其不能继续实施非法干扰行为。

（5）航空器在飞行中遇到特殊情况时,机长对航空器有最后处置权。

（6）需要移交地面处理的,要及时收集证据。

另外,在机上出现非法干扰的情况下,需要进行准确的信息传递,机场公安、安检、指挥中心、空管及航空公司保卫、航班机组等相关单位必须迅速准确地报告或通报事件情况,并根据事态发展随时续报。非法干扰事件信息初步报告的内容包括事件性质、信息来源、发生的时间、地点、机型、航班号、飞机号、始发地、目的地、准备降落地、机上旅客及机组人数、是否有重要旅客、所采取的措施等项目。

随着我国客舱安全管理水平的不断提高,机上非法干扰案例鲜有发生,但必须高度警觉与重视,建立应急机制、及时处置尤为重要。如2015年11月14日,刘某乘坐8L9915西双版纳—昆明航班。在登机后摆放行李过程中,刘某谎称其随身携带的纸箱中有炸弹。通过对刘某及所有旅客、行李重新安检,没有发生任何爆炸物品。根据《中华人民共和国治安管理处罚法》,刘某被昆明公安局处以行政拘留5日的处罚。同年11月11日,旅客陶某在厦门—南京SC4803航班飞机降落前5分钟打开手机并使用,且不听机组劝阻,被处以行政拘留5日的处罚。

第三节 旅客的安全教育与培训

一、旅客的安全教育与培训的重要性

客舱服务与安全保障的一切行为都是为了旅客,而期间,需要与客舱建立互动关系,旅客作为客舱活动的主体,既活跃,又多样化,具有明显的个性与认知特性差异。当然,如果旅客是理智的,有良好的安全意识,行为合法得体,熟知航空与客舱安全知识,并能主动与机组配合,那么影响客舱安全的人为因素就会很少,应对突发事件就轻松容易。但大量的客舱安全事件表明,在客舱安全管理中,存在着大量旅客"失职"的现象,甚至由于缺乏基本客舱知识和安全防护技能,引发众多客舱安全事件。据国内某航空公司对各类机型机舱门不安全事件统计显示：2012～2016年五年间发生的49起事故中,责任人为旅客的17起,占比34.7%,其中,地面等待阶段,旅客误操作占比58%,而其中95.9%的旅客是首次乘坐飞机。

旅客缺乏客舱安全知识带来的另一个问题是：在遇到客舱安全风险时,缺乏对飞机及客舱安全处置的基本常识,旅客无法做到自我保护,给旅客带来本可以避免的人身伤害。如安全带可以大大减少颠簸造成的人身伤害,而在一旦机舱发生爆炸性减压(机舱破了),因为机舱压力比舱外大,机舱内的人和物品极易被吸出舱外,此时安全带就是"救命带"。

在飞机逐渐成为大众化的交通工具的今天,对乘客进行客舱安全的普及教育,辅助于应急训练,既是客舱安全管理的基础性工作,也是"以人为本""安全第一"理念的具体体现,是飞行中遇到紧急情况下,求得安全、保护生命思维的保障。

二、乘客的教育安全训练内容

早在2014年,厦门市第六中学生徐怡亮、尚楠曾给当时的中国民航局写了一封近万字的《强化乘客安全观念确保飞机客舱安全》的调查报告,通过"乘客在客舱的一些行为可能导致飞机安全事故""乘客在客舱的一些行为可能导致自身伤害""乘客不能自觉遵守有关规定,给自己和他人的航行安全带来隐患""航空公司仍沿用多年的老规定可能给乘客带来潜在的危险"等几方面调查,呼吁加强旅客对乘机安全及自身防范措施知识的教育。万言之间,简朴而深刻,发人深省。大力开展旅客的航空安全知识和应急保护的教育,势在必行,利于民航事业的发展,也利于保护旅客的生命安全。

1. 客舱安全常识教育

全面提高旅客的公共意识和安全意识,是全面提高我国客舱安全不可忽视的问题之一。一方面,通过多种渠道宣传民航安全知识,提高旅客的公共安全意识,树立主人翁的精神;同时,旅客乘机时,乘务员与旅客配合,积极疏导,使旅客保持良好的乘机心态,严格遵守客舱各项安全规章制度,成为客舱安全的维护者。

(1)对旅客进行积极的心理疏导,使其增强安全感,提高突发事件的自我行动能力。

(2)告诉旅客,在任何时候,机上旅客必须听从机组的指挥,不得擅自行动。

(3)告诫旅客应自觉保障机上安全设备不受损坏与削弱。

对旅客的安全提示是个持续的过程,在起飞、着陆或遇有颠簸时,依照连续发出的告警信息,旅客应该做出积极的回应,并作为一般的安全常识,包括:

(1)应立即回到座位上系好安全带。

(2)在去卫生间或在走动时突然遇到颠簸,应主动保护自己。

(3)随时妥善安置好行李物品,注意行李舱物品跌落打伤人员。

(4)每个旅客有责任协助确保客舱通道保持畅通,特别是在紧急情况下,绝不能以任何借口堵塞客舱通道。

2. 机上应急设备的位置和使用方法教育

(1)安全带及使用

① 安全带应在低位置牢牢系紧,即使飞机突然颠簸也不至于受伤。

② 旅客应遵守系安全带指示,不得随意解开。

③ 如果旅客把脊背紧靠在座椅靠背上的话,就不会发生身体下滑现象。

(2)应急出口 必须向旅客告知应急出口的使用和邻近旅客的责任,而不是草草行事、可有可无,保证要做到在真正的应急撤离时,应急门邻近的旅客能够协助打开应急门,发挥应有作用。

（3）救生衣及穿法　在宝贵的撤离时间内，穿救生衣必须正确，穿救生衣的最好方法是解开安全带站起来穿，既快又安全。

（4）供氧设备　向乘客介绍机上携带的供集体使用的供氧设备的位置和一般使用方法。

（5）客舱中防撞击姿势　一旦受到碰撞，人体就要发生上身前倾现象，为此要告诉旅客需要做到：

① 脚和膝盖并拢，双脚牢牢地放在地板上；

② 身体尽可能地往前弯曲，并将头靠在前座座椅上，并把手放在后脑勺上，手掌交叠，手指不要扣住，手肘塞在两侧，头尽可能地低于座椅，可以避免手臂被甩开造成手指受伤，也可以保护头部被移动的物体砸到；

③ 如果事先把身体接触到将要撞击的部位的话，可以减轻二次撞击。

3. 给旅客提供安全信息

比如安全情况说明和安全卡，并强调其重要性，旅客对安全信息不太注意，根据调查，真正注意安全信息的旅客只有10%，绝大部分旅客并不重视，而安全信息是旅客应对突发事件的自救基础和有效工具。

思政阅读 4

"空乘不仅是旅客的服务员，更是飞行安全的守卫者"
——春秋"大嗓门"空姐获奖励

【事件概况】

2021年10月，一段关于春秋航空某航班上，空乘与旅客发生争执的视频引起了广泛关注。一名坐在飞机紧急出口座位的乘客，疑似频繁触碰机舱安全门，甚至直接用手伸入应急出口的盖板把手。进而与前来劝阻的乘务员爆发了争执。事后，春秋航空公司对当班的乘务员和机组进行了奖励。随着视频的传播，机组的处置也得到了大家广泛的支持。

毫无疑问，对于此类潜在威胁飞行安全的行为，乘务员在事件中的处置合法合规，面对乘客的质疑，据理力争的表现也得到了大多数人的理解与支持。从这起事件出发，结合这两年所出现的几起典型"应急舱门"事件中，乘务员与旅客产生的冲突，提示我们：乘务员是客舱安全的守护神，是责任与使命，同时，旅客同样是客舱安全维护的参与者，安全责任不可回避，构建和谐的民航旅客运输环境，需要机组成员和旅客携手努力。

思政启发

一直以来，党中央对民航安全工作高度重视，把航空运输安全放到"事关国家安全、国家战略"的高度考虑。习近平总书记对民航安全工作作出一系列重要指示批示，强调"安全是民航业的生命线，任何时候、任何环节都不能麻痹大意"，要求民航"始终坚持安全第一""盯紧、盯住"航空安全。民航安全的极端重要性决定了民航不仅仅是个业务部门，更是个政治部门。

启发1：将民航安全的大政方针在实际工作中落地，客舱服务的每一环节对客舱安全都是至关重要。

启发2：旅客是客舱安全守护的一分子，必须做到遵守客舱安全规则，也应该理解、配合客舱乘务员的工作，体现出每一个公民的责任、素质与修养。

启发3：对于违反航空安全管理规定的旅客，不仅耐心劝导，必要时采取积极有效的行动加以制止，这是乘务员职业赋予的权力。

启发4：旅客对一家航空公司客舱服务水准的观感认识往往是主观的，但往往缺乏深度的判断，要认识到乘务组除了服务之外，还有维护机舱秩序和保障飞行安全的重要责任。乘务员在履行安全职责时，即使有误解，甚至产生冲突，也要坚定不移，坚决果断。

启发5：民航管理部门、航空公司要旗帜鲜明支持乘务员的工作，建立乘务员奖励制度和必要的"拒载名单"制度，减轻一线机组人员的安全履职压力。

开放式讨论4

讨论题目——机上旅客扰乱行为产生的原因分析

引导性提示

1. 旅客道德及素质修养差异。
2. 旅客对民航客舱安全知识的缺乏。
3. 旅客缺乏法律意识。
4. 乘务组的职业素质与现场处理问题方式的把握。
5. 旅客管理制度方面缺乏，如"拒载名单"制度、奖励制度等。

 本章总结

1. 乘客管理的重要性：机上旅客的行为关系到客舱安全，旅客既是服务对象，在一定程度上也是危险源，必须置于严格的管理之中。

2. 旅客安全管理细则是对客舱旅客乘机环节行为的约束，包括旅客本身、携带物品，以及乘机过程的行为等，具有强制性和法律效力，国际公约及各国民航法规均对旅客的不轨行为，采取"零容忍"的态度。

3. 机上旅客扰乱行为、非法干扰行为，本质上都是危害客舱安全，但后者是破坏性犯罪行为，危害性更大。

4. 旅客行为管理过程是客舱安全管理的实施过程。对飞行而言，客舱的"和谐"不是自然形成的，往往需要对旅客行为给予区别"对待"，扰乱行为是引导为主，需要严格制止，避免事态的恶化；非法干扰行为直接威胁飞行器的安全，是违法行为，需要采取强制手段。

5. 民航国际公约及国外不少政府鼓励并支持航空公司实行"零容忍"政策。

6. 旅客安全教育是客舱安全管理的前沿，也是民航安全文化的体现。缺乏民航安全知识，在遇到客舱安全事件时，旅客就显得束手无策，慌张之中乱了章法，也就往往失去化解风险的最佳机会。提高全民的民航安全素质，是走向民航强国的重要标志。

后续阅读

推荐资料1：春秋"大嗓门"空姐获奖励｜空乘不仅是旅客的服务员，更是飞行安全的守卫者. 澎湃政务CARNOC，2021-10-31. https://www.thepaper.cn/newsDetail_forward_15159337.

推荐资料2：方瑛. 对不轨旅客只能是"零容忍". 中国民航网，2012-9-10. http://www.caacnews.com.cn/1/88/201209/t20120910_1118247.html.

自我心理建设

提高应对"不轨旅客"行为的心理素质。

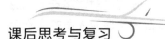

课后思考与复习

思考题

1. 旅客安全管理细则的"细"的内在含义是什么？
2. 旅客行为管理的必要性有哪些？

复习题

1. 简述旅客管理的必要性。
2. 简述旅客安全管理细则及内容。
3. 简述不同类型旅客行为的差异性及管理要求。
4. 简述旅客安全教育关注的问题。

第五章
客舱安全保卫

客舱安全保卫是保障客舱安全、具有相对独立性的安全举措，针对的是航空犯罪行为。其关注的对象往往具有刑事违法性、行为故意性和危害严重性的非法干扰行为，重点是航空领域的国际反恐。民航国际公约以及我国的相关法律法规，均提出了明确的客舱安全保卫法律，相应的国际公约有《国际民用航空公约》附件的"防止对国际民航进行非法干扰行为的安全保卫"，"关于在航空器上犯罪及某些其他行为的公约"的《东京公约》，"关于制止劫持航空器的公约"的《海牙公约》，"关于制止危害民用航空安全的非法行为公约"的《蒙特利尔公约》，以及《蒙特利尔公约的补充协议书》等，我国的《中华人民共和国民用航空法》《中华人民共和国民用航空安全保卫条例》《中国民用航空安全检查规则》等均对航空安全保卫提出明确的条款，同时，各航空公司也根据相关法律法规，制定了客舱安全保卫细则，并配置客舱安全保卫人员。在提高对客舱安全保卫重要性认识的同时，需要加强对客舱安全保卫知识的了解，提高安全保卫人员的实际保卫能力。

本章根据相关的客舱安全的法律、法规和客舱安全保卫手册，系统介绍了客舱保卫的基本理论、安全保卫工作内容、航空器地面安全保卫、飞行过程的安全保卫等内容，丰富了客舱安全管理知识。

 本章学习目的

本章的学习目的包括：
1. 理解客舱安全保卫的含义与重要性。
2. 掌握客舱安全保卫工作的内容。
3. 掌握航空器地面安全保卫工作的内容。
4. 全面理解飞行过程的安全保卫的细则。

理论知识点

1. 客舱安全保卫是在法律法规框架下的严谨工作。
2. 客舱安全保卫更关注航空非法犯罪行为，特别是航空反恐。
3. 客舱安全保卫工作的内容，包括客舱旅客、物品和飞行过程各环节的安全保卫。
4. 航空器地面安全是客舱安全基础，需要地面人员与机上安全人员的密切配合。
5. 飞行过程是涉及客舱安全保卫的主要环节，也是受安全威胁的多发地，需要严格按照规则和工作规范开展工作。
6. 非法干扰行为等严重危害飞行安全的行为，是犯罪行为，危害极大，对犯罪人员必要时采取强制措施制止与限制。

能力与素质

1. 能力要点
（1）总体分析能力：能够分析客舱安全保卫的客观要求，明确客舱安全所面临的问题。
（2）联系性思维能力：航空犯罪行为对客舱安全影响具有联动性及延续影响，必须强制制止与限制。
（3）解决问题的能力：学会对客舱安全保卫所面临问题的分析与对策的探索。
2. 素质要点
（1）道德素质：敏感与洞察力，爱民航。
（2）职业素质：政治敏锐性、高度警觉性、限制犯罪的能力。

导读

隐藏者——客舱安全的保护神

在飞行途中，除了机长和乘务员时时为旅客提供服务外，机舱内还有一位隐藏的工作人员——带着些许神秘色彩的航空安全员，他们低调、隐蔽，反应敏捷，全程正襟危坐，随时像雷达一样扫视着每一位客舱旅客；他们在面对危险、面对犯罪分子时果断勇猛，誓死保卫客舱安全，保卫旅客生命安全。

保护客舱的绝对安全，努力为旅客提供愉快的飞行体验，是客舱安全员与乘务员的宗旨。然而，现实的客舱不完全是平静的，不排除犯罪等极端行为，恐怖行为也不会自行消失，和谐的客舱秩序，安全的客舱环境，不单靠一道法律法规就能解决，面对客舱的非法行为，需要在必要时候采取强制措施，客舱安全员就是为此献身的一群人。即使是在维持客舱秩序，处理一些危害客舱安全的事件时，也能看到安全员的身影。

客舱秩序与安全是世界民航运输面临的共同问题，在高空呼唤"涵养"，客舱亟须"和谐"的背景下，客舱秩序与安全更需要治理，需要有人为此付出艰辛的劳动。客舱安全员就是这一神圣责任的主要担当者，他们坚守着客舱安全的底线，以大无畏的牺牲精神，抵御着个别旅客的一些不轨行为。民航的发展离不开他们，我们都应该感谢他们、尊重他们——航空安全员！

第一节　概述

一、客舱安全保卫的认识

航空安全保卫亦称航空安保（Aviation Security）是在航空器飞行中，用来维护民用航空不受非法干扰而采取的措施和使用的人力和物力的总和。这里，飞行中是指航空器从装载完毕、机舱外部各门均已关闭时起，直至打开任一机舱门以便卸载时为止。航空器强迫降落时，在主管当局接管对该航空器及其所载人员和财产的责任前，也属于仍在飞行中。

客舱安全保卫首先是一个由法律、规章、规范所构成的一个体系，同时，也是保护客舱安全的实施程序、措施和防范手段，其目的是维护民用航空不受非法干扰。

安全保卫，其中，"保"是指看守住，护着，不让受损害或丧失；"卫"是指保护，防护；保卫是指保护使之不受侵犯。其根本目的是"有效预防和制止人为的非法干扰民用航空的犯罪与行为"，只有做好"预防"，做到有效"制止"，才能维持飞行中机上的良好秩序与纪律，营造一个温暖如家的机上氛围，消除部分旅客乘坐飞机的恐惧心理，保证旅客心理安全，确保安全是空防工作的最高原则和最终目的。

尽管为了客舱安全保护，民航客机上均配置航空安全员，但客舱安全保卫，不仅仅是航空安全员的责任，而是由机长统一指挥下所有机组成员共同的责任。

二、客舱安全保卫特征

（1）政治性　客舱安全的保卫，不仅关系到乘机旅客的人身安全，也关系到航空公司的形象与信誉，同时，关系到国家的形象，是国家安全的战略问题。

（2）强制性　强制是保卫的必要手段，凡列入强制范畴的行为，一旦存在漏洞，必然成为客舱的安全隐患，势必威胁客舱安全。所以，强制性是安全底线的要求，也是客观的要求。

（3）果断性　客舱安全的威胁，迹象往往带有演进的突发性，及时发现，果断处置，才能及时消除安全隐患，制止各种非法或非理智的行为延续。

（4）明确性　客舱安全保卫的目的十分明确，就是预防、消除安全隐患，确保客舱安全，因此，机组成员必须坚持规则，细致而谨慎，担负起客舱"安全第一"这一至高无上的神圣职责。

第二节　航空客运安全保卫工作内容

一、旅客及其手提行李

1. 核对旅客人数

旅客本身也是客舱危险源，而登机人数背后，也隐藏着很多问题，如托运行李的安全问题等。旅客人数核对需要多道"关卡"，反复核对。

（1）机场地面工作人员应在登机口处查验旅客登机凭证，核对登机人数，审查是否与旅客名单一致。

（2）客舱乘务员应对登机的旅客人数进行清点，旅客登机结束，与地面工作人员对登机旅客人数进行核对。人数不准或混乱等，飞行不允许起飞，必须核实清楚。

2. 防止旅客下机时遗留物品

（1）始发航班，由安全员依照清舱具体要求，对客舱内部进行检查，确保没有遗留物品。对于遗留在飞机上的物品视为可疑物品，采取适当的方式从飞机上移走。

（2）旅客下机后，由安全员按照过站清舱的具体要求，检查客舱内部，确保旅客没有遗留物品。对于遗留在飞机上的物品视为可疑物品，采取适当的方式从飞机上移走。

（3）重点航班遗留物品管理　在威胁增加情况下的航班，在中转、经停、过境时应卸下所有旅客及客舱行李，进行飞机内部清舱检查，保证没有物品遗留。具体操作方法如下：所有乘客在经停时下飞机，安全员搜查客舱，对于遗留在飞机上的物品视为可疑物品，采取适当的方式从飞机上移走。

（4）对登机旅客突然终止旅行的行李处置　若有已登记旅客因故终止旅行，需要重新清舱，旅客重新安检，也需要核查托运行李情况，排除安全隐患。

3. 已检旅客和未检旅客发生相混或接触时应采取的措施

（1）机场应控制旅客同未经安全检查旅客和迎送人员的接触。

（2）任何人员发现已经过安全检查的旅客同未经安全检查旅客或接送人员接触的，应通报机场安检人员，在该旅客及其随身行李登机前必须对其进行第二次安全检查。

二、托运枪支弹药

武器的运输程序必须依据《国家民用航空安全保卫规划》中"准许携带或托运武器"的程序进行，具体程序视情况不同而定。

三、接受司法和行政强制措施的人员以及遣返人员

1. 犯罪嫌疑人的运输

根据《中华人民共和国民用航空安全保卫条例》及民航《押解犯罪嫌疑人乘坐民航班机程序规定》等有关规定，执行押解犯罪嫌疑人任务实行"谁审批、谁负责；谁押解、谁负责"的原则。具有以下情形之一的，不得乘坐公司班机：

（1）押解人员不遵守民用航空安全管理规定的。

（2）押解对象不配合押解的。

（3）采取的防范措施不足以防范干扰航班秩序或者影响航空安全的。

2. 公安机关押解犯罪嫌疑人审批

乘坐班机的，应当填写"押解犯罪嫌疑人乘坐民航班机审批表"，经押解单位所属地市级以上公安机关（含地市级公安机关）或者省、自治区、直辖市公安厅（局）相关业务总队（局）批准后，到航班出发地机场公安机关办理押解手续，执行押解任务。

3. 押解警力要求（正式在职民警）

至少应当三倍于犯罪嫌疑人，押解的犯罪嫌疑人总数不得超过3名，押解女性犯罪嫌疑人应当至少有一名女性民警。

4. 押解人员携带物品及安全服务

押解人员不得携带武器，可以使用手铐等必要的械具约束犯罪嫌疑人，但械具不得外露。执行押解任务应当内紧外松，先上后下，避免对同机旅客造成不便。机场公安机关负责相关审核，出具"协助押解犯罪嫌疑人乘坐民航班机通知书"，并提前通知机场有关部门和相关航空公司。

在任何情况下，都不得将犯罪嫌疑人安排在靠近紧急出口或应急设备的座位上及前舱就座。对犯罪嫌疑人可以使用必要的械具，确保犯罪嫌疑人始终处于控制之下。对任何一位押解人员和犯罪嫌疑人，不得提供含酒精的饮料，不得与重要旅客同机。

5. 遣返人员的运输

（1）相关单位应当在24小时前通知航空公司运输遣返人员。保卫部应对遣返人员进行威胁评估，调查、了解遣返原因，确保风险可接受后方可承运；若机长、公司总值班经理或保卫部认为遣返人员乘坐飞机时可能对其他旅客或航空器安全构成威胁，可以拒绝接受遣返人员。

（2）公司值班签派应将遣返人员信息通告机长及相关单位，并由保卫部通知当班安全员，对其进行全程监控，严防失控。

（3）遣返人员应在其他旅客登机之前登机，在其他旅客下机之后再下机，不得与重要旅客同机，不得乘坐头等舱或公务舱，不得向遣返人员提供金属餐具和含酒精饮料。

（4）安全员应将遣返情况记录在执勤检查单中。

四、携带武器乘机人员

1. 携带枪支的警卫人员运输

（1）执行国家列名警卫对象和来访的正部级以上重要外宾的警卫人员，必须持有中

央办公厅警卫局、公安部警卫局、中央军委办公厅警卫局、总政保卫部、大军区保卫部和省（自治区、直辖市）公安厅（局）的持枪证明（详列持枪人姓名、枪型、枪号和子弹数量、往返地点、有效期限）、本人工作证和持枪证，经过机场安检部门确认后，方可乘坐航空公司班机。

（2）警卫人员乘坐本公司航班时需采取枪弹分开的办法随身携带，不需要交机组保管。

（3）机长得知有携枪警卫人员乘坐航班时，需收到机场安检护卫部门提供的"携枪警卫人员登机通知单"后方可确定承运。如没有收到"携枪警卫人员登机通知单"，而发现有携枪的警卫人员登机，机长应及时与地面安检联系，地面安检不能提供"携枪警卫人员登机通知单"的，不予承运携枪警卫人员。

（4）机长收到机场安检护卫部门提供的"携枪警卫人员登机通知单"后，应将警卫人员及警卫对象的座位分布告知安全员和乘务长。乘务员不得向携带武器人员提供含酒精的饮料。

（5）安全员应当提醒携带武器人员枪弹分离，不要暴露武器，同时，告知其无论出现何种情况，在没有得到机组人员同意的情况下，不得在飞机上使用武器。

（6）航空公司所在的保卫部在承运携枪警卫人员时，必须确认武器的携带取得了该航班途经所有相关国家的认可，包括中转着陆机场所在国。

2．外方警卫人员特殊规定

（1）外方警卫人员执行警卫任务持枪登机，有中方警卫人员陪同时，双方武器均枪弹分离，随身隐蔽携带。

（2）无中方警卫人员陪同时，由公安部警卫局或总政保卫部警卫局提前（国内航班提前24小时以上，国际航班提前48小时以上）将警卫任务及拟登机武器、弹药情况通报中国民用航空局公安局值班室，由民航公安局通报相关航空公司和机场，登机前枪弹分离，并交由航班机组封存保管。

（3）机组不得公开警卫人员携枪登机信息和警卫对象身份。

（4）飞行途中遇到紧急情况时，由机组负责处置，警卫人员应服从机长决定，必要时予以支持协助。

五、过站和转机安全保卫

（1）应控制过站和转机旅客及其行李与未经安全检查旅客和迎送人员的接触。发现已经过安全检查的过站和转机旅客及其行李同未经安全检查旅客或接送人员接触的，在该旅客及其行李登机前必须对其进行第二次安全检查。

（2）过站和转机旅客的行李必须有人进行严格监护，防止无关人员接近。

（3）航班中转地特别安全措施

航班中转地特别安全措施是指航班在中转机场经停时，所有旅客必须携手提行李下机，过站期间乘务组按照正常清舱程序清理客舱。出现下述情况时，由保卫部部长和总值班经理评估风险，视情况启动航班中转地特别安全措施。

① 特殊时期：如国庆期间等重要节日。

② 特殊地域：如涉及西藏、新疆等敏感地区的航班。
③ 特殊人群：如后一段航班上有VVIP或出现专机运行等情况。
④ 特殊情况：如需要在中转机场加油，而该机场没有条件执行客舱有旅客时的飞机加/抽燃油程序。

六、登机口的安全保卫

1. 安全员承担监控登机口职责

在办理贵重物品交接、绕机安全检查后，应在登机口处监控旅客动态及其他人员进出情况。

2. 地面服务工作人员交接

地面服务工作人员应在登机口处查验旅客登机凭证，与客舱乘务员共同核对登机人数。登机牌统计数字与实际登机人数不符的客舱乘务员应对登机的旅客人数进行清点，旅客登机结束，与地面服务工作人员对登机旅客人数进行核对，如人数不符，地服工作人员及客舱乘务员应协同，复点人数及登机牌，找出具体原因后飞机方能关舱门。

3. 空防威胁等级情况下的登机口安全保卫措施

空防威胁等级提高情况下，公司应提高勤务派遣等级，安全员用物测仪在机口处对旅客进行二次查验旅客身份证件、乘机证明、安全检查；当飞行机组和乘务组一起进出廊桥门时，由安全员或者最后离开的乘务员负责关门。

4. 移交机组物品的安全管理

严禁利用机组人员捎带私人物品，尽可能避免利用公司航班携带因公需要传送物品，以减少对航班正常运行的影响。特别注意以下几个问题：

（1）根据工作需要，允许利用公司航班携带的物品范围仅限于公司的票据、票证、急需文件以及经批准的其他物品。

（2）办理航班托运物品申请单流程，交机组携带的各种票据、票证、文件、航材及其他物品必须通过机场安全检查后方可上飞机；物品等交给机组后，交运单位应立即与接收方进行联络，确保接收人员按时接机。

第三节　航空器地面安全保卫

一、概述

1. 航空器地面安全保卫任务

航空器监护是指对进、出港航空器在机坪工作期间实行安全监护和护卫，其任务是禁止无关人员登机或接近，防止将武器、凶器、爆炸物、枪弹、易燃、易爆物，以及含有毒害、放射、传染性等危险物品或可能对航空器造成危害、对旅客或其他人员身体造成侵害的物品以及国家法律明文规定禁运的物品带上航空器，否则将直接影响客舱安全。

航空器地面安全保卫工作，应严格遵循民航局公布的《中国民用航空局公安局关于航空器清舱、监护工作的若干规定》、安检规则、安检工作手册等有关规定，航空公司保卫部应与机场签订"航空安全保卫协议"。

2. 航空器地面安全保卫阶段划分

（1）出港航空器，从机务人员将飞机移交监护人员时开始，至旅客登机后航空器滑行时止。

（2）进港航空器，从其到达机坪时始，到滑离或脱离机坪时止，由机场当局护卫部门负责监护。

（3）过站期间，安全员应绕机检查，监控靠近飞机的人员、车辆，遇有突发情况（野蛮装卸货物、行李；车辆违章或损害飞机等情况），安全员应及时制止并报告机长。

（4）航空器在外站过夜时，由执行该航班的安全员经由当地机务部门与护卫人员交接，航空器的监护由该机场当局护卫部门负责。

二、航空器地面保卫工作规则

（1）航空器在地面停留期间应当进行警卫，防止非法接近。因工作需要，接近航空器的人员应当主动出示证件，接受检查，包括他们携带的物品。

（2）在没有任何飞行机组人员或者被授权的维修人员在场时，均应确保所有的飞机登机门、货舱门以及各种舱门、盖板均已关好并在可能时锁定。

（3）接近航空器的工作人员应身着与其工作相应的航空公司制服或其他被局方允许的在机场控制区内活动的制服，制服上应有可明显识别的航空公司标志，机务维修人员完成航后检查工作后，应对航空器进行锁闭，并与机场监护部门办理移交手续。

（4）接近航空器的工作人员应持有与其行动目的相符的机场控制区证件，证件佩戴于显而易见的位置，证件应属于接近人员本人，如无相应权限证件则接近人员无权再接近飞机。

（5）接近航空器工作人员所携物品应接受航空器地面安保人员和航空安全员、空警的检查。

（6）航班过站期间，由机长、乘务长、空保领队负责指派机组人员监护驾驶舱、客舱，防止航空器驾驶舱、客舱失控。

（7）当飞机在外站需要停放在某个没有保安或者没有照明的地方过夜时，机长应指派专人负责飞机的安全。

（8）航空配餐、机上供应品和服务用具等物品的装机清点和检查。

第四节　飞行过程的安全保卫

《公共航空旅客运输飞行中安全保卫工作规则》中规定，机长统一负责飞行中的安全保卫工作。航空安全员在机长领导下，承担飞行中安全保卫的具体工作。机组其他成员应当协助机长、航空安全员共同做好飞行中安全保卫工作。

一、机长的安全保卫权力

（1）在航空器起飞前，发现未依法对航空器采取安全保卫措施的，有权拒绝起飞。

（2）对扰乱航空器内秩序，妨碍机组成员履行职责，不听劝阻的，可以要求机组成员对行为人采取必要的管束措施，或在起飞前、降落后要求其离机。

（3）对航空器上的非法干扰行为等严重危害飞行安全的行为，可以要求机组成员启动相应处置程序，采取必要的制止、制服措施。

（4）处置航空器上的扰乱行为或者非法干扰行为，必要时请求旅客协助。

（5）在航空器上出现扰乱行为或者非法干扰行为等将严重危害飞行安全行为时，根据需要改变原定飞行计划或对航空器做出适当处置。

二、机组成员的安全保护责任

机组成员应当按照相关规定，履行下列安全职责：

（1）按照分工对航空器驾驶舱和客舱实施安保检查。

（2）根据安全保卫工作需要查验旅客及机组成员以外的工作人员的登机凭证。

（3）制止未经授权的人员或物品进入驾驶舱或客舱。

（4）对扰乱航空器内秩序或妨碍机组成员履行职责，且不听劝阻的，采取必要的管束措施，或在起飞前、降落后要求其离机。

（5）对严重危害飞行安全的行为，采取必要的措施。

（6）实施运输携带武器人员、押解犯罪嫌疑人、遣返人员等任务的飞行中安保措施。

（7）法律、行政法规和规章规定的其他职责。

三、安全员的权力

航空安全员或空警在航前准备会上需向乘务组人员通报空防安全情况；明确非法干扰行为与扰乱行为的处置原则及方案；通报本次航班空防工作要求。登机后由机长召开飞行前准备会，对客舱机组提出空防要求，确认空防预案的联络方式及制定联络暗语内容。客舱乘务组在航前应及时将特殊旅客信息向航班安全员和空警通报，包括旅客姓名、座位号、同行人员数量等。根据《航空安全员管理规定》及《公共航空旅客运输飞行中安全保卫工作规则》的规定，航空安全员在执行职务时，可以行使下列权力：

（1）在必要情况下，查验旅客的客票、登机牌、身份证件。

（2）劫机、炸机等紧急事件发生时，对不法行为人采取必要措施。

（3）对扰乱航空器内秩序并不听劝阻的人员，采取管束措施，航空器降落后移交民航公安机关处理。

（4）为制止危害航空安全的行为，必要时航空安全员可请求旅客予以协助。

四、飞行中客舱安保协同

（1）客舱乘务人员必须对客舱进行定期巡视，对旅客的可疑行为、可疑物品以及任何由旅客做出的威吓和值得引起警惕的状况，都应立即向机长和航空安全员、空警人员报告。

（2）航空安全员、空警人员必须对客舱进行定期巡视，对发现的可疑情况应及时做好监控，必要时通知机长，并提醒乘务组做好思想和行动上的准备。

（3）旅客扰乱行为一旦发生，在乘务人员劝阻无效并可能影响机上秩序及航空安全时，航空安全员、空警人员应及时亮明身份，给予处置，并报告机长。

五、机上旅客的安全保卫职责

对客舱安全保卫而言，无身外之事，机组成员责任在身，而旅客是受益者，也是重要的参与者。大量的飞行安全威胁的出现和处置与旅客密切相关。旅客应当遵守相关规定，做到不携带危险品乘机，不发生违法乘机规范行为，同时，在《公共航空旅客运输飞行中安全保卫工作规则》中规定，机长在履行飞行任务中可以行使"处置航空器上的扰乱行为或者非法干扰行为，必要时请求旅客协助"的权力。

机上旅客的安全保卫职责包括：

（1）保持航空器内的良好秩序。

（2）发现航空器上可疑情况时，可以向机组成员举报。

（3）旅客在协助机组成员处置扰乱行为或者非法干扰行为时，应当听从机组成员指挥。

（4）在统一指挥下，积极参与客舱安全保护活动。

六、机上防恐防爆

防恐防爆是客舱安全保卫最重要的任务，目前，为了防止袭击驾驶舱，采取了许多技术措施，如安装防弹驾驶舱门、在驾驶舱里安装微型监视器，机长可以通过这种监视器看到机舱里发生的情况等，但人防仍然是必不可少的措施，其具体内容将在应急处置中介绍。

民航安全从我做起
——昆明航空"蓝卫"特勤小组开展航空安全进校园活动

【事件概况】

民航资源网2019年6月12日消息：为进一步宣传航空安全知识，2019年6月11日，昆明航空保卫部青年文明号"蓝卫"特勤小组队员联合昆明南站小学空港分校，以现场宣讲、互动演练、客舱教学等多种形式举办了一场独具一格、别开生面的航空安全进校园宣讲活动。

随着南站小学空港分校的少先队员们为昆明航空"蓝卫"特勤小组队员们献上了红领巾，"共筑安全防线，共建平安民航"的主题活动拉开了帷幕。

昆明航空"蓝卫"特勤小组队员围绕航空安全、消防安全知识，通过生动的语言、丰富的案例，结合卡通动画视频、安全绕口令等，为同学们讲解。

宣讲结束后，昆明航空"蓝卫"特勤小组队员们带同学们开启民航安全的真实体验，所有的同学来到昆明航空波音737-800飞机上，通过情景还原，模拟登机，飞机起飞和下降等环节，结合安全演示示范，对客舱中设备使用、突发紧急情况的正确自我保护方式等方面知识为同学们进行讲解。

 思政启发

客舱安全是民航安全的永恒话题，再好的客舱安全保卫，都离不开乘机旅客维护客舱安全的自觉性，每一次成功地化解客舱安全威胁，旅客都功不可没。然而，我国是一个民航发展较晚的国家，人们对民航，特别是民航安全的了解远不及发达国家，旅客对客舱安全责任缺乏认知，对维护客舱安全作用的认识还有待于提高。维护客舱安全应该是每一个旅客的神圣义务，而对每一个公民进行民航安全教育是基础。可以想象，如果每一个公民均具有维护民航安全的良好素质，客舱安全才有扎实的社会基础，真正的航空安全时代必将来临。客舱安全需要从我做起，从娃娃教育抓起！

启发1：公民的民航安全知识与安全意识，是民航安全文化的范畴，是民航安全体系建设最基本的要素，需要从不同层面进行民航安全教育，从娃娃抓起是特别值得推广的举措。

启发2：做一个有担当、有责任感和公共安全意识的公民，要了解民航，关注民航安全，参与民航安全文化建设，将是社会的进步、民航持续安全的基础。

启发3：即使再高的民族素质，客舱安全问题依然存在，客舱安全保护工作不可缺少，任重道远！

开放式讨论5

讨论题目——客舱安全保卫人员应该具备什么素质与能力?

引导性提示

1. 高度的职业责任感,高水平的职业素养,过硬的空防能力。

2. "坚持警钟长鸣,如履薄冰","敬畏生命、敬畏规章、敬畏职责",方能担当起新时代赋予中国民航人的神圣使命。

3. 要准确理解空防安全中,"有效预防和制止人为的非法干扰民用航空的犯罪与行为",要"有效",就要具备"能力"。

 本章总结

1. 航空安全保卫是用来维护民用航空不受非法干扰而采取的措施和使用的人力和物力的总和。它是具有法律强制性的工作,也是实现优质客舱服务的前提保证。

2. 航空客运安全保卫工作的内容包括:旅客及其手提行李、托运枪支弹药、接受司法和行政强制措施的人员以及遣返人员、携带武器乘机人员、过站和转机以及登机口安全保卫等。

3. 飞行过程的安全保卫是飞行全程的过程保卫,既涉及机组成员,特别是客舱安全员,也包括机上旅客。

4. 安全保卫不仅是客舱安全责任,更是在机长的统一指挥下,乘务组、机上旅客的共同责任,需要协调一致,共同保护客舱安全。

5. 防恐防暴是客舱安全保卫工作最重要的工作,需要有清醒的认识。

 后续阅读

推荐资料:蓝宇、廖梓君. 机舱内的神秘安保力量:专访北部湾航空安全员. 民航资源网,2015-12-25. http://news.carnoc.com/list/332/332252.html?f=mhs.

 自我心理建设

培养自己的风险承受能力。

课后思考与复习

思考题

1. 如何理解客舱安全保卫的责任及作用?
2. 如何理解机上安全保卫的强制性与规范性的统一?

复习题

1. 简述客舱安全保卫的含义。
2. 简述客舱安全保卫的特征。
3. 简述航空客运安全保卫工作主要内容。
4. 简述不同机组成员在飞行安全保卫中的责任与权力。
5. 简述客舱安全员具有的权力。

下篇
客舱应急处置

第六章
客舱灭火

　　火灾是残酷的，客舱一旦出现火情，后果是很难想象的。客舱内人员密集，空间狭小，易燃有害物质多，灭火及救援条件有限，极易对机舱内人员造成人身伤害；一旦起火，极易发生爆炸，造成严重的空难。尽管为防止客舱出现火情而引发火灾，飞机系统采取了很多技术措施，也有系统性客舱安全管理措施作为保障，但客舱火灾仍无法根本避免，客舱防火、火情应急处置是客舱安全的主要内容。增强安全责任，树立忧患意识，掌握空中飞行特殊条件下火灾的预防与有效应急处置，是机组成员的必修科目。

　　本章在介绍有关火灾和烟雾基本知识基础上，分析了飞机上常见的火灾类型、特点、发生场景及引起火灾的主要原因，同时，系统介绍了客舱内烟雾及起火处置的组织与操作流程、火情的处置技术方法，使学生熟悉客舱火灾处置的基本知识、灭火的组织与操作流程，以提高客舱火灾处置能力。

本章学习目的

本章的学习目的包括：
1. 全面理解客舱火情火灾对客舱安全危害的严重性。
2. 了解火灾和烟雾，以及火灾类型、发生场景引起的主要原因。
3. 掌握客舱内烟雾及起火处置的组织与操作基本流程。
4. 掌握不同环境/物品失火的处置规范。
5. 掌握锂电池失火处置基本规范。
6. 理解客舱火灾处置措施的主要作用。

理论知识点

　　1. 客舱火灾具有蔓延快、控制困难、危害性大的特点，很容易引发空难，应急处置是与时间赛跑，不容懈怠。
　　2. 机上灭火需要按照技术与组织规范进行，而了解火情原因是采取有效处置措施的前提。

3. 不同环境/物品失火均有特殊性,需要掌握灭火应急处置的细节,采取针对性措施。

4. 掌握锂电池失火是引起客舱火灾的频发诱因,需要特别警惕。

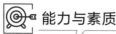能力与素质

1. 能力要点

(1) 总体分析能力:把握火灾性质,决定采取的有效措施的能力。

(2) 联系性思维能力:火灾可能引发的连锁反应。

(3) 解决问题的能力:在混乱状态下,协调机组、客舱资源和机上旅客之间的关系的能力,有效地应对火情。

2. 素质要点

(1) 道德素质:爱民航,做民航人,责任担当意识。

(2) 职业素质:果断行事,无所畏惧的品质。

导读

客舱防火重于泰山

水火无情,客舱火情更是如此。尽管民航局对引起机上火情原因有严格的管理制度,但由于旅客的非法行为等多种原因引发的火情仍时有发生。2018年2月,南航CZ3539(广州—上海虹桥)航班在旅客登机过程中,一名旅客所携行李在行李架内冒烟并出现明火,机组配合消防和公安部门及时进行处置,未造成进一步损害。经初步了解,系旅客所携带充电宝冒烟并着火,事发时充电宝未在使用状态。另外一起客舱失火发生在2021年9月18日,由北京飞往巴黎的法航AF393航班起飞不久后,在客舱靠后位置传出异响并有黑烟冒出,机组人员在起飞14分钟后发现是由技术故障引起的,依据飞机制造商的操作说明和公司的指示决定返航北京,尽管没有造成人员伤亡,但给机上旅客的旅程蒙上了阴影。

现代飞机均设有科学的灭火系统,通常在飞机的动力装置和机体的某些部位上安装固定式火警探测器和灭火设备;在乘客和机组人员座舱内,则配备足够数量的轻型灭火器,但在客舱发生火情的时候,仍离不开机组成员对火情进行控制,对火灾进行施救。民航乘务手册中,对客舱灭火有详细的规范,在岗前培训和复训中,均有严格训练与考核。

第一节　火灾和烟雾的基本知识

一、客舱火灾特点及危害

1. 客舱易燃物资多，火灾蔓延性强

机上可燃、易燃物多，火灾发生的危险性大。首先，现代化民航客机为了给旅客提供舒适的环境，客舱内部的生活设施一应俱全，但同时也带来一定的隐患，这些装修材料多为可燃、易燃物品，如客舱内密集的座椅、地板上的地毯以及其他设施等都是可燃物。其次，旅客随身携带的行李、衣物等外来可燃物也增加了飞机内部的火灾荷载。

2. 火势蔓延速度快，扑救难度巨大

在诸多的客舱安全事故中，火灾的隐患藏得最深，火势蔓延速度快，扑救困难，一旦发生后果难以预料。

如果飞机在起飞或者着陆时发生火灾，可以借助机场专职消防队的力量将火扑灭，扑救起来还相对容易一些。但如果飞机在飞行过程中着火，机组人员又没能及时在火灾发生初期将火扑灭，那么火势就会迅速蔓延，直至失去控制。这种危险性主要来自以下几个方面：第一，飞机内空间相对狭小，可燃物较多，火灾荷载大；第二，飞机各舱之间没有防火分隔，某一客舱一旦起火，很快就会蔓延至其他机舱；第三，飞机在飞行过程中，高空环境复杂；第四，飞行过程中起火，地面消防力量无法参与救援。

3. 引发爆炸，使飞机失控

客舱内部起火，密闭而狭小的空间内温度会迅速升高，里面的气体也会迅速膨胀，极易造成爆炸；另外，高温对发动机舱也是很大的威胁，一旦发动机舱遇火燃烧，爆炸就难以避免。

火灾对飞机的危害主要是烧毁飞机的系统，使得飞机关键操作系统失灵、失压、爆炸、解体。例如瑞士航空的MD11和UPS的B747空难，都是大火烧毁了飞机的控制和操纵系统，飞机失控后坠毁。

4. 逃生拥挤，飞机失去平衡

客舱火灾容易引发人员恐慌，人员向无火区域无序地拥挤，导致飞机失去平衡、失控而坠机。如2002年5月7日，中国北方航空公司（现重组于南方航空）的一架客机在大连海域失事，客机遭到人为纵火，飞机尾部着火后，为了紧急逃生，所有人员都冲向前舱，导致飞机重心变化，飞机失控，直接坠入大海。

5. 手段有限，难以实施有效灭火

为保证飞机内的人员舒适和安全，飞机在高空飞行时客舱是增压密封状态。但是一旦发生火灾，就面临两难：旅客维持生命需要氧气，而氧气是助燃剂，只要有氧气几乎所有的可燃物在高温下都可以燃烧起来，而不用氧气旅客就会有生命危险。灭火方法的选择与燃烧物的性质有关，如果识别火情大小、性质，有助于选择针对性的措施及灭火方式，但局限性较大。而货舱或者货运飞机，几乎不大可能去分析和判断火源和火情，

飞机仅仅只能依靠携带有限的灭火剂对货舱从固定喷嘴进行灭火，很难估计货物的可燃性和持续时间，尤其在运输中有锂电的危险品和一些违规的危险品冒充普通货物被装载上飞机时。

二、烟雾及危害

火灾对于人体的危害有几方面，包括缺氧、粉尘、高温和毒性气体，其中，烟雾的毒性极大，很容易使人窒息死亡。飞机客舱的内部可燃物大多为有机物质，在燃烧过程中会产生大量的有毒气体和烟雾。客舱内各舱之间互相连接，有毒气体和烟雾会很快充满机舱内部。同时，飞机的密闭性非常高，有毒气体和烟雾很难散发出去，极易致使客舱内人员中毒身亡。

浓烟致人死亡的最主要原因是一氧化碳中毒。在一氧化碳浓度达1.3%的空气中，人呼吸两三口气就会失去知觉，呼吸13分钟就会死亡。据了解，常用的建筑材料燃烧时所产生的烟气中，一氧化碳的含量高达2.5%。此外，火灾中的烟气里还含有大量的二氧化碳。在通常的情况下，二氧化碳在空气中约占0.06%，当其浓度达到2%时，人就会感到呼吸困难；达到6%~7%时，人就会窒息死亡。另外还有一些材料，如聚氯乙烯、尼龙、羊毛、丝绸等纤维类物品燃烧时能产生剧毒气体，对人的威胁更大。在火灾发生时，烟的蔓延速度超过火的速度5倍，其产生的能量超过火5~6倍。烟气的流动方向就是火势蔓延的途径。温度极高的浓烟，在2分钟内就可形成烈火，而且对相距很远的人也能构成威胁。

除此之外，浓烟的出现，会严重影响人们的视线，使人看不清逃离的方向而陷入困境，给撤离带来难度。

飞机发生火灾时，紧急着陆后，旅客从烟火中撤离，用湿毛巾或布蒙住口鼻，减少烟气的吸入，如果烟不太浓，可俯下身子行走；如为浓烟，须匍匐行走，在贴近地面30厘米的空气层中，烟雾较为稀薄。撤离飞机后，要往上风处汇合，远离燃烧区和烟雾区。

第二节 飞机上常见的火灾类型及发生场景

一、飞机上常见的火灾类型

随着飞机客舱越来越人性化、越来越舒适，也必然使密集的客舱座椅、地板上的地毯、座位上的毛毯和枕头等具有可燃危险。同时，乘客自身携带的行李衣物、充电宝（锂电池）等也增加了客舱内部的物品可燃概率。

飞机上火灾类型大致分为以下四种类型，其火灾特性和预防、处置措施如表6-1所示。

A类：易燃物品，如纸、布、木材类引起的火灾。

B类：液体、气体易燃物，油类（汽油、煤油等）引起的火灾。如易燃液体，包括酒类、指甲油、香水、胶水、洗面奶，也包括压缩类易燃物，如啫喱水、定型喷雾、压缩瓶等。

C类：电器引起的火灾。常见发生于厨房电器（烤箱等）和乘客自带的电器产品（充电宝、电脑、手机等）。

D类：可燃性固定物质引起的火灾，镁、钛、钠粉末及活性炭等。

表6-1 客舱火灾特性和预防、处置措施

火灾种类	A	B	C	D
燃烧物	纸、布、木材类、塑料等	易燃液体、油类	电器	充电宝、锂电池等
典型失火位置	座椅、衣帽间、行李架	厨房烤箱	厨房烤箱、烧水壶、马桶抽水马达、客舱壁板	行李架
适用灭火设备	水灭火器、海伦灭火器	海伦灭火器	海伦灭火器	水灭火器、海伦灭火器
常见原因	衣物受到高空静电压力的影响自燃	食物加热时间过长，餐食油脂溢出，高温加热后油脂燃烧	电气故障设备操作失误；旅客违规吸烟	电池内部缺陷导致电池受到高空静电压力的影响自燃
预防措施	严格进行客舱安全检查	使用烤箱前检查烤箱内有无油脂残留；加热食品时扣紧餐盒	严格按照电器操作规范操作机上电器；监控旅客的不安全行为	控制旅客携带可燃性物质上机；严格进行客舱安全检查
处置措施	取出相应的灭火设备灭火	切断厨房设备电源，消耗设备内的氧气；取出相应灭火设备灭火	切断设备电源；取出相应灭火设备灭火	取出相应灭火设备灭火；必要时紧急迫降，撤离客机

二、飞机上火灾隐患易发生的场景

尽管客舱内发生火灾的区域与场景是分散的，很难确切控制，但统计分析所指出易发生火灾隐患的场景，概率最大，给予充分的关注，对预防、消除隐患和快速灭火十分重要，也是对乘务人员的反应速度、职业素质和能力的格外考验，在以下几个场景范围内需要格外注意。

第一，厨房烤箱内放入违规可燃物品或食物加热时间过长。

第二，旅客携带的可燃物品发生自燃。

第三，洗手间内有人吸烟。

第四，洗手间内被人故意放入易燃物品。

第五，主货仓承运易燃品所致火灾。

三、引起火灾的原因

诱发火灾原因是多方面的，引发情景、火灾种类各不相同，可见表6-1中的说明。

第三节 客舱内烟雾及起火处置的组织与操作流程

为了保证飞机的安全,飞机上安装了一套防火系统,用来探测火警或准火警条件,并以一定的灯光或声响形式发出火警信号,以便机组人员及时采取灭火措施或自动接通灭火电路进行灭火。而客舱内部,引起火情的因素众多,地点分散,以及技术要求差异很大,飞机驾驶舱与客舱并没有配备自动灭火系统,主要依靠驾驶舱和客舱应急设备中的手提灭火器进行人工灭火,客舱火情处置需要人,需要良好的组织,特别需要乘务组的敏锐观察和快速判断,及时发现火情,以便及时组织灭火工作。

一、客舱火灾处置的一般原则

不论机上发生任何类型的火灾,作为客舱乘务组保持清晰的思维和稳定的情绪是非常必要的。客舱乘务组对火情做出正确的判断,及时报告机长并迅速组成3人或多人灭火小组,通过判断、处置、报告、密切监视等连贯行为做好灭火程序的各项工作,加强旅客、飞行机组及自身的保护工作,尽快调整转移旅客座位,用口令指挥旅客以何种方式保护自己,要绝对保持驾驶舱门的关闭,移走五类易燃物品,并学会及正确使用与之相关的设备,如防烟面罩等,都是客舱组应知应会的业务技能。因此,如何正确预防和处置机上的各类型火灾,确保人机安全,这就需要我们乘务人员要加强平时的业务知识的不断巩固和提高,加强心理素质的训练,锻炼自己的应变处置能力和团队协作精神,以及掌握旅客心理学等多方面的知识。

二、处置的组织方式

客舱一旦发生火情,组织是十分重要的。在灭火的过程中,一般情况下,乘务员将组成三人小组:第一个发现状况的乘务员为目击乘务员并负责灭火,由目击乘务员指配其他两人分别为支援乘务员和交流乘务员(特殊情况下,支援乘务员和交流乘务员可以是一个人),这样就可以发挥团队的力量,对火情进行有效的控制,对起火进行扑灭操作。

(1)目击乘务员 监督火灾现场情况并负责灭火,因为她(他)最了解情况,利于及时选择有效方法。

(2)支援乘务员 取用灭火器及防烟面罩,收集其余的灭火器和防烟面罩,做好接替灭火者工作的准备,负责监视防烟面罩的使用时间,负责监控余火,保证其无复燃的可能。

(3)交流乘务员 及时传递信息,向机长报告火灾情况是否对乘客造成影响,便于进一步采取措施,备好辅助灭火设备,做好第二灭火者准备。

(4)其他乘务员 安排交换旅客座位,指挥旅客捂住口鼻、放低身体等做好自我保护,必要时也参与灭火。

三、处置的操作流程

不管在地面还是空中,在飞机上发现烟雾或火灾,如果不及时处理并查明原因,都有可能对机上人员及财产安全造成不可预估的损失。因此,作为执行此次航班的乘务人员,熟知救火流程并进行团队配合,是避免出现严重后果产生的最好机制。在实际工作中,对于起火,每个航空公司都有自己的处置程序,并且航空公司的每一个空中乘务员都是经过严格的训练和例常性的复训,当一架飞机上出现着火的情况时,机组会立刻执行灭火程序。灭火程序如下:

(1)在发现烟雾或者火灾时,确认发生地点,确认性质。
(2)如果是机上电器起火,第一时间切断电源。
(3)作为发现烟雾或火灾的目击乘务员不要离开现场。
(4)疏散人群并告知邻近乘务员作为支援乘务员和交流乘务员。
(5)由支援乘务员快速取来灭火器,转交给目击乘务员。
(6)由目击乘务员进行灭火,支援乘务员传递灭火设备。
(7)同时交流乘务员随时报告情况变化给机长。

四、对旅客的保护

在执行灭火程序时,要做好机上旅客的保护工作,否则,将引起混乱,影响灭火工作,乃至于造成二次危害。在发生火情时,乘务员必须迅速控制及照顾旅客,并采取如下保护措施:

(1)告知旅客一切行动要听从乘务长的指挥。
(2)如必要,将火场周围的旅客调离,但严禁旅客大面积纵向移动,造成飞机失去平衡。
(3)如果客舱内烟雾较多,告知旅客应低下头、俯下身用袖口捂住口鼻,如情况允许应递上装满水的水桶,并告知旅客把衣物手帕等弄湿,遮在口鼻处,防止吸入有毒的烟尘,造成窒息的情况。
(4)如有可能,让旅客穿上长袖衣服,避免皮肤暴露。
(5)安抚旅客情绪,为降落做好准备,直到飞机安全降落,并做好应急撤离准备。

第四节 不同环境/物品失火的处置

一、常见灭火设备

在飞机驾驶舱和客舱中配备轻便式手提灭火器,关于灭火设备的详细介绍,请参见

"飞机客舱设备与使用"类教材，这里作大概的介绍。

轻便式手提灭火器包括：

（1）海伦手提式灭火器：适用于任何类型的火灾。

（2）水或水基手提式灭火器：适用于一般性火灾，如纸、衣物、木制品等。

按火灾类型，各类火灾的灭火设备的配置是：

A类火：用水或水类灭火器灭火。

B类火：用二氧化碳（CO_2）、卤化烃、泡沫灭火器和干粉灭火器灭火。

C类火：用二氧化碳或卤化烃灭火器灭火。

D类火：适用于干粉灭火器灭火。

二、不同环境/物品失火的处置方式

不同环境、不同失火类型，采取的灭火方式不同，客舱乘务组应当对照以下的不同情况进行处置，从而使客舱组面对火情时处置行之有效，把客舱火灾隐患降低到最低程度，让客舱安全得到更高保障。

1. 卫生间失火处置

在发生过的客舱火灾中，卫生间失火所占的比例最大，约占45%。引发的主要原因是旅客吸烟或电器故障。当卫生间的烟雾警报器报警，说明在卫生间中存在烟雾或者起火的现象，应按下列方法进行灭火处置。

（1）就近取出灭火器，做好灭火准备。每一个卫生间的盆池下面都有一个自动灭火装置，每个灭火装置包括一个海伦灭火器和两个喷嘴，当达到很高温度时，两个喷嘴将向火源点内喷射海伦灭火剂。

（2）判断是否有人正在使用卫生间。如果有人正在使用卫生间，需要与使用者联系，如果是香烟烟雾造成的烟雾探测器发出警报，让该名旅客熄灭香烟，并打开卫生间门将烟雾从洗手间散开，告知旅客机内禁止吸烟的守则并确定旅客信息告知机组。若出现火情，按（3）的灭火方式处置。

（3）如果确定无人使用厕所，乘务员首先要保持尽可能低的姿势靠近厕所门，目的是远离火灾和烟雾；用手背感受门的上下及缝隙是否有热度。如果门的上下及缝隙还是冷的，说明火势并没有太大且未蔓延。如果门的上下及缝隙是热的，说明火势已经较大。图6-1所示为通过卫生间门，借助手感判断火情。

缓慢地打开仅门缝大小，若打不开，用应急斧将门劈开一条缝（门缝大小可以将灭火瓶喷嘴插入即可），将门作为掩体，用海伦灭火器对准火源根部喷射并使用完全。关上门60秒让灭火设备发生作用（如有必要此步骤可重复）。接下来佩戴呼吸防护设备（PBE），手拿海伦灭火器进入卫生间；确定火源位置，如有必要请再次使用灭火器；检查周围是否还有火苗残存（包括移动垃圾桶），为了防止火苗复燃，可用湿毛毯或毛巾压盖。

（4）灭火成功后，关闭此卫生间，通知机长，并派人监视该区域。

卫生间灭火时应注意以下几点：

（1）当有烟雾产生时，乘务员应先穿戴好防护式呼吸装置，再进入卫生间灭火。

（2）当有烟雾从门缝中溢出时，乘务员可用湿毛毯或毛巾堵住门缝。

图6-1 用手感判断火情

（3）若无法判断火源的位置，乘务员可向卫生间内喷射整瓶灭火剂，然后关闭卫生间的门。乘务员应随时检查卫生间内是否有复燃现象。

2. 厨房设备起火处置

由于厨房设备多数为电器，首要的是切断电源，并使用海伦灭火器灭火。不同的厨房设备起火的情况不同，处置方法各有不同。

（1）烤箱起火处置　切断电源，并关闭烤箱门，减少与氧气的接触面积。使用海伦灭火器反复进行灭火，如有必要，请佩戴PBF，如图6-2所示。

烤箱起火的原因有很多，多数原因是在烤箱中放入异物或食物加热时间过长，所以，防止烤箱失火的一个关键就是使用规定时间加热指定容器。

图6-2　佩戴防护式呼吸装置（PBF）

烤箱灭火处置应注意以下几点：

① 灭火结束后，已经关闭的烤箱电源不得再开启。

② 烤箱失火时，打开烤箱门是非常危险的。打开烤箱门会从外界引入氧气，从而加大烤箱内的火势，所以打开烤箱门时一定注意侧身，必要时佩戴防护手套。

③ 当烤箱内有烟雾产生时，灭火者应先穿戴防护式呼吸装置，再进行灭火处置。

2003年某航班的客舱曾发生了一起典型的因机上烤箱内温度过高，餐食加热时油脂溢出产生大量烟雾的火灾隐患。乘务组及时启动紧急处置预案，未酿成火灾后果。

（2）烧水杯失火处置　切断烧水杯电源并拔下水杯，如果火势不减，应使用海伦灭火器灭火，不能用水灭火。烧水杯失火很有可能是长时间循环烧水导致烧水杯无水干烧，千万不要将水倒入过热的水杯里。

（3）厨房配电板失火处置　因为厨房配电板的电源由驾驶舱直接控制，因此，在发现厨房配电板失火时，应立即通知机长要求切断电源，并使用海伦灭火器进行灭火。

3. 锂电池失火处置

在客舱中,锂电池失火是较为常见的,危害性极大,机场安检对携带锂电池有严格的规定。由于锂是一种活跃的金属,锂电池一旦受到冲击,会发生剧烈反应而产生大量的热量,引燃周围的物质,而引发火灾,需要特殊的处理手段进行处置。当乘务员发现客舱内锂电池失火时,处置如下:

(1) 应尽可能将锂电池从其设备上移除,切断失火电池的外接电源。

(2) 拿到最近的灭火器,并进行灭火。

(3) 灭火之后时刻观察是否有复燃迹象。

(4) 在设备完全冷却后,使用保护手套,将失火设备放入金属容器中(垃圾桶或储物箱)。

(5) 将其设备用水或非酒精液体浸泡,防止复燃。

4. 行李架失火处置

行李架是旅客随身行李物品放置的地方,若旅客有意或无意携带了易燃物品,可能会引发火灾。如发现行李架冒烟或失火,首先将旅客撤出该区域,并报告乘务长;用手背感觉温度,找出温度最高区域,以确认火源位置;将行李架打开合适的缝隙,将灭火剂喷入行李架内,然后关闭行李架;重复上述过程,直至确认火源已熄灭;派人监控该区域。

5. 机内其他位置失火处置

(1) 荧光灯整流器失火　荧光灯整流器是为客舱的上下侧壁提供电流的。如果长时间使用,有可能过热并产生烟雾。整流器失火会导致灯光暂时自动熄灭,此时应通知驾驶舱关闭相关灯光。

(2) 服务间失火

① 应先确定服务间是否有人休息。

② 如果无人,乘务员要保持尽可能低的姿势靠近服务间门;用手背感受门的上下及缝隙是否有热度。如果门的上下及缝隙还是冷的,说明火势并没有太大且未蔓延。如果门的上下缝隙是热的,说明火势已经较大。

③ 缓慢地打开仅门缝大小,将门作为掩体,用海伦灭火器对准火源根部喷射并使用完全。关上门60秒让灭火设备发生作用(如有必要此步骤可重复)。接下来佩戴PBE,手拿海伦灭火器进入服务间;确定火源位置,如有必要请再次使用灭火器;检查周围是否还有火苗残存(包括休息室内储藏间),为了防止火苗复燃,可用湿毛毯或毛巾压盖。灭火成功后,关闭服务间,并通知机长。

④ 如果乘务员在休息时发现服务间起火,应及时蹲下并掩住口鼻,拿取服务间内灭火器,对准火源根部进行灭火(尽可能佩戴PBE);灭火后离开服务间并携带灭火器再次检查是否有复燃可能;使用浸湿的毛毯覆盖失火及可能复燃处。

⑤ 如灭火后无法从服务间入口离开,可联络服务间外乘务员转移旅客,打开服务间逃生通道离开。

⑥ 灭火成功后,关闭服务间,并通知机长。

(3) 衣帽间失火　衣帽间的类型根据机型的不同分为有帘子和有门两种。出现火情处理如下:

① 有帘子的衣帽间失火时，应及时取用灭火瓶灭火，并及时搬开衣帽间内的易燃物（衣物及易燃的机上用品等），同时尽可能保持帘子的关闭状态；灭火完成后要保证余火不会复燃，可用水浸湿衣帽间里的剩余物品；定时查看衣帽间，保证余火尽灭，不可复燃。

② 有门的衣帽间失火时，首先要疏散衣帽间附近的乘客，并让支援乘务员拿来PBE与灭火器。戴好PBE，身体侧蹲靠在门缝处，用手背触摸门板门缝及衣帽间四周舱壁感受其温度。

③ 如果门和四周舱壁都是凉的，说明火势尚小；应小心地用侧蹲的姿势拉开门缝，注意观察火源起火位置，对准火源底部喷射灭火剂。关上门给灭火剂时间发挥效果；再次开门，移走衣帽间内易燃物品，仔细检查是否有余火未灭，浸湿衣帽间着火残骸，避免复燃。

④ 如果门和四周舱壁都是热的，说明火势较大；应小心地用侧蹲的姿势拉开门缝，注意观察火源起火位置，对准火源底部喷射灭火剂。关上门给灭火剂时间发挥效果；再次开门，重复以上步骤直至火被熄灭，火情得到控制。火被扑灭后，移走衣帽间内易燃物品，仔细检查是否有余火未灭，浸湿衣帽间着火残骸，避免复燃。

⑤ 灭火成功后，乘务员通知机长起火的源头、火势大小、灭火器的使用情况以及是否有人员伤亡。

（4）座椅失火处置　当发现座椅失火时，应立即通知机长切断该区域电源，使用海伦灭火器进行灭火，并转移该区域旅客撤离，并提示旅客掩住口鼻。扑灭火后，为防止余火复燃，应用浸水毛毯掩盖着火处。

（5）隐蔽区域失火处置　隐藏区域是指客舱内无法让人进入的区域，如客机的侧壁面板、地板、隔板、天花板等。一般情况下，这些区域的失火不易被发现，其特征是不正常的表面高温、板缝冒烟或气味异常等。如图6-3所示为隐蔽区域火情场景。

因为乘务员无法进入隐藏区域，所以确定火源比较困难。当乘务员怀疑某隐藏区域失火时，可按照以下步骤操作：

① 用手背沿着客机壁板移动找出温度最高的区域。

② 用应急斧在温度最高的区域上劈开一条裂缝。

图6-3　隐蔽区域火情场景

③ 插入灭火器的喷嘴，喷射灭火剂，直至该区域的温度下降。

对隐藏区域灭火处置时需要注意以下几点：

① 当隐藏区域有烟雾产生时，灭火者应穿戴防护式呼吸装置。

② 在用应急斧劈开客舱壁板时，可能会损坏客机的一些主要连线和系统，所以在进行隐藏区域灭火时，没有机长的指令，乘务员不得擅自劈、撬客舱的壁板。如图6-4所示为必要时应急斧的使用。

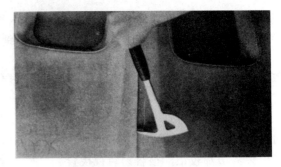

图6-4　必要时应急斧的使用

第五节　客舱火灾的预防

客舱火灾产生的原因是多方面的，在诸多的客舱安全事故中，火灾的隐患藏得最深，一旦发生后果难以预料，机上火灾的预防及处置是客舱安全、服务、管理及沟通交织的节点，看似简单，但又呈现复杂的内在逻辑关系。为此，需要在以下几个方面做好预防，降低火灾发生的概率。

一、强化乘务安全意识，提高设备的操作规范性

提高火灾整体防范能力是十分重要的，有些火源取决于乘务组的操作，如烤箱、电水壶等电器设备，避免操作失误，严格执行操作规范。同时，必须加强客舱各类电器设备的使用、失火机理等方面的培训和预案的演练，在理论和操作上提高乘务员的处置能力，能第一时间判断、控制火情。

二、加强客舱安全宣传力度，避免旅客人为因素引发火情

无论旅客是有意识的还是无意识的，宣传与反复地提醒往往是很重要的，往往麻痹大意会酿成大祸。如在飞行中，客舱乘务组要加强"机上禁烟"的广播力度和重度。尤其是在中远程航线上，乘务员可以分时段地进行禁烟广播，警示"瘾君子"旅客在机上绝对禁止吸烟。

三、提倡乘务员之间的互防互查，堵塞安全漏洞

人的智力总会有差别，人的经验同样也有差异，先察觉到安全隐患的人要提醒和帮助其他人，防止差错；另外，喊话和复述、交叉检查都是行之有效的措施。同时，科学

地分配好工作,可以提高乘务组和乘务员个人预防客舱安全事故的能力,合理地分配工作时间,不要使乘务员过于劳累,因为一旦感到吃力的时候,处理能力就会降低。

四、加大巡视力度,特别是重点区域的巡视

飞行中重点对几个远离厨房的卫生间进行重点监控,注重厨房电器设备的监视。因为大型客机,客舱较大,再加上乘务员在送餐、送水过程中,分散在客舱中与旅客之间,厨房乘务员都较忙,很容易忽视检查和监控。当然对重点旅客也要给予关注,特别是发现隐情时,要给予专门的监控。

警示促警醒、知"疼痛"受教育
——《关于深入开展运输航空公司空勤人员作风整顿的实施方案》启示

【事件概况】

2021年3月23日,民航局发布《关于深入开展运输航空公司空勤人员作风整顿的实施方案》(以下简称《实施方案》),明确自2021年3月下旬至12月底,在全行业开展运输航空公司空勤人员作风整顿。此举旨在深入贯彻落实习近平总书记对民航安全工作和作风建设的重要指示批示精神,深刻汲取东海航空2.20事件反面典型教训,坚定不移地把空勤人员作风建设抓紧、抓实、抓细,切实抓出成效,确保飞行运行关键环节的安全托底。

东海航空2.20事件发生在2021年2月20日,在东海航空DZ6297南通兴东—西安咸阳的班次上。机长与乘务长发生争执,在飞行过程中相互殴打。此事件对社会造成严重的不良影响,为此,民航局对涉事航空公司、机长和乘务员做出惩处,其中,当班机长因严重违反民航法规、行业规章及公司规章制度,给予公司终身停飞处理,并对其涉及的违法行为依法依规处理;当班乘务员,因严重违反民航法规、行业规章及公司规章制度,给予公司终身停飞处理,并对其涉及的违法行为依法依规处理。

 思政启发

东海航空2.20事件影响恶劣,发人深省!《实施方案》按照2021年全国民航航空安全工作会议要求,依据《民航安全从业人员工作作风建设指导意见》制定。根据《实施方案》,全行业将对运输航空公司全体空勤人员作风建设情况进行全面深入排查和整顿,包括作风建设的责任落实、保障机制和宣传教育等方面;严肃惩戒违章违纪的典型事件,果断处理作风有问题的单位和个人,建立健全运输航空公司空勤人员作风建设长效机制。

2021年10月19日,时任民航局局长冯正霖赴东海航空调研,在安全整顿座谈会上强调,本次东海航空安全整顿,对全体民航人来说,是一次十分生动而深刻的安全教育。全民航要深刻认识航空安全工作的属性,加强安全管理,确保中国民航安全平稳运行。指出,经过近3个半月的进驻式全面整顿,东海航空公司安全管理有了"魂"、换了"血"、正了"骨"。目前,公司党组织得到健全,安全管理体系、培训体系、运行体系、保障体系得以重构,干部职工思想面貌焕然一新。这为下一步切实巩固整顿成效,树立信心打造"脱胎换骨"的新东海航空,在服务粤港澳大湾区建设和民航强国建设中做出贡献奠定了坚实基础。

启发1:在加强民航安全工作的今天,为什么还会发生此类事件?其根源是空勤人员意识缺乏、作风建设不到位。

启发2:以案为鉴、举一反三,以警示促警醒、知"疼痛"受教育;并以此为契机,深入践行"双理念",落实"六个起来",大力完善组织体系,努力实现本质安全。

启发3:提高空勤人员的职业修养是持续的任务,遵规守纪才能做个彻底的"民航人"。

启发4:把握大局,坚持以习近平总书记对民航安全工作和作风建设的重要指示批示精神为总遵循,深刻把握民航安全工作的政治属性。

开放式讨论6

讨论题目——客舱安全保卫人员应该具备什么素质与能力?

引导性提示

1. 高度的职业责任感,旅客素质修养差异。

2. 坚持警钟长鸣,如履薄冰,敬畏生命、敬畏规章、敬畏职责,方能担当起新时代赋予中国民航人的神圣使命。

3. 要准确理解空防安全中,有效预防和制止人为的非法干扰民用航空的犯罪与行为,要"有效",就要具备"能力"。

4. 无论专业教育,还是岗位培训,必须把职业道德与品质教育放在首位。

 本章总结

1. 客舱火灾往往是灾难性的,既要高度重视,又要防范到位,处置及时有效。

2. 烟雾和火灾有着不同的属性,但严重性是同样的,烟雾携带着致命的毒气,而且火灾与毒气是同时并发的。

3. 火源各异,引发的火灾特点不同,处置的方法也各不相同,需要根据火源性质的不同,采取不同的处置方法。

4. 机上灭火需要严谨的组织与处置程序，这往往是及时有效处置火情的有力保证。

5. 不同环境/不同失火源，处置必须有针对性，否则，会处置不当失去火灾控制的最佳时机。

6. 锂电池失火是客舱火灾防治的重点，处置的技术性要求很高，需要经过特殊的训练。

7. 提高客舱火情的预防能力是火情处置的重要环节，需要提高乘务员的防范意识，提高旅客的安全责任，也需要良好的预防手段保证。

后续阅读

推荐资料1：赵玲（"凌燕"乘务组）.机舱突发失火，你该怎么办.航空知识，2011（5）.

推荐资料2：丁一璠.客舱起火如何自救，逃生指南了解一下.民航资源网，2019-05-07. http://news.carnoc.com/list/492/492625.html.

自我心理建设

临危不乱的心理素质。

课后思考与复习

思考题

1. 为什么在严格管制的条件下，乘客仍然携带易燃易爆危险品乘机？
2. 为了做好客舱火灾的应急处置，机组成员应该做哪些准备？

复习题

1. 简述客舱火灾危害及特点。
2. 简述飞机上常见的火灾类型。
3. 简述客舱内烟雾及起火处置的组织与操作流程。
4. 简述不同环境/物品失火的处置规范的主要内容。

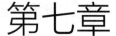

第七章
劫机与携带爆炸物的应急处置

劫机与携带爆炸物对客舱安全造成严重威胁，国际民航组织制定了国际公约和各国均有明确的法律法规。《海牙公约》即"关于制止劫持航空器的公约"规定了各缔约国家对犯罪行为实施管辖权，及拘留起诉或者引渡犯罪的详细规定，界定用武力、武力威胁、精神胁迫的方式及非法挟持或者控制航空器（包括未遂）即构成刑事犯罪。《蒙特利尔公约》即"关于制止危害民用航空安全的非法行为公约"条款中提出：各缔约国对袭击民航飞机，乘客及机组人员，爆炸民航飞机及民航设施等危及飞行安全的人，要予以严厉的处罚。《蒙特利尔公约》中还特别提出：在使用中的航空器上放置或使别人放置某种装置或者物质，该装置或者该物质足以毁灭该航空器或者对航空器造成危害使其无法飞行，或足以危害飞行安全构成危害航空安全犯罪。我国的《民用航空法》《中华人民共和国民用航空安全保卫条例》均对劫机与携带爆炸物管制做出了明确的法律规定。为了保证民航安全，在积极预防劫机事件与限制爆炸物带上飞机的同时，对劫机与爆炸物的应急处置是客舱安全的重要内容。

本章系统介绍了劫机的行为属性、劫机的分类及反劫机处置的基本原则，分析了处理劫机预案及反劫机措施等劫机应急处置相关问题。同时，介绍了客舱爆炸物及危害、爆炸物的种类以及最低风险爆炸区常识，并对机上发现了（疑似）爆炸物及（疑似）爆炸物匿名电话等应急处置基本知识进行了简介。

 本章学习目的

本章的学习目的包括：
1. 理解劫机的法律属性及危害。
2. 理解劫机犯罪的特征。
3. 掌握反劫机处置的基本原则。
4. 掌握反劫机预案主要内容及反劫机处置措施。
5. 理解客舱爆炸物及危害性。
6. 掌握不同情形的客舱爆炸物的应急处置措施。

理论知识点

1．劫机与携带爆炸物对客舱安全造成严重威胁，属于航空犯罪行为，其行为将受到法律的处罚。

2．无论什么原因诱发的劫机行为，均按反劫机处置的基本原则进行处置，以飞机与旅客的安全为第一考量。

3．反劫机措施实施需要在机长统一指挥下进行，机组成员与旅客合作，同时需要空管、地面公安部门的协同配合，并根据不同犯罪动机采取慎重果断的行动。

4．爆炸物对客舱安全的威胁是直接的破坏性，种类繁多，技术性高，需要科学规范处置。

5．劫机行为与爆炸物密切相关，爆炸物是劫机行为的主要威胁手段。

6．在不同的飞行阶段，客舱爆炸物（或疑似爆炸物）的处置原则是一致的，但处理的程序与方法各有不同。

能力与素质

1．能力要点
（1）总体分析能力：对劫机事件、携带爆炸物行为的相关因素的分析。
（2）联系性思维能力：犯罪人性格、动机、犯罪环境等因素的联系性思维。
（3）解决问题的能力：对劫机事件、携带爆炸物行为针对性现场处置能力。
2．素质要点
（1）道德素质：爱民航、做民航人、责任担当意识。
（2）职业素质：临危不惧的心理和谈判技巧。

导读

杜绝劫机、炸机等机上恐怖事件需要全民航人的共同努力

自20世纪30年代在秘鲁发生世界历史上第一次劫机事件至美国"9·11恐怖袭击事件"，乃至到今天的民航运输，劫机、炸机等恐怖事件，尽管鲜有发生，但仍是威胁航空安全的最大敌人之一。我国从1982年7月30日发生"子爵号"专机被劫的新中国劫机的"第一案"，到卓长仁等新中国第一起恶性案"5·5劫机案"，映射出当年空防安全的严峻形势。据权威资料显示，1993年，我国民航劫机曾达到高峰，一年共发生劫机事件21起，有11起都被挫败了，劫机成功的有10起。经过多年的航空安全的法律与制度建设，客舱安全管理的强化，以及社会环境的改善与和谐社会的建设，劫机事件极少发生。但从民航安全角度看，要保持高水平可控的民航安全水平，是一件长期而艰巨的任务，需要常抓不懈，并且

要制度化、体系化。

民航局在2021年1月12日开展的2021年全国民航工作会议、全国民航安全工作会议上提出："2021年安全工作主要目标是：杜绝重特大运输航空责任事故，杜绝劫机、炸机等机上恐怖事件，防止空防安全严重责任事故，防止重大航空地面事故和特大航空维修事故。"将杜绝劫机、炸机等机上恐怖事件作为核心任务。提出持续加强党对安全工作的领导，认真贯彻党在把方向、谋大局、定政策、促改革方面的要求，坚持用党中央精神及时分析安全形势，推动安全工作。进一步推动党建与安全工作深度融合，更好地将党建优势转化为安全工作优势。不断压实安全责任，持续践行"三个敬畏"，研究建立"三个敬畏"安全教育常态化、系统化制度和机制，推进"三个敬畏"进课堂、进教材，推进关键岗位人员作风量化考核评估。

第一节 劫机应急处置

以暴力手段劫持民用航空器的事件是极少出现的航空犯罪现象，但绝非不发生的事件。由于飞行器的特殊性和飞行的安全特征与劫持飞行器犯罪分子险恶的犯罪动机和穷凶极恶的心理，劫机者会做出丧心病狂的行为，使飞行时刻处于危险状态，不仅对无辜百姓造成伤害，而且给民航安全带来极大威胁。

一、劫机的概述

1. 劫机定义

劫机，即以武器或威胁等暴力手段胁迫飞行中的飞机驾驶员飞往他们要去的某一地点。为达到目的，多数劫机是以武力相威胁，劫持机组人员或旅客作为人质。

从国际民航所发生的劫机事件分析来看，劫机者主要来自恐怖分子，一些个人或组织出于获得公众的注意、要求释放犯人或其他恐怖分子、要求政府改变政策、削弱或羞辱反对者、恐吓公众并扰乱正常生活和商业活动以及通过威胁或勒索得到钱财等目的而实施劫机、袭击和破坏的犯罪行为。

1931年2月，秘鲁发生世界航空史上第一次劫机事件，而最残暴的劫机之一是美国"9·11恐怖袭击事件"。我国也曾遭遇多起劫机事件，特别是1993年，曾经发生了10架次客机劫机事件，震惊世界民航业。

2. 劫机的特征

劫机与反劫机属于反恐范畴，国际社会在反对和谴责这种恐怖行为的同时，先后制定了共同制止劫机犯罪和保障民用航空器安全的《东京公约》《海牙公约》和《蒙特利尔公约》三个反劫机公约。特别是在美国"9·11恐怖袭击事件"后，空防安全更加受到全世界的极大关注。

劫机是有预谋、有计划、有组织的行为，其危险在于后果的严重性无法预知。如果劫机者由于个人诉求劫持飞机，那么谈判成功率往往会高一些。如果是恐怖组织劫持飞机，只是要造成恐怖事件，那么谈判会很难，事态很难控制。劫机犯罪具有以下几个特征：

（1）直接威胁航空器飞行安全。航空器作为一种现代化的交通运输工具，主要用于物资和旅客的运输。它们在使用中能否正常进行，直接关系到所载旅客和物资能否安全抵达目的地。航空器在飞行中一旦失去控制，就可能造成机毁人亡的后果，给旅客的生命、财产安全造成不可估量的损失，因而劫持航空器行为具有极为严重的社会危害性。

（2）劫持的犯罪过程表现为以暴力、胁迫或者其他方式劫持航空器的行为。如劫机者直接在航空器上实施暴力袭击或采用杀害、伤害、殴打、捆绑、监禁、扣押等危害人身安全和人身自由的暴力方式，使机组人员或者旅客不能反抗或者不敢反抗；或以暴力相威胁，实行精神强制，使机组人员或者旅客不敢反抗；或劫持等行为。

（3）劫机犯罪的主体为一般主体，即任何达到负刑事责任年龄并具有刑事责任能力的自然人，既包括中国人，也包括外国人或者无国籍人。依照刑法关于普遍管辖权的规定，外国人劫持飞机后进入中国境内的，中国刑法具有管辖权。

（4）劫机犯罪只能是故意，而且只能是直接故意。至于行为人的目的则可以多种多样，如有的是为了获取外逃的工具；有的是以劫机为手段，通过扣留机组人员、乘客和飞机，要挟当局，来达到某种政治目的或非政治性目的的不合理要求，譬如释放在押的政治罪犯等；有的是为了向政府示威；有的是为了制造事端，形成影响、震动舆论，等等。但无论是出于什么目的，都不影响犯罪的成立。这一点是有关国际公约所确认并包括我国在内的所有缔约国所承诺的，因此对于那些以政治避难为名而劫持航空器之实的，应当依法予以追诉，所谓政治目的不能成为劫持航空器的犯罪分子开脱罪责的借口。

二、劫机的分类

不同劫机的目的，可能造成后果的严重性也不同，尽管处置程序是一致的，但具体采取的处置方法也有差异。可以将劫机分为以下四类。

（1）以反社会为目的　劫持航空器，撞击重要目标，制造重大事件，造成机毁人亡的自杀性恐怖活动。

（2）以政治要求为目的　劫持航空器，要挟政府满足其政治要求的恐怖活动。

（3）以经济要求为目的　劫持航空器，要挟政府满足其经济要求的恐怖活动。

（4）以破坏国家安全为目的　劫持载有关系国家安全的重要人员的航空器的恐怖活动。

三、反劫机处置的基本原则

当飞机被劫持之后，首要考虑的是保证旅客和航空器的安全。以下是一些基本原则。

（1）安全第一　处置决策以最大限度保证国家安全、人机安全为最高原则。必要时，可以付出小的代价而避免重大损失的发生。

（2）统一指挥　事件处置由国家处置劫机事件领导小组决策，统一指挥。

（3）适时果断处置　抓住时机，果断处置，力争在最短时间内解决，将危害与损失降至最低。

（4）力争在地面处置　空中发生的重大劫机事件，应力争使航空器降落地面进行处置。

（5）力争境内处置　境内发生的重大劫机事件，应尽量避免境外处置。

（6）机长有最后处置权　在情况紧急，直接危及人机安全时，机长对航空器的操纵和机上人员的行动有最后决定权。

反劫机的相关条例中规定，全体民航乘务员应遵循《国际民用航空公约》及其附件、《中华人民共和国刑法》和《中华人民共和国民用航空法》，以及《中华人民共和国民用航空安全保卫条例》《国家民用航空安全保卫规划》《中国民用航空安全检查规则》等国际公约、国家法规法令和民航规章以及所在航空公司制定的"反劫机、反恐怖预案"要求，在履行"反劫机、反恐怖预案"职责时，应首先考虑旅客、机组、飞机以及其他财产的安全，坚持以保证乘客、机组与飞机安全为最高原则。当然，首先是通过预案、措施和程序，防范非法干扰行为的发生，保障民用航空活动的安全、正常和有序。

四、劫机的防范措施

1. 飞行前准备

（1）预准备阶段　每次航班的飞行准备，机组全体人员应熟悉所飞航线的特点和新情况，明确分工，规定暗语，准备对策及办法，安全员应结合实际情况，宣讲近期空防形势和典型案例。

安全员带齐所备器具，并检查确认完好，如本次航班有要客乘机，安全员要事先了解详细情况，是否有押解犯罪嫌疑人或其他可能影响安全的因素，要妥善安排好要客座位，并与其警卫秘书取得联系，协助做好安全警卫工作。

（2）直接准备阶段　机组登机后，安全员和其他乘务员在接收机供品时，要认真查验，以防止本次航班所配机供品以外的任何物品混入飞机。按分工对飞机进行清舱，若发现无票者藏匿在飞机上，报告机场当局执法部门处理；若发现有不属于机上应有的物品或未经安全检查的物品，立即清理出飞机交地面保安人员处理。机组成员严禁为他人捎带未经安全检查的任何物品。值机人员应要求旅客和本人手提行李同时上机。

乘务员要检查客舱与驾驶舱的通话或信号是否完好，如听到候机楼、客机坪有异常声音（如枪声），或见到有人跑向飞机企图强行登机，或其他预示危险情况时，应立即关闭登机门。

旅客的手提行李要放在旅客座位上方的行李架上或座位下边，不允许旅客将行李放在前服务舱处，防止行李中有危险物品危及驾驶舱安全，防止影响应急撤离。

2. 飞行中防范措施

（1）进行客舱巡视　劫机者事先可能有异常征兆，主要是对旅客本人、行为及所带物品的甄别。在飞行全过程中，乘务员要坚守岗位，注意观察，不间断地进行客舱动态巡视，利用服务工作之机，观察旅客有无异常情况，如坐立不安、神态紧张，暗中翻动手提行李，几人互相暗示、私语，男士带包进厕所，散发异味，等等。若发现异常情况，应及时报告安全员或机长，按指示应变处置。同时，发现疑似劫机者，或确认出现劫机者,判断是否有同伙,或是否携带武器等,要千方百计阻止劫机者冲进驾驶舱。

(2) 驾驶舱管理　驾驶舱是客舱保卫的重点,应竭尽全力阻止劫机者闯入驾驶舱。要严格执行驾驶舱锁门制度,必须全程锁闭,非机组成员禁止进入驾驶舱(规定其他准入人员除外)。乘务员进入驾驶舱时,要按预先规定的信号通知机组,要周密观察驾驶舱附近环境,确认安全后方可开门,尽量减少飞行中进出驾驶舱的次数。

严禁旅客进入驾驶舱,对自称身体不适并在驾驶舱附近走动的旅客要特别警惕,特别是对年轻男性旅客,乘务员要利用服务工作之机查问"病人"情况,如该旅客要使用卫生间,则劝其到后舱卫生间,并注意观察其反应,以对其做出进一步判断。

(3) 旅客管理　若有劫机者,也一定在旅客中。旅客登机入座后,乘务员/安全员要注意对旅客进行观察,利用检查安全带是否系好,或检查行李架之机,注意旅客手中或怀抱有何物,并劝其放入行李架或座位下,同时观察其表情,对发现的可疑人员,要注意其座位、长相、着装、行动和提拿物品等特征,并报告乘务长和机长。

对允许旅客随机分离携带的违禁物品,安全员必须按规定办理交接手续严密保管,使其他旅客不易拿到。当到达目的地后,在旅客离开飞机时交还旅客,并收回旅客所持的交接单。对中途下飞机的旅客,机组应按照特殊清舱流程进行处置,应认真检查其座位及周围是否留有可疑物,对中途临时决定下飞机的旅客,更应引起注意,发现可疑物品应立即报告机长,进行妥善处理。

五、反劫机处置

1. 安全员空中反劫机责任及措施

(1) 安全员空中反劫机工作责任　在《公共航空旅客运输飞行中安全保卫工作规则(2017)》中,明确规定:机长统一负责飞行中的安全保卫工作。航空安全员在机长领导下,承担飞行中安全保卫的具体工作。机组其他成员应当协助机长、航空安全员共同做好飞行中安全保卫工作。在《处置非法干扰民用航空安全行为程序》条款中,明确规定:航空安全员在机长领导下,具体负责落实机长的指令,在紧急情况下,航空安全员为了保证航空器及其所载人员生命财产安全,有权采取必要措施先行处置后报告机长。《航空安全员管理规定》规定:航空安全员的任务是维护飞行中的民用航空器的秩序,预防和制止劫机、炸机和其他对民用航空器的非法干扰行为,保护民用航空器及其所载人员和财产的安全。在有关航空安全员的责任中,明确规定:制止与执行航班任务无关的人员进入驾驶舱;在飞行中,对受到威胁的航空器进行搜查,妥善处置发现的爆炸物、燃烧物和其他可疑物品;处置劫机、炸机及其他非法干扰事件是其安全员的核心任务。

(2) 安全员空中反劫机处置要点
① 遇有突发情况,立即报告机长。
② 尽快辨明情况(歹徒人数、使用何种凶器、武器、采用何种手段以及目的),并向机长报告。
③ 设置障碍,全力阻止歹徒冲进驾驶舱,并尽量将歹徒隔离在后服务舱。
④ 按反劫机预案和预先准备时的分工,做好制服歹徒的准备,并寻求机会制服歹徒。

⑤ 明安全员要保持镇静，尽力稳住歹徒情绪，可伪装成男乘务员，通过参与客舱服务，设法接近歹徒并与之周旋。

⑥ 暗安全员要设法不引起歹徒注意，伪装成旅客，适时潜伏在歹徒旁边，观察情况，听到机长反劫机动手的命令后或择机与明安全员配合突然袭击，制服歹徒。

⑦ 安全员在飞机被劫持又无法与机长取得联系，并在确保旅客绝对安全的情况下，抓住机会，灵活地对劫机进行处置，一般可选飞机落地、刹车的瞬间采取行动，然后再向机长报告。同时，要做到对已制服的歹徒有效控制。

⑧ 飞机落地后，将歹徒交给当地公安机关，填写遇劫机组人员访问笔录，对客舱进行安全检查，不向无关人员泄露劫持与反劫持情况。

2. 乘务组反劫机处置措施

反劫机同样是乘务组的责任。乘务组每个成员都有义务观察客舱动态。一旦发现劫机或劫机迹象，要立即报告机长和安全员，如不能用明语可用事先规定的暗语，如不能脱身应设法找一个借口向机长报告。

（1）摸清劫机者的情况　安全员和乘务员要时时注意打探和了解劫机者的情况或客舱中发生的一切，及时报告机长。乘务员和安全员要机智地了解劫机者的情况，如身份、模样、口音、穿戴、年龄、姓名、特征、住址、手持武器（注意辨别真伪）、劫机目的和要求、同伙（行人）、座位号等，把这类情况告诉机组并立即传递给地面，以便帮助分析，正确处置，信息传递要准确、及时、简明。

（2）安慰旅客，稳定局势　当旅客得知遇到劫持时，可能会惊恐或做出其他意外反应。首先，要尽力将劫机者安置在原位或飞机尾部，在那里同驾驶舱通话。如果劫机者对旅客恐吓，要劝阻，说明不要恐吓或伤害旅客，有事同机组谈。同时安慰旅客：能够控制事态，保证大家安全，请大家镇静。在整个被劫持过程中有时要多次安慰旅客，因此，要明确分工一名乘务员去负责照顾和安慰旅客。

（3）飞机遇劫后不要向劫机者或旅客供应含酒精的饮料，可以给他们喝不含酒精饮料。

（4）以婉转、温和的态度与劫机者对抗　安全员、乘务员或机组其他成员要以温和可信的态度同劫机者交谈，可谈些具体问题，如可先佯装答应劫机者的要求，并提醒他机组有什么困难（如油料、航程、机场资料等），机组正在想办法，以稳住对方，要提醒不要伤害旅客，他们是无辜的；也可借机谈些家常，以引起其个人感情，松懈其劫机意识，减少其对立情绪。通过交谈摸清劫机者对飞机的了解程度，以便采取对策。要记住：不管劫机者开始用多么粗暴的语言，机组都要以温和的语气相对，不要激怒对方。

3. 飞行机组处置措施

飞行机组接到劫机报警，并确认后，机长应立即将情况报告地面航行管制员，同时将应答机编码调到"7500"（代表飞机遭遇劫机，或面临劫机危险的紧急情况），根据天气和航路情况下降高度，做好就近机场迫降的准备。在遇劫过程中机组要不间断地同地面保持联系。在具体处置中，采取以下措施：

（1）拖延时间，以便采取措施　这是首选对策，以争取更多的时间采取对策。为拖延时间，机组可以夸大飞行的极限，如油料、航程、机场条件的限度，或者借口飞机故障等，特别是"油料不够"迫使劫机者同意在就近机场降落加油。除非不得已，不要改变正常的飞行安全程序,要按原航路飞,因为航路上有雷达,便于跟踪;机场有援救设备,有利于开展应急救援。要留有充分的备份油料,不要做孤注一掷的选择。

(2)尽力保护驾驶舱,不让劫机者进入 劫机者一旦进入驾驶舱,机组就会失去主动权,严重威胁到飞行安全。劫机者要求进入驾驶舱时,机长可派机组其他成员与其交涉,以影响飞行安全为由劝其不要进入。前舱1号乘务员和2号乘务员要用现有设备(食品车等)设置障碍,防止劫机者冲击驾驶舱,交涉无效闯入驾驶舱时,机长应立即发出规定的遇险信号,重复发出"SOS"。同时,将应答机编码调到"7500"。如劫机者坚持留在驾驶舱里,机组必须留两人以上在操作岗位上,并派一名乘务员陪视。此时不便与地面通话,可用密码保持联系,或戴上氧气面罩将话筒藏在里面,要关闭舱内喇叭。

机组要特别注意,在没有查明情况,摸清劫机者是否有武器的情况下,千万不要试图去制服劫机者,以防造成不必要的后果。如果已查明劫机者没有携带武器或爆炸物,或是以假武器相威胁,或劫机者用来劫持飞机的工具根本不能对飞机和旅客造成危害,对制服劫机者有把握,应机智勇敢地制服犯罪嫌疑人。

(3)应对策略 机组尽快与地面联络,报告机上情况和处置方案,寻找或确定迫降机场。可采取以下策略:

① 想办法使飞机降落:飞机降落后,就安全了很多,也便于进一步采取处置措施。佯称满足劫机者要求,设法劝劫机者接受降落后与有关部门谈判的办法,并保证把其要求转告有关部门,使劫机者感到合作的诚意。

② 当飞机降落后,要尽力使旅客和机组脱离飞机,这在劫机者带有爆炸物时尤为重要,在旅客或机组脱离飞机后,可以削弱劫机者的讨价余地,或避免造成更大的损失。可以言相劝,劝说放人。或者以客舱温度升高需要开舱门通风为由,给机组脱离飞机或地面军警制服劫机者创造条件。

③ 机组可佯称满足歹徒要求飞往某地,以麻痹歹徒。

④ 机组在飞机着陆后滑行中视情况以踩急刹车或在飞机停稳瞬间趁歹徒无防备、易麻痹有利时机,及时采取果断措施制服歹徒。

⑤ 着陆后,迅速关车,切断电路、油路,视情况打开紧急出口疏散旅客,在来不及或无法与机长联系,而又确有把握制服歹徒的情况下,安全员或机组其他人员有权采取措施制服歹徒。

4. 可以考虑迫降或制服劫机者的情况

遇有下列情况之一,应在国内机场迫降或寻机制服歹徒:

(1)歹徒虽以爆炸物、危险品、凶器或有其同伙相威胁,但并未见其显露所声称的物品或未见其同伙。

(2)歹徒虽手持刀具挟持人质相威胁而没有其他凶器和爆炸物、危险品以及同伙。

(3)歹徒以爆炸飞机、伤害旅客和机组人员生命、破坏飞机设备等手段以达到机毁人亡为目的,并已付诸行动。

(4)已确认歹徒无力对旅客和飞机构成威胁,不致造成重大伤害的,歹徒强行要求机组飞往无法到达的目的地。

(5)由于飞机油量不足或天气、目的地资料不清楚等原因,不能安全到达劫机者所要求的目的地。

5. **可以满足劫机者要求的情况**

遇有下列情况，机组为保证人机安全，可满足歹徒要求，飞往所要求的机场。

（1）歹徒确有爆炸物或团伙劫机。

（2）歹徒手持凶器、爆炸物已进入并控制驾驶舱。

（3）不满足歹徒要求，足以危及旅客、机组和飞行安全的情况。

6. **胁迫出境的处置对策**

当机组满足劫机犯罪嫌疑人的出境要求时，需要按以下程序处置。

（1）机长有权决定飞机飞往任何机场。

（2）机组尽快决定飞机飞往的机场，联络索取各种飞行资料，保证飞行安全。

（3）在境外机场降落后的注意事项。

被劫持下，飞机境外落地涉及国际公约和国家法律、法规等问题，既敏感，又复杂，需要严谨处置。

① 机长应及时与机场当局联系，发表声明。声明的内容规范是：强烈谴责劫机犯罪行为，要求严惩劫机者，为旅客、机组、飞机安全提供一切必要保障，尽快恢复合法机长对航空器的控制，为航空器的继续飞行提供必要的保障，要求将劫机者同机带回。

② 飞机在境外机场停留期间，机长必须派人对飞机进行监护，如停留时间较长或机组要离开飞机，应办理交接手续。

③ 机长和机组人员要维护国家荣誉，注意保密，不得向劫机者或境外当局透露机上要客情况，不谈有关反劫机措施或机上安全措施。

④ 注意签字材料，一是仔细阅读后签字；二是拒绝在劫机者所述材料上签字；三是对政治敏感问题要慎重。

⑤ 注意新闻采访，原则上不接受采访，如经我国驻外机构安排，采访时必须统一口径和内容。

⑥ 降落机场当局同意飞机返回时，机组要做好旅客的服务工作，稳定旅客情绪，保证旅客利益，如需要，应请旅客作书面证词。

⑦ 机组认为有必要对旅客和飞机以及行李实施检查，应该在机场的专职人员协同下，对飞机进行彻底检查。

⑧ 机组返回公司后，应向公司领导呈报书面报告。

⑨ 公司五日内向所属民航地区管理局呈书面报告。

7. **严守保密纪律要求**

劫机事件后，要避免把事件大肆宣扬，特别是对如何劫持飞机以及我们的处置预案更不能对外透露，任何时候不得向任何无关人员谈及防劫机措施和机上的安全工作。

8. **自杀性劫机事件的处置**

（1）尽一切努力尽快降落地面。

（2）继续说服劫机者使其放弃行动。

（3）为了保证旅客和飞机的安全，满足劫机者要求。

第二节　客舱爆炸物的应急处置

一、客舱爆炸物及危害性

1. 客舱爆炸物

爆炸是指物质由一种状态迅速转变成另一种状态，并在瞬间以声、光、热、机械功等形式放出大量能量的现象，实质上爆炸是一种极为迅速的物理或化学的能量释放过程。

客舱爆炸物是指为劫持、炸毁民用航空器而制作的带有起爆系统的爆炸装置，通常由包装物、炸药、起爆系统三个部分构成。

从客舱安全角度看，客舱爆炸物是广义上的爆炸物，包括爆炸装置和疑似爆炸物。疑似爆炸物是指具备爆炸物明显外部特征的装置，如定时器、导线、导火索、雷管、各种炸药包装物等物品。存在危害客舱安全的特定情况时，也可能是以下三类物品：（1）不应该存在的物品；（2）无法说明的物品；（3）改变原来位置的物品。

爆炸物爆炸的破坏性极强，比如，1公斤三硝基甲苯（TNT）爆炸释放的能量约为4200千焦。1颗手榴弹装药大概50克，1公斤TNT就相当于20颗手榴弹的爆炸威力。1公斤TNT足以把一间100平方米的房子完全摧毁。爆炸的破坏形式通常有直接爆破作用、冲击波的破坏作用和火灾三种。尽管飞机在设计时，具有足够的抗破坏的能力，但也无法抵御客舱爆炸带来的破坏，而且机上有密集的旅客，且在高空高速飞行的状态，因此，客舱爆炸势必造成极其严重的灾难性后果。

2. 客舱爆炸物的危害性

爆炸物极具危害性，即使没有形成爆炸，也时刻影响着客舱安全，给飞行控制、机组和旅客造成严重的身心影响，而一旦客舱爆炸物爆炸，将是极难挽回的结果。归纳起来，客舱爆炸物的危害性包括以下几个方面：

（1）航空器失去功能，导致机毁人亡事件。

（2）引起火灾或释压，造成重大安全事故。

（3）引起旅客恐慌，干扰客舱秩序。

（4）威胁客舱人员生命。

（5）严重影响民航运输的秩序。

二、爆炸物的种类

客舱爆炸物按危险程度分为以下六类。

第一类：有整体爆炸危险的物质和物品。比如，丙三醇（硝化甘油）、三硝基甲苯（TNT）等物品。

第二类：有抛射危险，但无整体爆炸危险的物品和物质。比如枪弹等物品。

第三类：有燃烧危险并有局部爆炸危险或局部喷射危险或者两种危险都有，但无整体爆炸危险的物质和物品。比如烟幕弹、照明弹等物品。

第四类：不呈现重大危险的物质和物品。例如烟花、礼花弹等物品。此类物品在运输中万一点燃或引发时，仅会出现较小危险。其影响主要限于包装件本身，并预计射出的碎片不大，射程不远。外部的燃烧不会引起包装件及全部内装物的瞬间爆炸。

第五类：有整体爆炸危险的非常不敏感物质。比如铵油炸药等物品。具有整体爆炸危险性，非常不敏感，以致在正常运输条件下引发或由燃烧转为爆炸的可能性非常小。

第六类：无整体爆炸危险的极端不敏感物品。

三、最低风险爆炸区（LRBL）

飞机在空中飞行时，飞机客舱中发现了疑似爆炸物，此时带来不确定的风险。飞行中的飞机不像其他交通工具可以随时停下来疏散旅客，而且客舱是密闭的，飞行中不可能打开舱门，疑似爆炸物无法扔出客舱，既然不能排除，就需要放置在一个相对安全的位置，以使爆炸对飞机产生的影响最小。这个位置就是最小风险炸弹位置，对应的区域就是最低风险爆炸区。

最小风险炸弹位置即飞机设计必须有一个放置炸弹或其他爆炸装置的指定位置，可以在万一爆炸时，为飞机的重要结构和系统提供最佳保护，防止飞机重要结构损坏或飞行系统失效。机型不同，最小风险炸弹位置也不尽相同，但大同小异，从飞机的结构与安全的角度看，最小风险炸弹位置基本都会安置在客舱后半段，远离飞机核心控制区域（驾驶舱和前部），远离油箱（机翼）和发动机，同时也远离尾部（方向舵、平尾）。如有的机型设置在右后舱门的中部。

为了应对恐怖袭击和劫机，各大飞机制造商早在20世纪70年代就开始考虑这个问题以及如何在飞机设计时就予以保证。1997年，国际民航组织在公约中，也专门发布了相关的要求，指导飞机设计以及飞机运营人如何处置。

美国联邦航空管理局（FAA）发布的咨询通告中，认为客舱与舱外压力差的放大作用对于飞机结构完整性影响巨大，在飞行中可以通过降低客舱压力、使用爆炸物容纳器具、建立操作程序等方式将爆炸物的影响降至最低。同时让机组成员了解最小风险炸弹位置的确切位置也很关键，但是最小风险炸弹位置不能进行标记。同时，为了安全起见，最小风险炸弹位置及移动可疑爆炸物的流程细节不得告知普通公众。

最低风险爆炸区只能提供最低限度的爆炸防护，因此必须尽量让旅客远离该区，并在爆炸物周围尽可能多地覆盖缓冲物。在座椅靠背水平面以上，只能堆放软性缓冲物。

四、机上发现（疑似）爆炸物处置程序

机组或其他工作人员遇到客舱内有人声称要劫机或有爆炸物时，先要辨明真伪。如行为人确有劫机、炸机等破坏行为或者情况难以辨明时，按照清舱程序、处置劫机预案及处置劫机分工和程序处置。如行为人明显因为航班延误、服务等原因发泄不满而语言过激，应辨明真伪。

1. 在起飞前发现（疑似）爆炸物的处置程序

当航空器在地面发现或被警告航空器上有爆炸物时，需要按以下程序的处置。

(1)当被警告飞机上有爆炸物时,机组成员或得到信息者,应立即报告机长和安全员。由机长将此情况报告空中交通管制员(ATC)或公司航空运行指挥中心(AOC),要求机场当局警方或应急部门给予支援,并派专职人员到现场处置。同时,航空安全员应对行为人及其行李、物品予以监控,如行为人有随行者,同时注意监控。

(2)如需要将飞机拖至或滑行到安全处置区域,只要条件允许,应在最短时间内实施机上人员的撤离,撤离时不得携带或提取航空器上的行李物品,必要时通知消防及医疗部门到现场。

(3)在允许机上人员撤离时,现场应保留少数安全检查人员、警察及专职人员,对飞机实施搜查或监控。如果经过专职人员检查没有发现爆炸物,应将飞机上的全部物品卸下,并重新经过安全技术检查后方可重新装机。险情解除后应按照"安全保卫搜查单"进行彻底的清舱检查。

(4)对撤离飞机的人员和旅客进行技术检查,当经过所有检查后,都未发现任何爆炸物迹象,机组应与地面人员办理有关手续,机组及旅客可再次登机,飞机可继续起飞。

(5)重新登机后,乘务员向旅客做相关安全处置的解释工作,稳定旅客情绪,消除旅客顾虑,防止事态扩大。

(6)机组动员知情旅客积极配合公安机关调查取证,或请旅客提供亲笔证词。

2. 在起飞后(疑似)爆炸物的处置程序

起飞后发现爆炸物时,飞机将面临巨大的安全风险。在实施具体处置前,首先是要尽快查明下列情况。

(1)爆炸物放置的位置、形状、大小尺寸、外包装性质,有无导线、绳索相连接。

(2)最初发现的情况或接到警告的内容,是否有人动过,发现时间等。

然后,向有关部门报告相关信息,包括:

① 飞行航线、航班号、飞机号,飞机所在空域。

② 机上货载数量、有无危险品货物。

③ 机长姓名。

④ 就近机场、飞机所剩油量。

⑤ 机组准备采取的处置措施。

在处置时,需要坚持"立即报告、快速反应、妥当处置、认真对待",并按"高度负责、科学对待、避免蛮干、正确处置"的要求,按处置程序进行处置。

(1)飞行机组的处置程序

① 在运行控制中心的协助下,机长应确定是否需要紧急迫降。

② 在条件允许的情况下,降低飞行高度至8000英尺(2438米)安全高度,保持舱内现有舱压。

③ 在特别紧急的情况下,机长可以决定让所有旅客把自己的手提行李抱在膝盖上,在飞机内搜寻可疑物品。

④ 机长作恰当的机上广播。

⑤ 机长听取民航防爆专家的意见。

⑥ 驾驶舱断开提供最低风险爆炸区域的电源。

⑦ 尽快使飞机在就近机场着陆。

（2）乘务组的处置程序

① 要求一名乘务员和/或一名由机长指定的飞行员在飞机内巡视，搜寻有无可疑物品，如既不属于飞机上的物件又不是旅客的私人物品。

② 按照"爆炸物搜查检查单"的程序和内容搜查客舱。

③ 如找到可疑物品，即报告机长。

④ 按照飞机上有炸弹客舱处置程序处置。

⑤ 准备最低风险爆炸区域。

⑥ 检查可疑物品外部有无防移动装置，如果未发现防移动装置，把一根绳子或一张薄片轻轻置于可疑物品下部，把可疑物品转移至最低风险爆炸区域。

⑦ 把旅客转移至距离可疑物品越远越好，至少4排。

⑧ 切断最低风险爆炸区域的电源，拔出跳开关，并准备好适用的灭火器。

⑨ 在着陆后，立即紧急撤离旅客。

在执行上述程序时，考虑到风险和专业性，不要试图去拆除可疑物品或剪断爆炸物上的任何电线，也要特别注意爆炸物底部连接的引爆装置。

五、对（疑似）爆炸物的处置技术方法

（1）由乘务长和安全员组织乘务组进行处置，保持与驾驶舱的联系。

（2）发现炸弹，固定好防止滑动，避免震动，不要切断或剪掉任何导线。

（3）广播寻找 EOD（Explosive Ordance Disposal）爆破处理专家。

（4）转移旅客，要求所有旅客坐到距离可疑物4排以上位置，系好安全带，收起小桌板，调直座椅靠背。如座位已满，应坐在客舱前部安全区域的地板上，靠近可疑物的旅客应用柔软物护住头部，低下头，俯下身。

（5）关闭最小风险炸弹位置（LRBL）附近所有非必需电源。

（6）滑梯解除预位。

（7）检查炸弹有无防移动装置：用一根绳子或一张硬卡片插到炸弹下面，不要碰到炸弹，如能插到炸弹下面，则把卡片留在炸弹下面并随炸弹一起移动；如不能则说明炸弹有防移动电门或手柄，此时可以把炸弹连同其所处表面一起移动（如搁板或坐垫）。

（8）如无法移动炸弹到LRBL：用塑料薄膜（如垃圾袋）包住炸弹，再用湿材料和其他减弱冲击波的材料，如坐垫、毛毯覆盖，避免弄湿炸弹使电动定时器短路，让旅客远离炸弹。

（9）若可以移动到LRBL的情况：

在舱门中部下面，使用固体平台堆起一个平台，低于门中部约25cm（10英寸）。在平台上再放至少25cm厚的打湿的物品，如毯子、坐垫和枕头。

把炸弹以其原有姿势移动到打湿的物品上面，用塑料薄膜（如垃圾袋）包住炸弹避免弄湿短路，保持其姿势不要变，使炸弹尽可能靠近舱门结构。

在炸弹周围和上面放置最少25cm厚的打湿物品，在炸弹与舱门之间不要放任何东西并使炸弹周围的空间减到最小。在炸弹周围填充座椅垫等柔软物品，直至客舱顶部。炸弹周围堆积的物品越多，损坏越少。只使用软性物品，不要使用任何金属物品。

（10）飞机在地面停住。撤离时避免使用LRBL一侧和靠近炸弹的出口，使用所有可用的机场设施离机，不要拖延。

六、(疑似)爆炸物匿名电话的处置程序

1. (疑似)爆炸物匿名电话信息整理

起飞前有匿名电话称要劫机、炸机或有爆炸物,应该对下列内容做书面记录:

(1) 对匿名电话的原始对话进行记录(必须真实,不要加入受话人的推测判断)。

(2) 受话人的受话号码、受话时间、受话地点及通话时间。

(3) 受话人本人的基本情况:姓名、性别、年龄、工作部门、职务、民族、文化程度、个人成分。

(4) 受话人对匿名电话人的判断,对方年龄、性别、地方口音。

(5) 明确匿名电话中针对的是什么航班。

(6) 匿名电话有无指明劫机人姓名、特征,爆炸物放在什么位置,爆炸物的种类和数量。

(7) 匿名电话警告人有无说明劫炸机的目的、实施人的情况,是否讲明自己的身份或隶属于何组织。

2. (疑似)爆炸物的应急处置对策

(1) 飞机未起飞前处置　如果匿名电话警告中的威胁涉及爆炸物品,必须立即将飞机迁移到远离其他飞机及候机楼的安全区域,并通知机场当局派出消防车伴随迁移。飞机迁移到位后由当地机场公安局设置安全警戒圈。如果匿名电话声称要劫持飞机,必须立即停止旅客登机计划;对可能存在(疑似)爆炸物,需要按旅客登机状态处置。

① 如果匿名电话所威胁的航班还未开始办理值机手续,则应该在机场当局有关部门协助下处置。旅客进入隔离区,并安排专门的隔离厅,让旅客候机,防止将经过检查的旅客与其他进入隔离厅的人员混合。

② 如果匿名电话所威胁的航班旅客还未登机,则应组织该航班旅客及行李重新接受安全检查,检查的内容是旅行证件及机票的检查,必须做到机票、登机牌、证件、旅客四者一致。同时重新对旅客的交运行李进行X光安检,必须做到每件行李都经过安检,同时注意对检查过的交运行李计算其数量与值机柜台交运行李数是否一致,同时注意行李票签上的目的地是否与受威胁航班一致。对受威胁的飞机进行清舱检查,在不延误航班的情况下,对所承运的货邮重新安检。否则应将所承运的货邮卸下,待检查完毕后再另行装机运输。

③ 如果旅客已登机,应尽快将旅客撤离飞机,旅客必须集中安排至隔离的休息室内,在排除威胁后,重新接受安全检查,再履行重新登机运行规范。

经过排查,如若匿名电话中指明爆炸物的位置或者在检查中发现可疑物品,则通知当地机场公安局派出的防爆专家搬离、清除。在排爆专家到达之前任何人不要触摸、震动、移动该可疑物品,同时迅速清场,疏散周围群众,避免造成伤害。在危险解除后,视情况决定是否恢复航班飞行。

(2) 飞机在飞行状态下处置　飞机一旦进入飞行状态,出现(疑似)爆炸物匿名电话,需要机组成员根据独立判断,果断处理。以下是处置选项,需根据具体情况决定。

① 机组返航。

② 机组就近机场备降。

③ 机组继续执行飞行计划。

④ 根据飞机受威胁情况,机组按有关部门的决定执行应急处置。

⑤ 地面如果已明确劫炸机嫌疑人的，应将嫌疑人的姓名、性别、特征、座位号立即通知机组，以便机组尽快做好防范措施。

⑥ 地面如果已明确爆炸物放在什么位置，应立即通知机组搜寻并紧急处置。

英雄"空姐"郭佳："劫机者"是这样被制服的

【事件概况】

2012年6月29日，海航集团旗下的天津航空的GS7554航班将执行从乌鲁木齐到和田的飞行任务，客机上共有乘客92人，还有9名机组人员。在飞机还没有进入平飞状态时遭遇了6名歹徒有组织、有计划的劫机，歹徒中一个人假扮残疾人，因此得以挂着拐杖通过了安检，除金属拐杖外，歹徒们还有火柴、打火机等，最可怕的是6枚爆燃物。从12时31分发生劫机到12时41分将歹徒制服，仅仅用了10分钟，乘客和机组成员就合力制服了6名歹徒。

"劫机歹徒没有目的地，唯一的目的就是机毁人亡。"很难想象，若不是当机立断的反抗，其结果会有多么惨烈。事发过程中，乘务长郭佳是最早发现劫机行为的，郭佳回忆说："我被歹徒挟持并被重击头部，造成晕厥。在恢复意识的那一刻，客舱内已乱作一团。我看到歹徒企图加害旅客，有乘务员立刻冲上去保护旅客免受伤害。"接着，有乘客号召大家一起制服歹徒。

随后，郭佳也通过舱内广播，号召大家联合反抗。数十名受惊的乘客从座位上跳起来，还有旅客全然不顾自己已受伤也加入搏斗。在机上安全员杜岳峰晕倒之后，此时在歹徒和驾驶舱中间的机组人员就只有乘务长郭佳一个人了。在这危急关头，郭佳并没有害怕，她独自一人面对3名凶恶的歹徒，依旧坚持守住驾驶舱门口。

3名歹徒见只有乘务长一名女性阻拦他们，恶狠狠地挥舞着钢管扑了上去。硕大的钢管砸在郭佳的头上、手上，血流满面的郭佳却始终没有退让半分。因为她知道，驾驶舱是飞机上最重要的地方，一旦让歹徒进入驾驶舱，后果不堪设想。机长、副驾驶、观察员、安全员均齐心协力，各司职责，参与到了"客舱保卫战"中，与歹徒搏斗的乘客里有几名到和田出差的民警。在他们的指挥下，大家用皮带把这些歹徒控制住了。

当飞机稳稳地降落在和田机场时，机舱内爆发出一阵热烈的掌声，大家互相拥抱欢庆。他们这群原本陌生的人刚刚一起齐心合力挫败了一起劫机阴谋，为自己，为他人赢得了胜利。

 思政启发

"战斗"结束后，机舱内有多处血迹。有的人累得瘫坐在座位上，有的人眼睛周围血肉模糊，有的人开始哭泣。在接受采访的时候，英雄"空姐"郭佳回忆机上勇斗歹徒的瞬间，深深地松了口气："感谢我的姐妹们在危急时刻表现得如此勇敢，感谢旅客们的挺身而出。正是因为有了他们的英勇无畏,我们才能制服歹徒,成功返航。"

启发1:危急时刻,人的血性和勇气从哪里来?

启发2:制服机上歹徒,需要机上所有人的参与,如何激发大家的能量?

启发3:一个空姐为什么如此勇敢,沉着冷静?

启发4:在遇到客舱危险的时候,只有直面危险,与之抗衡,才能为自己赢得生机!

启发5:"英雄"的带头作用是不可缺少的,我们更应该培育这样的"民航人"!

开放式讨论7

讨论题目——如何从畏惧变成勇敢者?

引导性提示

1. 人求生的意志让他们战胜了对歹徒的恐惧,激发出最后的血性和勇气。
2. 勇敢者的强大来自对自己所热爱事业和内心的爱。
3. 从畏惧者变成勇敢者不是自然形成的,需要历练。
4. 拥有勇气并不代表没有恐惧,而是可以战胜恐惧,因此,勇敢者并非没有畏惧心理的人,而是征服畏惧心理的人。

 本章总结

1. 劫机是国际民航公约所限定的要予以严厉处罚的犯罪行为,我国的相关法律法规也明确规定,其行为纳入刑法的范畴,严格的防范与严厉法律惩戒,是逐渐消除机上恐怖行为的重要手段。

2. 遇到劫机与仇视心理或报复行为,"安全第一",想尽办法保护旅客、机组成员和飞机安全,是反劫机处置的基本准则;在处置过程中,需要在机长的统一指挥下,安全员、乘务员采取行动,灵活果断与统一指挥相结合,机智与勇敢相结合,争取控制劫机的主动权。

3. 反劫机需要防范与处置相结合,不同飞行阶段的处置方法不同,不同岗位人员的责任分工不同,其处置要讲究策略,要研究与利用劫机分子的心理,核心是因时因势,无法千篇一律,需要机组成员的智慧和胆识,需要旅客、空管、地面公安部门的协同配合,并根据不同犯罪动机采取慎重果断的行动。

4. 爆炸物或疑似爆炸物对飞行的危害是巨大的,直接威胁着机上人员的安全,极强的破坏力可能造成机毁人亡。

5. 爆炸物或疑似爆炸物的处置需要严谨的程序和规范的技术过程,客舱安全的威胁是直接的破坏性,种类繁多,技术性高,需要科学规范处置,在处置时,首先考虑飞机尽快降落,在进行技术处理时,需要对爆炸物的性质判断清楚,准备好最低风险爆炸区,及时疏散旅客,并按技术要求进行处置。

6. 炸机也许确实存在，也许疑似存在，也有（疑似）爆炸物匿名电话的恐吓与威胁，但都会构成威胁，均需按处置规章进行处理。

后续阅读

推荐资料1：新疆反劫机事件始末 亲历者回忆. 证券时报网，2012-07-04. http://www.stcn.com/.

推荐资料2：都是这"两个字"惹的祸…坐飞机时您可千万别说. 澎湃媒体 航空知识，2021-04-22. https://www.thepaper.cn/newsDetail_forward_12336413.

自我心理建设

培养勇敢的心。

课后思考与复习

思考题

1. 劫机与反劫机的较量体现在哪里？
2. 机上爆炸（疑似）处置的核心问题是什么？

复习题

1. 简述劫机的主要危害及种类。
2. 简述反劫机处置遵循的基本原则及主要措施。
3. 简述爆炸物的种类及危害。
4. 简述最低风险爆炸区的意义及区域。
5. 简述机上发现（疑似）爆炸物处置程序。
6. 简述（疑似）爆炸物匿名电话的处置基本程序。

第八章
客舱释压应急处置

从飞行的大气环境可知，随着飞行高度的增加，大气压下降，大气中的含氧量下降，在10000米左右的高度，氧气含量只有地面的四分之一左右。在3000米以下，人可以不借助额外的供氧条件安全生存，而超过4000米，人就不能维持正常的活动，会出现缺氧症状，高度越高，缺氧越严重，温度越低（如在10000米高空，气温会降低到-50℃），症状越严重，甚至危及人的生命。所以，现代民航客机均采用增压舱、氧气系统和空调系统组成的座舱环境控制系统，来保证旅客和机组成员的生命安全。但在机体遭受破损或增压系统出现故障，客舱就会出现释压现象，客舱生存环境就会受到破坏，这将威胁到旅客和机组成员的安全，飞机也将失去正常的飞行状态。出现释压现象，客舱释压应急处置即是对这种突发的非正常释压情况的处置，以最大限度保护旅客与飞机的安全。

本章在系统介绍释压概念、释压危害、释压种类、释压后的人体反应等基本知识的基础上，全面分析了客舱释压应急处置遵循的原则与组织程序，以及客舱释压的应急处置规范。

本章学习目的

本章的学习目的包括：
1. 理解释压的概念、释压的种类及危害。
2. 了解释压后的人体反应。
3. 掌握客舱释压应急处置遵循的原则与组织程序。
4. 掌握客舱释压的应急处置基本规范。
5. 充分理解释压对民航安全的影响。

理论知识点

1. 释压概念与危害。释压是客舱正常生命维持条件的意外改变，是对客舱人员的生命威胁，也是对飞行状态的严重干扰，对飞行与客舱安全构成极大的威胁。

2. 释压后的人体反应随着高度与时间的变化发生变化，高度越高，时间越长，对人的生命威胁越大。

3. 客舱释压应急处置遵循的原则：乘务员先保护自己再去保护他人，防止意外失火，以及及时救治危急人员等，也必须保护好驾驶机组成员。

4. 客舱释压的应急处置规范包括驾驶室机长的处置、乘务员的处置措施等。

能力与素质

1. 能力要点

（1）判断能力：及时对释压迹象与趋势做出判断。

（2）联系性思维能力：释压后可能出现的连带反应，带来严重后果，并有充分的思想准备。

（3）解决问题的能力：对客舱供氧设备的功能与操作使用。

2. 素质要点

（1）道德素质：关爱之心、敬畏生命及责任担当意识。

（2）职业素质：学会迅速而有效的工作方式。

导读

客舱释压存在发生概率，需要高度警惕

2020年8月9日深航空客330-343型飞机执行深圳至西安航班，在广州区域上升至9200米时，出现座舱高度、座舱压力警戒信息，机组依程序处置并宣布紧急下降，之后返航深圳。整个过程机组操作正确，处置得当。经调查，此起事件是由飞机后货舱门封严条故障造成。座舱释压事件通常由座舱、货舱密封问题或空调增压系统故障引起。

同日，东航空客330-243型飞机执行成都至北京航班，飞行过程中出现发动机仪表显示故障，综合考虑发动机仪表显示问题和预计降落北京首都机场时的雷雨天气情况，机组和航空公司共同决策备降西安咸阳机场。飞机落地后检查发现发动机电子控制计算机故障，更换后恢复正常。

以上两起机械故障均有一定的发生概率，飞行人员每年都要进行的常规重复性训练中包含类似科目，机组能够熟练、正确处置，确保飞行安全。

第一节　概述

大多数飞机的飞行高度都不适合人类生存，因为在这种海拔高度含氧量不足以支持

人类正常呼吸。随着飞行高度的爬升，气压逐渐降低，空气中含氧量越来越少，所以飞机客舱、驾驶舱必须增压，即将压缩空气灌入驾驶舱与客舱，使客舱具备维持人生命正常的空气压力。

一、客舱释压

1. 客舱压力

释压是相对于客舱标准气压而言的。人的生命需要一定的气压的维持，通常为1个标准大气压，而随着海拔的提高，空气变得稀薄，而高度超过3000米，人们就有很强烈的身体机能反应，因此，机舱必须是一个人为密封的"生命系统"，而气压设定为0.6个大气压。其实现飞机保持压力是通过加压系统［由空气压缩泵系统及周围环境控制系统（ECS）组成，称为高空飞行客机的"生命之源"］的正常运行来实现的，并依靠客舱的结构来保持客舱内外的压力平衡，保护所有客舱乘员免受超高度生理风险。

对民航客机来说，一般飞机的舒适程度在一定程度上取决于"客舱高度"，座舱压力也可以用座舱高度表示。座舱高度是指座舱内空气的绝对压力值所对应的标准气压高度。一般要求飞机在最大设计巡航高度上，能保持8000英尺（大约2400米）的座舱高度，在气密舱内可以不必使用氧气设备飞行。

现代一些大中型飞机上，当座舱高度达到10000英尺（约3048米）时，通常设有座舱高度警告信号，向机组成员发出警告，表示座舱压力不能再低，此时必须采取措施增大座舱压力。

2. 客舱释压

客机在飞行时，被称为客机的"生命之源"的加压系统是脆弱的，当受到破坏性因素的影响时，加压系统遭到破坏，机舱失压就会发生，客舱压力就会发生变化，全体乘员，包括驾驶员及空乘人员在内，都暴露在低压、缺氧带来的巨大威胁之下。

所谓客舱释压是指飞机在不同的高度，及起飞降落的时候，机舱内调压装置会自动调节舱内空气压力，以保持舱内外压力基本平衡，减少舱壁受到的气压，其本质是飞机从增压状态到与外界气压值相同的气压变化过程。

飞机释压共分为正常释压、压差过大的系统控制减压、意外释压这三个阶段。这里，我们仅介绍意外释压，当出现意外释压情况时，亦即空中释压故障，飞机客舱"失压"（客舱内外压差过大），客舱将进入紧急状态，飞行员需要使用飞机设备重新控制使飞机恢复增压，如果不能恢复增压，飞行员将操纵飞机快速下降到安全高度，通常所说的客舱释压也是指意外的释压。

二、客舱释压的危害

1. 人体缺氧与有效时间

身体组织如果得不到足够的氧气就会出现缺氧症状。如果不能及时补充氧气，将会造成知觉丧失甚至迅速死亡。缺氧的危险在于其症状不明显，为了预防缺氧，乘务员必须对自身和旅客身上发生的症状保持警惕。此外，缺氧症状的发生没有固定的顺序，而且其中某些症状不一定会出现缺氧症状。

有效知觉时间是指人的大脑能够保持足够清醒并能够做出正确判断的时间。在不同的高度，人在静止状态下有效的知觉时间是非常短暂的。表8-1所示为人在不同高度的缺氧症状及生存时间。

表8-1　人在不同高度的缺氧症状及生存时间

机舱高度	缺氧症状	有效知觉时间
海平面	正常	
10000英尺（约3048米）	头痛、非常疲劳	
14000英尺（约4267米）	发困，头痛，视力减弱，肌肉组织相互不协调，指甲发紫，晕厥	
18000英尺（约5486米）	除上述症状外，记忆不清，重复同一动作	
22000英尺（约6707米）	惊厥，虚脱，昏迷，休克	5～10分钟
25000英尺（约7620米）	5分钟之内立即出现虚脱，昏迷	3～5分钟
30000英尺（约9144米）		1～2分钟
35000英尺（约10668米）		30秒
40000英尺（约12192米）		15秒

注：对于那些身体素质较差的人来讲，所出现的缺氧反应就更加强烈

2．客舱释压的危害

客舱释压，特别是意外释压有极大的危害性，主要表现在以下三个方面：

第一，影响飞机结构安全。飞机座舱属于空间薄壁结构，只能承受拉应力，不能承受压应力。所以飞机内外压差过大时，飞机上的安全活门会打开，释放多余压力，防止座舱压差过大影响飞机结构安全。

第二，影响飞机的飞行性能。在高空发生释压，飞机需要迅速降低飞行高度，对机体和飞机稳定性均造成不良的影响，甚至造成飞机控制困难，乃至出现失控状态。

第三，影响机上人员的生命安危。无论是驾驶舱还是客舱，释压氧气缺乏，危及人的生命；如果是机体损坏，内外压差将使人被吸出机体。

曾经发生过"血的教训"，1988年4月28日，美国阿罗哈航空243号班机是阿罗哈航空公司往返于夏威夷的希洛岛和檀香山的定期航班，飞行途中发生爆炸性失压（explosive decompression）的事故，头等舱部位的上半部外壳完全破损，机头与机身随时有分离解体的危险，但10多分钟后奇迹般地在茂宜岛的卡富鲁伊机场安全迫降。在瞬间失压当时，机舱服务员主管克拉拉贝尔·兰辛（Clarabelle Lansing）站在飞机第5排座位的位置，正回收客人的杯子，险些被吸出机外，空服员米歇尔·本田（Michelle Honda），当时站在第15和16排之间。事发当时，她被猛烈地抛向机舱地板。之后，她爬起并走到机舱前排的位置，协助安抚受惊的乘客。另一位空服员珍·佐藤-富田（Jane Sato-Tomita），当时站在机舱前排的位置，遭脱落的残骸击中而受伤，并同样地被抛到地板上，她在其他乘客的帮助下保住了性命。

三、释压的种类

1. 缓慢释压

缓慢释压是指逐渐失去座舱压力。缓慢释压这种情况可能发生的原因是系统失效，或飞机损伤导致飞机结构破坏使客舱空气逸出飞机，比如窗户破损，或因爆炸导致飞机机体破坏。缓慢释压的后果及其对客舱乘员的影响，依赖于多种因素，包括：

（1）客舱尺寸：客舱越大，释压时间更长。

（2）飞机结构损伤：开口越大，释压时间越快。

（3）压差：客舱压力和外部环境压力差别越大，释压越有力。

在发生缓慢失压时，客舱密封破损处会有漏气的尖锐响声。客舱内的轻细物体会被吸向破损处，且破损处有外部光线射入。人体会有压耳、打嗝和排气现象。飞行高度大于14000英尺（约4267米）时，氧气面罩会自动脱落，安全带指示灯和禁止吸烟指示灯亮起。

2. 快速释压

快速释压是指迅速失去座舱压力，它可能是由于密封金属疲劳破裂，炸弹爆炸或武器射击而引起的，在极端情况下，可以把快速释压归类为爆炸性释压。

快速/爆炸式释压导致突然丧失客舱压力，通常，判断快速释压的信号有以下几点：

（1）一声大的爆炸，砰声或噼啪破裂声，来源于内部和外部气团的突然碰击。

（2）雾团或薄雾在客舱，这是由于温度降低和湿度改变。

（3）空气冲出，这是由于空气从客舱出去。

（4）温度降低，这是由于客舱温度接近外部空气温度。

（5）客舱氧气面罩放出，此时客舱高度到达14000英尺。

如果飞机结构破坏而导致释压，则客舱会出现以下现象：

（1）从飞机破坏处喷出无法分辨的物质。

（2）残片可能在客舱乱飞。

（3）杂物可能成为抛射物。

（4）灰尘颗粒可能限制能见度。

在出现快速/爆炸式释压时，带来的可能是很难描述的，人、物混杂漂移，加之嘈杂和尘雾，阻断了客舱之间的相互联系，更多的风险极可能临近。真实的快速释压将会首先伴随有巨大的声响，因为座舱里的高压空气会"奔涌而出"，直到飞机内外压力一致为止。这可能会由巨大的"砰"的一声开始——尘土和碎片将会被卷起并向破裂处冲去。细小的物件会被吸出舱外，并且由于座舱里的温暖空气比外界的寒冷空气含有更多的水汽，座舱里会产生雾。

四、出现释压时的反应

1. 缓慢释压时的反应

（1）机上人员发困和感到疲劳。

（2）氧气面罩可能脱落。

(3) 紧急用氧广播开始。
(4) 失密警告灯可能亮。
(5) 在舱门和窗口周围可能有光线进入。
(6) 耳朵不舒服，有打嗝和排气的现象。

2. 出现快速释压时的反应

(1) 飞机可能出现强烈震动。
(2) 冷空气涌入客舱，温度下降。
(3) 有明显的气流声及薄雾出现。
(4) 耳压明显。
(5) 氧气面罩脱落，飞机变换角度紧急下降。
(6) 失密警告灯、安全警告灯、禁烟灯亮起。
(7) 紧急用氧广播开始。

五、对机组成员的应急生存训练

中国民航《公共航空运输承运人运行合格审定规则》（CCAR-121部）规定：在25000英尺（约7600米）以上高度的飞行中服务的机组成员，应当接受下列内容的教育。

(1) 呼吸原理。
(2) 生理组织缺氧。
(3) 高空不供氧情况下的有知觉持续时间。
(4) 气体膨胀。
(5) 气泡的形成。
(6) 减压的物理现象和事件。

第二节　客舱释压应急处置的原则与组织程序

一、客舱释压应急处置遵循的原则

(1) 严格遵守氧气面罩的佩戴顺序：先乘务员，再他人；先成年人，再未成年人。
(2) 禁止客舱活动：在释压状态未被解除时，各种危险一直存在，任何人都应停止活动。
(3) 保持旅客的正确体态：对有知觉的乘客提供氧气时，要使其保持直立位，对没有知觉的乘客提供氧气时，要使其采取仰靠位。
(4) 防火准备：由于氧气的供应，火灾风险剧增，应准备好灭火设备，防止意外明火引燃发生火灾。

（5）听从命令：接下来，是否需要紧急着陆或撤离，取决于飞机的状况和机长的决定。

（6）及时报告：整个释压过程及乘客和客舱情况要及时向机长通报，使机长及时了解客舱情况，以便机长做出进一步的决定。

二、客舱释压应急处置组织程序

客舱释压迫降组织是一项复杂烦琐的工作，与迫降应急处置的组织工作基本一致，具体内容将在迫降程序中说明。

第三节　客舱释压的应急处置规范

一、驾驶舱机组人员对释压做出的直接处置

（1）戴上氧气面罩。
（2）把飞行高度迅速地下降到大约10000英尺的高度上。
（3）打开"禁止吸烟"和"系好安全带"信号灯。

二、客舱乘务员对释压的直接处置程序

（1）客舱乘务员戴上最近的氧气面罩。
（2）迅速坐在就近的座位上，系好安全带。如果没有空座位，则蹲在客舱地板上，抓住就近的结实机构固定住自己。
（3）指示乘客戴上氧气面罩。
（4）有些乘客难以戴上氧气面罩，应对其指导。
① 指示乘客摘下眼镜。
② 指示已经戴上氧气面罩的成年人，协助坐在他们旁边的儿童戴上氧气面罩。
（5）命令旅客"拉下面罩、不要吸烟、系好安全带"。
（6）如发现机体有损坏情况，应立即用内话报告机长。
（7）等待机长的指令。

三、释压时客舱应保持的状态

在客舱释压的主体下，客舱设备会处于下列状态：
（1）扩声公共广播系统的广播音量会自动增加。
（2）客舱内所有灯光亮度会达到100%。

（3）客舱内系好安全带指示灯亮。
（4）洗手间内返回座位指示灯灭。
（5）相关预录广播会自动启动。
（6）氧气面罩自动脱落。
（7）座舱内部与外界气压达到一定压差时驾驶舱门自动松锁。
（8）客舱内娱乐系统自动收起。

四、释压后的处置程序

释压后在采取应急措施的同时，飞机会迅速降低飞行高度，直至到达安全高度后，在机长发布到达安全高度，可以安全走动的指令后，乘务员执行客舱检查程序，检查旅客和客舱。

（1）携带手提式氧气瓶。
（2）检查旅客用氧情况，首先护理急救失去知觉的旅客和儿童，然后照顾其他乘客。
（3）为需要继续使用氧气的旅客提供手提式氧气瓶。
（4）检查客舱破损情况，如飞机结构损坏，应重新安排旅客座位，远离危险区域。
（5）检查厕所内有无乘客。
（6）检查客舱有无烟火，必要时实施灭火程序。
（7）指导旅客将用过的氧气面罩放入座椅前口袋内，让旅客不要再拉动氧气面罩及折叠氧气面罩。
（8）在客舱中巡视，安抚旅客情绪，消除乘客疑虑。
（9）对受伤乘客或机组成员给予急救。

思政阅读 8

机舱释压，职责加压，128条生命与死神擦肩而过
——《中国机长》

【事件概况】

2018年5月14日，四川航空公司3U8633航班在成都区域巡航阶段，驾驶舱右座前风挡玻璃破裂脱落，机组实施紧急下降。

在巡航阶段，风挡玻璃破裂非常可怕，要知道，客舱内是需要加压加氧的，飞行中飞机处于密闭，这样才能使乘客在飞行状态当中保持在地面上的舒适状态。

川航3U8633紧急情况发生时飞机飞行高度为32000英尺（约9754米），风挡玻璃破裂，破坏了机舱的密闭状态，舱内瞬间失压，直接导致仪表盘全部损坏，自动驾驶失灵，舱内温度瞬间降到零下几十度，副驾驶半身被吸出舱外。

在风流大、飞机飞行速度快的情况下，驾驶员受到的冲击可想而知。机长刘传健在达到人类承受能力极限的恶劣条件下，完全凭手动和目视，靠毅力掌握方向杆，同时保护半身被吸到窗口的副驾驶，在其他机组成员的共同努力下，战胜了恐惧和恶劣的飞行条件，完成返航迫降，创造了一个中国民航史上的奇迹，刘传健被誉为"英雄机长"。

 思政启发

在整个迫降过程中，机长刘传健在达到人类承受能力极限的恶劣条件下，完全凭手动和目视，靠毅力掌握方向杆，完成返航迫降；从飞机挡风玻璃破裂，副机长半身被瞬间吸到窗外的震撼，到机舱剧烈震动，机舱内物品乱飞；机长、副机长、全体乘务人员以及地面工作人员为了保障乘客生命安全，保证飞机成功返航所做出的努力，等等，这不仅是民航史上的奇迹，更是一个机组的奋斗，数个团队的驰援，一个国家的荣光。

启发1：释压飞机的成功降落，说明了什么问题？
启发2：释压条件下，飞机与客舱、旅客面临什么挑战？
启发3：机组成员的沉着、冷静、果敢，我们应该向他们学习什么？
启发4：刘传健机长，在身体极度不适、环境极度恶劣、身上扛着128条人命的前提下，36个错误（航空专家的话，更为形象："整个这个过程中有36次错误的机会，每一个错误都是致命的，但他一次都没有犯。"），一个都没犯？说明了什么？

开放式讨论8

讨论题目——机舱释压，职责加压下如何完成突发应急处置

引导性提示

1. 释压往往比较突然，没有任何准备时间与机会。
2. 职责加压是民航人需要承受的压力，也是一份担当，责任所在，不容退缩。
3. 良好的心理素质和勇敢果断的工作作风是基础。
4. 过硬的技能和团队精神是保证。

 本章总结

1. 释压对客舱安全构成极大威胁，甚至危及旅客的生命，高度重视并具备应急处置能力是机组成员的重要责任。
2. 释压通常是非正常情况下发生的，具有突发属性，其处置也需要果断，按科学原则进行。
3. 在处置中，机长是第一责任人，在保护自己的前提下，释放供氧设备，降低飞行高度。

4. 乘务组要在保护自己的前提下,组织旅客采取释压防护措施,同时要采取应急措施,如防止火灾、救助失去知觉的旅客,并安抚旅客的情绪等。

5. 释压可能对飞行安全构成更严重的影响,特别是因机体受损而引发的释压,面临着随时迫降的问题,需要做好后续准备。

后续阅读

推荐资料1:观看电影《中国机长》。

推荐资料2:方琳钧. 飞行中的安全保障——氧气面罩. 中国民用航空网,2019-5-10. http://www.ccaonline.cn/hqtx/515264.html.

自我心理建设

意志力的培养。

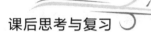
课后思考与复习

思考题
1. 客舱释压的主要原因有哪些?
2. 客舱释压应急处置困难体现在哪些方面?

复习题
1. 简述释压含义、种类及可能的危害。
2. 简述客舱释压后,人体会有哪些反应。
3. 简述客舱释压应急处置遵循的原则。
4. 简述客舱释压的应急处置应遵循哪些基本规范。

第九章
迫降与应急撤离

　　航班迫降是因危及航班安全因素会导致严重后果的情况下而采取紧急处置措施，而紧急迫降后也必然进行应急撤离，使旅客迅速撤离飞机，迅速远离危险区域，避免可能的灾难性的后果。迫降和撤离环节处置得当，机上旅客就有脱离险境得以生存的机会，而处置不当，将会给旅客生命带来严重的威胁，甚至失去生命。世界上发生迫降与应急撤离的事件，有成功也有失败，比较著名的成功迫降与撤离案例当属"哈德逊河奇迹"。

　　迫降是飞机因特殊情况不能继续飞行时飞行员不得不做出的风险选择，也是飞行员无法回避的选择，迫降往往是急迫的，飞行员无法保证飞机能落在机场或者机场外任何地带，无法选择和预测飞机能否安全落地，以及迫降以后撤离等问题。需要周密操作与周全的应急撤离组织与实施，是一个极其复杂而充满风险的过程。

　　本章系统介绍了迫降概念、迫降种类、迫降要求，展示了乘务员及不同类型的旅客的防冲撞姿势，全面介绍迫降程序。同时，在介绍应急撤离的基本知识的基础上，说明了应急撤离程序及注意的问题，并介绍了对应的应急撤离口令等内容。

本章学习目的

本章的学习目的包括：
1. 了解迫降与应急撤离的重要性及掌握其基本技能的必要性。
2. 熟悉迫降的基本知识。
3. 掌握防冲撞姿势和迫降程序。
4. 熟悉应急撤离的基本知识。
5. 掌握应急撤离程序。
6. 熟悉撤离口令及特点。

理论知识点

1. 备降与迫降是两种截然不同的降落方式，迫降是不得已的选择，不确定因素多，实施技术要求高，风险性大，机组面临严峻的挑战，而且安全风险极大。

2. 迫降的种类、迫降的风险与难度各有不同，而有准备、有限时间准备、无准备的不同迫降难度将随着准备时间的减少而增加，同时，也带来了不确定性等风险的增加。

3. 迫降将产生冲击，对机体和旅客都可能带来无法预知的伤害，而旅客做好防撞击显得十分重要。防冲撞姿势看似简单的问题，但在非常情况下，正确的姿态会增加旅客生存的概率。

4. 迫降的飞机就是危险源，随时出现火灾或爆炸等第二次危机，紧急撤离是不二的选择，而应急撤离是复杂的、有组织的、充满挑战的过程，特别是旅客的组织、应急口选择、逃离方向等极其重要，乘务员需要经过严格的训练。

5. 撤离口令是撤离的指令，清晰而果断的口令，才能使机上旅客在嘈杂而混乱的环境中，听到清晰的指令，知道自己做什么，该怎么做。

能力与素质

1. 能力要点
（1）判断能力：迫降和应急撤离可能遇到的困难。
（2）组织协调能力：使旅客明确自己做什么，该怎么做，听从统一指挥。
（3）解决问题的能力：选择关键的助手，合作组织旅客撤离过程，以完成迅速撤离的任务。

2. 素质要点
（1）道德素质：敬畏职业、敬畏生命、敬畏规章。
（2）职业素质：临危不乱和淡定自信，获得旅客的信任。

导读

敬畏生命——紧急撤离是一种挑战

在飞机迫降之后，人们最祈求的是客舱人员迅速安全撤离，成功撤离就意味着旅客安全、生命得到极大的保护，否则，造成的危害可想而知。但凡飞机紧急迫降，旅客是否安全撤离是一场关乎生命的应急处置与否的标志，在众多因紧急情况而迫降的案例中，最著名的当数"哈德逊河奇迹"，即2009年1月15日，美国资深飞行员切斯利·B·萨伦伯格三世（Chelsey B. Sullenberger Ⅲ）将动力全失的飞机成功迫降于纽约哈德逊河上，而且机上155名乘客和机组人员成功安全撤离，机长萨伦伯格被世人誉为"英雄机长"。我国也有因成功迫降而被誉为"英雄机长"的倪介祥，成功完成1998年东航"虹桥机场迫降"事件；还有2018年5月14日川航3U8633航班在刘传健和机组成员拼死挽救，机组临危不乱、果断应对、正确处置，使飞机成功迫降的案例，刘传健和机组成员被誉为"英雄机长""中国民航英雄机组"，等等。

任何迫降都是非常降落，无论是降落地点的条件，还是降落时航空器所处的状态，都处于不确定状态；任何迫降后都是非正常的撤离，为了旅客的安全，只有完成安全撤离，并处理好后续的工作，才能使旅客的生命得到最大限度的保护。责任之大、难度之大是很难用语言来形容的，是飞行中机组成员面临的最大挑战。但凡受过空乘岗前培训的人都知道，培训中，"大撤"是最难、强度最大、考核最严格的环节之一。

第一节　迫降的应急处置

一、备降与迫降

1. 备降（diversion）

（1）备降的含义　飞机（航空器）在飞行过程中不能或不宜飞往飞行计划中的目的地机场或目的地机场不适合着陆，而降落在其他机场的行为称为备降。在备降发生的要素中，备降机场一般在起飞前都已预先选定好。在每一个航班起飞之前，当班机长签署的飞行计划中都必须至少明确一个条件合适的机场作为目的地备降机场。备降机场包括起飞备降机场、航路备降机场和目的地备降机场。

一般来说，如果是飞机起飞后短时间需要备降的，大多数情况会选择返回起飞机场；当飞机完成了整个航程的一半距离时，备降就可能选在航线中段附近符合飞机通行标准的某个机场；如果飞机已经到达目的地区域，就可能选择在目的地机场附近的某个机场备降。备降机场要考虑是否符合飞机的飞行标准，比如跑道是否满足该型飞机的起降要求，是否具有为该机型加油的设备，机场消防等级和机场净空情况等条件。

备降是有准备的降落，飞行员有足够的信心安全落地和选择降落机场，尽管降落机场发生变化，但也属于飞行计划中的选项，属于安全型的飞行。

（2）备降发生的条件　备降是飞机在运行过程中为确保飞行安全采取的正常措施。而发生备降的原因有很多，主要有航路交通管制，天气状况不佳，预定着陆机场不接收，预定着陆机场天气状况差低于降落标准，飞机发生安全故障，等等。中国民用航空局发布的关于确保飞行安全的有力措施"八该一反对"中就明确提出了"该备降的备降"，就是指由于各种原因造成目的地机场不具备着陆条件的情况下应该到备降机场落地，不能盲目、强行落地而影响飞行安全。

2. 迫降（forced landing）

（1）迫降的含义　迫降与备降的概念完全不同，迫降是飞机因特殊情况不能继续飞行时的被迫降落，通常是在飞机发生燃料用尽、机上起火、释压、重大故障或劫机等客舱重大安全风险等情况下采取的紧急操作。

迫降属于发生紧急情况时的降落，是飞行员无法选择的，为了保证安全只能按当时发生的特殊情况做出应急反应，是飞行员无法评估和确定的一种将安全保障在最低限制的动作。迫降时飞行员无法保证飞机能落在机场或者机场外任何地带，无法选择和预测飞机能否安全落地。因迫降对落点环境及飞行器的性能要求很高，所以也存在着较大的风险性，甚至可能造成机毁人亡的灾难性航空事故。

（2）迫降发生的条件　迫降的发生是不得已的选择，当飞机客舱出现异味，飞机降落进行安全检查；航班上旅客突发疾病，需要紧急降落接受医疗救助；飞机挡风玻璃出现裂痕，飞机中断飞行；飞机机械或系统故障无法正常飞行；发生恐怖事件、炸弹等极端情况等，机组可能选择迫降。

采取紧急迫降时，会伴随着发动机失效、部分或全部起落架无法放下、严重的操纵系统卡阻等造成飞行机组操作极其困难，需要在机场甚至机场以外的陆地或水面上紧急降落的情形，这种情况都需地面启动高级别的应急响应。

世界上比较著名的迫降案例当数"哈德逊河奇迹"——2009年1月15日，美国资深飞行员切斯利·B·萨伦伯格三世（Chelsey B. Sullenberger III）将动力全失的飞机成功迫降于纽约哈德逊河上，机上155名乘客和机组人员全部幸免于难，如图9-1所示为迫降纽约哈德逊河上的照片。如此情景的安全降落和成功地将人员紧急撤离，堪称民航史上的奇迹，而萨伦伯格因此被世人誉为"英雄机长"当之无愧。

图9-1　迫降纽约哈德逊河上的飞机

我国也创造了世界飞行史上的安全迫降的奇迹，2018年5月14日，四川航空公司3U8633航班在成都区域巡航阶段，驾驶舱右座前挡风玻璃破裂脱落，机组实施紧急下降。驾驶舱瞬间失压，险些将副驾驶吸出机外，所幸他系了安全带，在驾驶舱失压，气温迅速降到-40℃左右（监测显示，当时飞机飞行高度为32000英尺），仪器多数失灵的情况下，机长刘传健凭着过硬的飞行技术和良好的心理素质，在民航各保障单位密切配合下，机组正确处置，飞机于2018年5月14日7点46分安全备降成都双流机场，如图9-2所示，119名旅客和9名机组成员平安落地，有序下机并得到妥善安排，堪称"世界级"飞行奇迹，机长刘传健被誉为"英雄机长"，机组授予"中国民航英雄机组"。

第九章　迫降与应急撤离

图9-2 四川航空公司3U8633航班迫降

二、迫降种类

1. 按降落地点分类

迫降一般分为陆上迫降和水上迫降。陆上迫降是指着陆场地在陆地。水上迫降是指着陆场在海洋、湖泊等水面上，水上迫降要求尽可能地靠近陆地，水上迫降危险性高于陆地迫降。在机场内着陆时，若起落架不能自动放下则用手控放下，如手动无效，则采用重力释放，飞机在平稳的气流中俯冲至速度表红线，会产生3.8G的重力加速度，起落架重量增加3.8倍，随后放下。若重力释放无效，则采用机腹擦地迫降，并尽量耗光燃油，以免飞机着火。

2. 按准备撤离的时间分类

有准备的紧急撤离、有限时间准备的紧急撤离、无准备的紧急撤离。

三、迫降要求

1. 飞机要求

在可能的情况下，迫降时一般要求飞机燃油保持基本耗尽状态，减轻飞行器降落重量，也避免因撞击而发生大火。

2. 救援要求

为防止火灾，在机场跑道上洒以泡沫灭火剂。迫降时，机场上空不允许其他飞机飞行，消防车、救护车和各种应急车辆应立即驶至飞机将要迫降的地点。

四、防冲撞姿势

飞机迫降时，飞机承受巨大的冲击力和颠簸带来的不确定性，如果采取科学的姿态，会对旅客的保护起到很大的作用，1991年，北欧航空公司一架麦道-81客机坠毁，当时机上共有乘客和机组人员129人。飞机起飞不久升到990米的高空时，引擎突然停止转动，驾驶员试图在一片田地上紧急降落。尽管飞机坠毁，有些乘客受伤严重，但无一人丧生，这与乘客按照指示采取了防冲击姿势有很大的关系。

安全带能承受和缓冲一定的冲击力，可以保护乘客不被甩出去，但人体的其他部位没有防护很容易受伤，客舱乘务员所示范的各种防冲撞姿势，经过反复研究与多种模拟试验还确定科学的抗冲击防护姿势，美国曾经利用波音727实体机进行高空坐落模拟试验，验证了不同防护姿势对身体的保护差异，目前，国际通用抵御冲击保护姿势如图9-3所示，旅客根据自身状况选择其中一种。

图9-3　国际通用抵御冲击保护姿势

1. 乘务员防冲撞姿势

面向机尾方向坐的乘务员要紧紧系牢肩带和座椅安全带，双臂挺直，双手抓紧座椅边缘，头靠椅背，两脚平放用力蹬地（如图9-4所示）。

面向机头方向坐的乘务员要紧紧系牢肩带和座椅安全带，双臂挺直，收紧下颚，双手紧抓座椅边缘，两脚平放用力蹬地（如图9-5所示）。

2. 乘客防冲撞姿势

（1）成年旅客　系紧安全带，两臂伸直交叉紧抓前面座椅靠背，头俯下，两脚用力蹬地；或者系好安全带，身体前倾，头贴在双膝上，双手紧抱双腿，两脚平放用力蹬。

（2）怀抱婴儿的旅客　怀抱婴儿的旅客要将婴儿斜抱在怀里，系好安全带，婴儿头部不得朝向过道，婴儿面部朝上，弯下腰，俯下身，双脚用力蹬地；或一手抱紧婴儿，一手抓住前面的椅背，低下头，双脚用力蹬地。

（3）特殊旅客　如肥胖者、孕妇、高血压患者、身材高大者的特殊旅客，系好安全带，可双手抓紧扶手，或双手抱头，同时收紧下颚，两腿用力蹬地。

图 9-4　面向机尾方向坐的乘务员姿势　　图 9-5　面向机头方向坐的乘务员姿势

（4）双脚不能着地的儿童　双脚不能着地的儿童系好安全带，可采取将双手压在双膝下，手心向上，弯下腰的方式。

（5）视障人士　按携带导盲犬的《残疾人航空运输管理办法》，允许导盲犬在航班上陪同具备乘机条件的残疾人，并规定除阻塞紧急撤离的过道或区域外，导盲犬应在残疾人的座位处陪伴。做撤离前准备时，可以在乘客前方座椅下铺上枕头或毛毯，保护导盲犬并告知乘客卸下挽具，套上皮套，在滑梯上由主人牵住动物。

五、迫降程序

飞机遇险需要紧急撤离时，飞行机组和乘务组都有相应的预案和应急操作程序，而且都必须经过严格训练，并且每年都要定期复训与演练。

1. 决断过程

由于飞行中可能出现的各种不利因素，导致飞机必须进行陆地或水上的迫降和撤离时，必须由机长作出决定。当机长作出迫降的决定后，机组按应急处置规范的分工进行处置，操作飞机的驾驶员要按规定并在情况允许的情况下通知乘务长报告情况和请求救助（B777、A320 使用紧急呼叫，B767、B757 使用"Alert Call"，B737 可使用内话系统呼叫乘务长），驾驶机组应告诉乘务长迫降的原因、迫降的环境、迫降的时间，要求按应急处置方案进行撤离的准备。

2. 迫降准备

乘务长向乘务组传达机长的决定，机长或机长委托的机组成员向乘客广播迫降的决定，要求乘客听从乘务员的指挥，做好迫降前的准备工作。告知旅客的广播词是："女士们，先生们，我是本架飞机的机长，现在飞机发生了机械故障，无法继续飞行，决定采取陆地（水上）迫降。我们已与救援单位取得联系，现在请听从乘务员的指挥，在各自的位置上坐好，系好安全带，在着陆（着水）的一刹那，我将通知您（我还将通过"系好安全带"的闪亮通知您）。在飞机没有完全停稳之前，身体要保持用力状态"。同时，乘务组做好如下准备工作（如表 9-1 所示）。

表9-1 迫降准备工作

步骤	准备工作
1	非常规操作检查
2	示范防冲撞安全姿势，明确采用防撞安全姿势的信号。水上迫降要示范救生衣的穿着，明确充气的时间
3	划分脱离区域
4	收集锋利物品，脱掉高跟鞋，水上迫降时脱掉所有的鞋
5	调整乘客强弱互助
6	选择援助者帮助搬动救艇、打开应急出口、维持秩序等
7	固定活动物品，切断不必要的电源
8	根据迫降环境准备好应急物品、衣物、食物和水
9	再次确认出口滑梯处的预位状态
10	完成客舱对旅客各项安全准备，最后确认，乘务长向机长报告："客舱准备完毕！"机长："明白，乘务员各就各位！"
11	乘务长通过乘客广播系统发出："乘务员各就各位！"乘务员听到指令后，要迅速坐在指定的位置上，系好安全带
12	飞机着陆（或着水）——前一分钟，驾驶舱向客舱发出警告指令："一分钟后着陆（着水）"
13	飞机着陆（或着水）——前20秒，驾驶舱向客舱发出最后指令："全体人员注意！抱紧防撞！"或安全带灯连续闪亮两次。听到指令，乘务员大声命令乘客："抱紧防撞！"并迅速做好自己的防撞姿势

3. 降落过程

迫降准备和着陆过程是个连续过程，随着迫降的准备过程，飞机在不断地降低高度，迅速接近地面或水面，逐渐接近着陆。可以客舱准备后，机长的"乘务员各就各位"指令作为迫降的关键点，标志性的节点为：飞机着陆（或着水）前一分钟，驾驶舱向客舱发出"一分钟后着陆（着水）"警告指令；飞机着陆（或着水）前20秒，驾驶舱向客舱发出"全体人员注意！抱紧防撞！"最后指令；或安全带灯连续闪亮两次。听到指令，乘务员大声命令乘客："抱紧防撞！"并迅速做好自己的防撞姿势。

4. 着陆（水）后撤离处置

关于迫降后的撤离工作，将在本章第二节详细做介绍，以下仅作简单介绍。

（1）机组撤离指令　飞机着陆（或着水）后，机长应尽快使飞机停下来。飞机完全停稳后，机长应向客舱发出撤离或不需要撤离的指令，并根据飞机的状况向乘务员指示撤离的路线。

（2）机组广播内容

① 需要撤离时，机长广播："从左（右）边撤离！""从前（后）门撤离！""开始撤离！"（A320可通过撤离警报发出指令。）

② 不需要撤离，机长广播："乘务员和乘客留在座位上！"；乘务员根据机长的指令做好安抚乘客的工作。

（3）机组撤离行动

① 快速撤离项目按记忆进行。

② 撤离前机长要关车和切断电源。
③ 机长组织驾驶舱人员撤离。
④ 机长最后离开飞机。

第二节 应急撤离

应急撤离是飞机迫降以后的行为，但起始于飞行过程，因此，迫降与紧急撤离是一项连续的事件。

一、应急撤离概述

1. 应急撤离概念

应急撤离，也称紧急撤离，是指在飞机迫降后，迅速组织旅客离开飞机客舱到达安全区域的一系列工作。

应急撤离与迫降是一个连续的活动，迫降是飞机遇到了安全风险而不得不降落在某一区域，也许是机场，也许是陆地，也许是水面，降落后的飞机，由于存在着各种风险，必须将旅客撤离客舱至安全区域。从决定迫降到降落完成，接续的工作就是撤离，中间没有缓冲的时间，因此，在迫降的过程中，客舱乘务组已经根据撤离预案和操作程序，做好了系统安排，可以随时组织撤离。

2. 应急撤离的种类

（1）按降落地点的不同，应急撤离可分为陆地撤离和水上撤离两种。

（2）按准备撤离的时间，应急撤离分为有准备的紧急撤离、有限时间准备的紧急撤离、无准备的紧急撤离三种。

3. 应急撤离的基本原则

（1）听从机长指挥。

（2）迅速正确的判断。

（3）准备处置的措施。

（4）随机应变。

（5）沉着冷静。

（6）维持秩序。

（7）团结协作。

二、应急撤离的基本知识

当出现机体有明显损伤，机上有烟雾火灾无法控制，燃油严重泄漏，机上有爆炸物，飞机迫降，机长认为必须执行紧急撤离程序才能保障飞机和人员安全的情况时，机长有权下达执行紧急撤离程序的指令。

1. 撤离出口和撤离方向选择

飞机迫降后，根据机长指示、周围环境和飞机着陆（水）的姿态，由乘务员决定使用哪些出口。

（1）正常迫降着陆　在无烟、无火、无障碍的情况下，所有出口均能使用［如图9-6（a）所示］。

（2）前起落架和主起落架折断　飞机腹部着地因发动机触地，可能导致火灾，故翼上出口不能使用，其他出口视情况使用［如图9-6（b）所示］。

（3）前起落架折断　在无烟、无火、无障碍的情况下，所有出口均能使用。但因前起落架折断，后舱门离地过高，滑梯长度不够，应视情况使用［图9-6（c）所示］。

（4）飞机尾部拖地　在无烟、无火、无障碍的情况下，所有出口均能使用。但因前舱门离地过高，滑梯长度不够，应视情况使用［如图9-6（d）所示］。

（5）主起落架一侧折断　折断一侧的发动机触地，可能引发火灾，故折断一侧的翼上出口不能使用，其他出口视情况使用［如图9-6（e）所示］。

另外，水上迫降时一般不使用翼上出口，其他出口应视浸水情况而定，当水面高于地板高度时，不能使用滑梯［如图9-6（f）所示］。

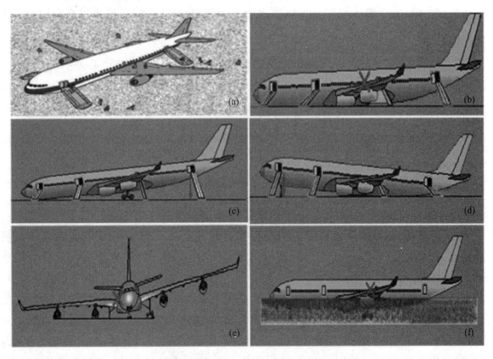

图9-6　撤离出口和撤离方向选择

2. 逃离方向选择

逃离方向关系到机上乘员的安全，离开客舱是逃生的第一步，而方向的选择是避免陷入二次危险的重要判断。方向的选择主要取决于风向，陆地撤离时，选择风上侧方向，尽快远离飞机至少100米，如可能发生爆炸，应远离飞机至少400米；水上撤离则应选择在风下侧方向，尽快远离燃油区和燃烧区，如图9-7所示。

(a) 陆地　　　　　　　　　　　　　　　　(b) 水上

图9-7　逃离方向的选择

3. 撤离的时间

撤离时间是从飞机完全停稳到机上最后一个人撤离为止所用的时间。FAA的法规和民航的相关法规中都要求，陆地撤离时，任何飞机，在90秒内必须完成撤离；水上撤离的时间一般为120秒。一般情况下，飞机在水面上漂浮最少13分钟，最多不会超过60分钟。

4. 撤离的指挥

出现应急情况时，应由机长发布应急撤离的指令，机上全体成员必须听从机长指挥，机长失去指挥能力时，机组其他成员按指挥权的阶梯规定下达撤离命令（如图9-8所示）。

图9-8　接替机长宣布应急撤离指令顺序

在飞行期间，如果客舱乘务组成员无法履行号位职责时，应遵循以下原则安排：

（1）乘务长无法履行号位职责　由有过乘务长经历或通过乘务长培训的乘务员接替履行其职责；如果无上述人员，则选择该机型经历时间最长的乘务员接替，其余乘务员号位由接替者重新划分。

（2）乘务员无法履行号位职责　由带班乘务长重新进行号位划分。紧急撤离时由机长下达撤离指令，一名区域乘务长或乘务员先下飞机负责地面（水）指挥；乘务员开门后应立即封住出口，待滑梯（救生船）完全充气（腰开）后，迅速指挥乘客有序撤离。当负责的门和出口不能使用时，乘务员要告知该出口"不能使用"，并阻止旅客打开不能使用的出口，迅速指挥乘客选择其他出口。跳滑梯时，以"撤离！到这边来！跳！滑！"等口令，有序地指导旅客撤离。若是水上撤离，撤离后，乘务员应指导旅客在上船前，将救生衣充气。

5. 跳滑梯姿势

正常成年人跳滑梯时，应双臂平举，拳头轻握，或双手交叉抱臂，从舱内双脚起跳，跳出舱门后手臂不变，也可用手臂协调重心，双腿绷直，后脚跟贴梯面，重心保持直立，勿后仰，到达梯底收腹弯腰，双脚着地跳跃向前跑开，臀部着地或头部着地都会引起损伤。抱小孩的乘客应将孩子抱在怀里，采取坐姿滑下飞机，儿童、老人、孕妇也采取坐姿，但上半身姿态与成年人相同。伤残乘客根据情况自己坐滑或由援助者协助坐滑。如图9-9所示。

图9-9　跳滑梯姿势

6．挑选援助者与任务

在撤离的过程中，需要志愿者、援助者帮助搬动救艇、打开应急出口、维持秩序。救援者选择包括以下四类人：①乘坐飞机的机组人员；②航空公司的雇员；③军人、警察、消防人员；④身强力壮的男性旅客。

（1）舱门出口的情况下，救援者人数及任务

① 陆地撤离。需要5人，其援助者站位、分工分别如图9-10、表9-2所示。

② 水上撤离。需要5人，其援助者站位、分工分别如图9-11、表9-3所示。

图9-10　舱门出口时陆地撤离的援助者站位

表9-2 舱门出口时陆地撤离援助者分工表

出口	撤离条件	援助者的序号	任务分工
舱门出口	陆地	1	打开门后,第一个滑下飞机,站在滑梯的左侧,抓住一边,帮助滑下来的乘客
		2	第二个滑下飞机,站在滑梯的右侧,抓住一边,帮助滑下来的乘客
		3	第三个滑下飞机,带领并指挥脱出的乘客向集合点集中,远离飞机
		4	站在脱出口的一侧,与客舱乘务员一起指挥乘客撤离
		5	在乘务员失去指挥能力时,代替其指挥并告诉援助者解开乘务员安全带的方法

图9-11 舱门出口时水上撤离的援助者分工

表9-3 舱门出口时水上撤离援助者分工表

出口	撤离条件	援助者的序号	任务分工
舱门出口	水上	1	打开门协助乘务员搬运船,第一个上船爬到船头坐下,招呼乘客靠近并坐下
		2	第二个上船,到船的另一边坐下,指挥并帮助其他乘客
		3	第三个上船,指挥和帮助乘客
		4	站在客舱门口左侧,招呼乘客过来,告诉他们给自己的救生衣充气
		5	站在客舱门口右侧,在乘务员失去指挥能力时,代替其指挥乘客并告诉援助者解开乘务员安全带的方法

（2）翼上出口的情况下,救援者人数及任务

① 陆地撤离。需要3人,其援助者站位、分工分别如图9-12、表9-4所示。

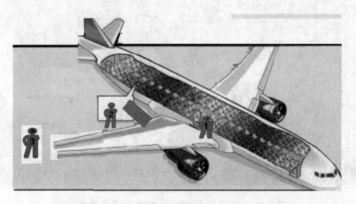

图9-12 翼上出口时陆地撤离的援助者分工

表9-4 翼上出口时陆地撤离援助者分工表

出口	撤离条件	援助者的序号	任务分工
翼上出口	陆地	1	观察情况,打开窗户,站在机翼上靠近出口的地方,帮助乘客撤离
		2	站在机翼底下的地面上,协助乘客从机翼滑下
		3	指挥乘客远离飞机,到安全区域集合

② 水上撤离。需要3人,其援助者站位、分工如下。

援助者1:观察情况,打开窗户,协助使用救生船。把救生船搬运到机翼上,投入水中使之充气后,并有序帮助旅客进入救生船。

援助者2:进入救生船,帮助安排好旅客。

援助者3:站在机翼出口边,帮助旅客撤出,并告诉旅客给自己的救生衣充气。

7. 撤离准备和撤后清舱

(1) 撤离准备 撤离准备由一系列工作组成,关系到撤离的秩序混合效率,关乎旅客的安全,包括乘务员检查负责区域的出口,确保出口处于待用状态,检查厕所无人后锁闭,固定好浮动设备,关闭厨房电源,做好乘客的安全检查工作和防冲撞确认,安排好援助者和特殊乘客、担架乘客的座位,取下身上的尖锐物品,最后做好自身准备和报告。

(2) 撤后清舱 清舱是撤离后的重要工作,由于撤离过程混乱,有可能出现旅客留置。因此,当乘客撤离完毕后,报告区域乘务长,确认其他区域无需帮助或无人后,即可撤离;乘务长/主任乘务长负责最后清舱,向机长报告后确认,确认无需帮助即可撤离;机长做最后检查后,最后一个撤离。

8. 水上撤离救生设备

(1) 救生衣 旅客救生衣是保护飞机紧急迫降在河流、湖泊或大海时乘客的安全的重要救生设备,分为婴儿救生衣和成人救生衣,存放在相应的位置。头等、公务舱旅客救生衣一般在座椅护手下方,普通舱旅客救生衣在座椅下方,低头伸手就可以摸到。周岁以下使用婴儿救生衣(在各个舱位的第一排婴儿摇篮的座位下方),周岁以上儿童使用成人救生衣。另外,飞机上的救生衣有红色和黄色两种颜色,红色救生衣供机组人员使用,黄色救生衣供旅客使用。

救生衣用尼龙材料做成,具有防水和足够强度。其具有三个基本功能:

第一,自救。在河流或湖泊之上,救生衣充气后产生的浮力,可以帮助逃生者。

第二,定位与求救。在救生衣的顶部一侧还有定位灯,它是由海水电池供电,海水电池浸水后,定位灯几秒钟内自动发光,并可持续使用8～10小时,另外,在任何空旷地带显出对比色彩,在夜间很容易被发现。

第三,御寒。在远离机场的僻远的地方迫降撤离时,在低温、强风和冰雪覆盖的地区携带救生衣可以作御寒之用。

旅客救生衣应该在离开飞机后,上船前充气,因为救生衣充气后会很臃肿,撤离时相互拥挤,堵塞过道、出口,影响撤离时间。并且充气后的救生衣易被尖锐物品划破,漏气,失去救生功能。如果飞机进水,救生衣会使得人漂在客舱内,甚至顶在机舱天花板上，难以逃离。

飞机救生衣使用方法如下（如图9-13所示）：

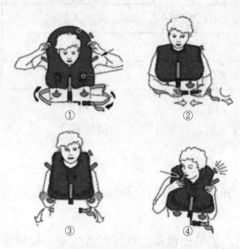

图9-13 飞机救生衣使用方法

① 取出救生衣，撕开包装，经头部穿好。
② 将带子扣好系紧。
③ 拉动红色充气手柄，救生衣自动充气。
④ 充气不足时，拉出人工充气管，用嘴向里充气。
⑤ 成人救生衣给未成年人穿戴时，将带子放在两腿之间，扣好系紧。
⑥ 婴儿救生衣穿戴时稍有不同，请从乘务员处得到帮助。

（2）救生船 救生船也称救生艇，是飞机迫降水面的应急脱离工具。救生船不充气，并且折叠包装好以后储存在机舱顶部的天花板内，当飞机发生事故，迫降在水面时，就需要立即取出并充气使用。

一般情况下，飞机救生船为圆形结构，当飞机迫降在水面时，应急滑梯也可作为救生船使用。圆形救生船不放在飞机上，当跨水飞行时，按配置规范，由机务人员提前装上飞机，并在救生船存放处的表面粘贴名牌或检查名牌是否在位，需临时配备救生船以满足跨水运行要求的飞机，在执行运行航班后，拆下救生船妥善保管。客机所携带的救生船数量根据飞机的载客数而定，如图9-14、表9-5所示为飞机圆形船载量及位置。

图9-14 飞机圆形救生船

表9-5 单通道飞机圆形船载量及位置

机型	载量/人	数量/个	位置
B737-800	46～69	4	1号船位于头等舱顶部，2号船位于经济舱11排JKL行李架内，3号船位于经济舱18排JKL行李架内，4号船位于经济舱20排ABC行李架内
B737-700		3	头等舱顶部天花板，经济舱13/14排，15/16排通道顶部天花板
A319		2	21排JKL行李架上1个，23排ABC行李架1个
A321-200		1	11-12排DEF行李架
A320	12～18	1	33排JKL行李架

救生船内配置多种设备，且有明显的标配，便于快速识别，包括天篷、钩形小刀、救生圈、海锚、定位灯和救生包（SK包）。不使用时，这些设备必须储藏并固定在船上，以防丢到船外。

从客舱撤离到救生船，需要有序地进行，以避免混乱。其顺序与要求如下：

① 一般情况下L1门船和尾部舱门船最先撤离，R1门船最后撤离，其他各船坐满人后

即可撤离。为保持平衡，乘客应先坐救生船尾部再坐前部，坐在船上时双腿要伸直，背靠船舷，人多时应先坐外圈再坐里圈，需要移动要提前提醒他人，并保持爬行姿势移动。

② 当乘客和机组人员上船后，负责释放救生船的乘务员应马上切断与机体的连接线，使救生船尽快离开机体，以免受到爆炸和燃烧的威胁。

③ 如有落水的幸存者，应立即寻找并利用船上的救生设备将他们营救到船上，若有人伤势严重，马上施救。

④ 当离开燃油泄漏区和燃烧区后，将所有船只连接在一起，抛出海锚固定，取出救生包备用。

⑤ 尽量不要离开飞机太远，以方便救援人员第一时间搜寻到救生船和人员。

⑥ 一家人尽量在一起，可以带一些毛毯和保暖衣物，但不能带个人行李。

三、应急撤离程序

无论是陆地着落，还是水上着落，应急撤离均可分为三类：有准备撤离、有限时间准备的撤离和无准备撤离。

1. 有准备撤离

有准备的应急撤离是指撤离前有充分的准备时间进行客舱准备和进行应急广播，包括陆上和水上撤离。两者的准备工作的程序基本一致。

（1）撤离准备

① 通信与协调。主任乘务长从驾驶舱获取应急迫降的信息后（应急性质、着陆方式、准备时间、撤离方式和采取的防冲撞姿势等），召集乘务员并把信息传达给每位乘务员，明确客舱撤离区域。

② 迫降广播。乘务长广播通知旅客迫降的决定，同时要求旅客系好安全带，收起椅背，扣好小桌板。进行应急出口说明和客舱撤离区域划分。

③ 客舱准备。按"陆地/水上迫降检查单"进行准备，主要包括：

a. 收取锐利物品。

b. 介绍防冲撞姿势/安全须知卡。

c. 选择援助者，调整旅客座位。

d. 确认卫生间无人并锁闭，关闭厨房电源，固定好厨房设备和悬浮物。

e. 对乘客进行安全检查，靠背、小桌板、安全带、脚踏板符合要求。

f. 若水上降落，需检查旅客是否穿好救生衣（注：上述内容需要重复，并最后确认）。

g. 调暗客舱灯光。

h. 接通应急灯光。

i. 执行防冲撞姿势。

④ 准备完毕报告。各区域乘务员确认准备工作完毕后，报告主任乘务长，主任乘务长确认客舱准备工作完成后，报告机长"乘务组和客舱准备工作完毕"。

⑤ 待撤实施。当准备就绪后，机长广播通知"各就各位，各就各位！Attention! Attention!"或"系好安全带指示灯"多于两次闪烁及铃声时，乘务员回到执勤座位系好安全带和肩带，做好防冲撞姿势，并回想撤离分工。

（2）着陆（水） 当机长发出"着陆（水）！着陆（水）！Landing! Landing！"时，乘务员高喊"低头弯腰，紧迫用力！Bend over, brace!"，连续大声喊口令直至飞机停稳。

（3）撤离步骤

撤离情况（一）——乘务员实施陆地着陆撤离步骤

当飞机着陆（水）停稳后，机长宣布"撤离"命令，如果广播系统失效，"撤离警告鸣响"或"应急灯亮"时乘务员立即组织乘客撤离。

① 判断飞机完全停稳，解开安全带，确认滑梯预位，观察外面情况，如无烟雾和障碍，打开所需的舱门和出口，并释放滑梯（如图9-15所示）；若有烟雾和障碍，迅速封门，指挥旅客去其他出口脱离；若发现舱门卡阻，迅速指挥旅客去其他出口，并尝试二次开门。

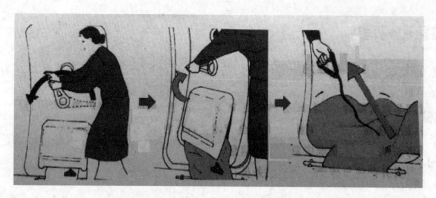

图9-15 应急门开启及滑梯充气

② 确认滑梯充气状况（拉人工充气手柄），侧身站在门旁，与援助者一起指挥旅客跳滑梯撤离，并远离飞机。

③ 旅客撤离完毕，取出座椅下的手电，乘务员、区域乘务长、主任乘务长检查客舱（如有特殊旅客没有撤出，要喊"特殊旅客没有撤出！"），然后报告机长，随之一起撤离飞机。撤离时，要带好必需品。

撤离情况（二）——乘务员实施水上撤离步骤

水上撤离除了执行陆地着陆撤离实施步骤外，还需完成水上撤离的特殊步骤。

① 广播示范、协助旅客穿好救生衣，提醒旅客上船前充气。

② 打开舱门，抛出救生船，充气后，指导机上人员全部上船，如有落水者，营救上船。

③ 指导平衡方式，坐在船上时应双腿伸直，背靠船舷，一个紧挨着一个；需要移动时应提醒他人，注意并保持低姿态爬行。

④ 切断与机体的连接，释放救生船向风下侧方向划离燃油区和燃烧区。

⑤ 将多条救生船连接在一起，准备好求救设备。

⑥ 向机长报告情况。包括旅客人数、乘务员人数以及伤亡情况。

特别提示：紧急撤离时不要携带任何行李，行李固然很贵重，但生命永远是最宝贵的。从行李箱内取行李，耽误时间，行李脱落会砸伤人，脱落的行李堵塞过道，影响紧急撤离速度，这时是以"秒"为计算单位的。拎着行李逃生，行李会堵塞通道，减缓撤离速度，也易挤伤人。

(4)撤离后工作

撤离后工作一——陆路撤离后的工作

陆路撤离逃至安全区域后,接下来做好以下后续工作:

① 指挥旅客集到一起。5～10人为一组围成一圈,方便乘务员清点人数,救护受伤的旅客。需要注意的是一家人不要分开,亲朋好友要聚在一起。面对危险时,亲人的鼓励与支持很重要,可以消除恐惧感和孤独感,也方便更好地自救。

② 向机长报告情况。旅客人数、乘务员人数以及伤亡情况。

③ 组织急救、救护、防护准备,等待救援。

④ 如有可能,设置安全警卫,确保邮件、包裹和飞机不受干扰。

撤离后工作二——水上撤离后的工作

水上撤离到逃到安全区域后,离出来的旅客都将面临水的威胁,需要做好针对性后续工作:

① 营救落水者,救治伤者,照顾幸存者。

② 连接各船,抛海锚,固定好船的位置,准备救生设备。

③ 清点人数,向机长报告。

2. 有限时间准备的撤离

有限时间准备的应急撤离是指当准备时间非常有限的紧急情况下的撤离(不足10分钟或更少时间)。

(1)撤离准备优先准备 假如时间充足,理想状态是按有准备撤离做好准备,但由于准备时间有限,只能选择关键的优先顺序进行准备。从机长得到应急撤离指令后,召集乘务会议,并按照优先次序进行准备,固定好客舱厨房设备,关闭厨房电源,指导旅客做好防护(系好安全带、调直靠背、收好小桌板),划分脱出口及演示防冲击姿势。

在优先准备的前提下,尽可能做好以下准备:

① 广播通知乘客。

② 介绍脱出口。

③ 若水上迫降,指导乘客穿好救生衣。

④ 乘务员自身准备。

一切准备完毕后,立即报告机长。

(2)待撤 当准备就绪后,机长广播通知"各就各位,各就各位!Attention! Attention!"或"系好安全带指示灯"多于两次闪烁及铃声时,乘务员回到执勤座位系好安全带和肩带,做好防冲撞姿势,并回想撤离分工。

(3)当机长发出"着陆(水)!着陆(水)!Landing! Landing时,乘务员高喊"低头弯腰,紧迫用力!Bend over, brace!",连续大声喊口令直至飞机停稳。

(4)着陆(水)后,执行有准备撤离着陆(水)后程序。

3. 无准备撤离

通常发生在飞机起飞或着陆时没有警报的情况下,可能发生在地面或水上的应急着陆。由于对应急事件没有准备,因此,乘务员必须对出现的第一个撞击迹象做出快速反应。

无准备撤离程序如下。

① 迅速做出判断，如"500英尺，准备冲撞！"
② 发出"不要动！系好安全带！""弯腰""低头""保持低姿势"的口令，直至飞机完全停稳。
③ 呼叫驾驶舱（机长），协调紧急撤离，听从机长口令。
④ 确认或打开应急灯。
⑤ 飞机停稳后，迅速打开门撤离。撤离时做好以下工作：水上迫降穿好救生衣，开门前观察门外情况，开门后观察滑梯充气状况，指挥旅客撤离并远离飞机。
⑥ 撤离后执行有准备撤离后的程序。

四、应急（撤离）广播和指挥口令

1. 应急（撤离）广播

机上广播是机组与旅客之间的桥梁，可分为服务广播与应急广播两大类。前者是服务过程中与旅客的正常沟通，而后者是紧急撤离时发出的具有紧急情况通报、要求和必要的指令，具有权威性，需要旅客认真倾听，并转化为行动。

在进行撤离准备时，乘务长需使用客舱广播告知信息，同时，乘务员对乘客进行安抚及指导。在广播和演示时，打开客舱内的所有灯光，固定好窗帘，关掉娱乐系统，完成准备工作后将灯光调暗。表9-6为乘务长广播内容和对应的乘务员工作任务。

表9-6　乘务长广播内容和对应的乘务员工作任务简表

广播内容	乘务员内容和参考语言
（1）乘务长广播： 代表机长宣布迫降决定	乘务员安抚乘客
我是本次航班的乘务长，现在代表机长进行广播，由于故障（原因）我们决定（陆地/水上）迫降。我们全体机组人员都受过严格的训练，有信心、有能力保证你们的安全。请乘客们回到座位上，保持安静，听从乘务员的指挥	请大家不要惊慌，我们全体机组人员都受过严格/专业的训练，我们有信心、有能力保证您的安全，请务必听从乘务员的指挥
（2）乘务长广播： 客舱整理（根据实际情况需要广播）	乘务员按广播内容整理、检查客舱及厨房
请将您的餐盘和其他所有服务用具准备好，以便乘务员收取；请调直座椅靠背，固定好小桌板，收起脚踏板和座位上的录像装置	迅速检查厨房设备，厕所设备，客舱安全检查并安抚乘客
（3）乘务长广播： 脱出口介绍	乘务员工作：确认出口环境、划分乘客的撤离区域、演示出口并加以确认
●陆地迫降 女士们、先生们：现在乘务员将告诉您最近的出口位置，这个出口可能就在您的周围，请确认至少两个的出口，当机长发出撤离指令时，请按客舱乘务员所指的方向撤离，不要携带任何物品。在指定的门不能脱离时，请尽快转移到其他出口。 ●水上迫降 女士们、先生们：现在乘务员将告诉您最近的带救生船的出口位置，这个出口可能就在您的周围，请确认至少两个的出口。当机长发出撤离指令时，请按客舱乘务员所指的方向撤离，不要携带任何物品。在指定的门不能脱离时，请尽快转移到其他出口	"为了便于撤离，我们把客舱分成各个区域。" "坐在这一侧的乘客请听从我的指挥，坐在另一侧的乘客请听从他的指挥。" "坐在这里的乘客（重复），请从这边的门撤离，如果这边的门不能使用，请从那边的门撤离（做两组说明）。" "请问您从哪个门撤离？如果这边的门不能使用，应从哪个门撤离？"（确认数名靠走道的乘客）

续表

广播内容	乘务员内容和参考语言
（4）乘务长广播： 　　　　选择援助者	乘务员寻找援助者并确认其任务。
女士们、先生们： 　如果您是航空公司的雇员、执法人员、消防人员或军人，请与乘务员联络，我们需要您的协助（暂停广播）。 　根据机长的要求，我们将调整一些人的座位，以更好地协助那些需要帮助的乘客，或帮助乘务员组织应急撤离。其他乘客请在原位坐好，系好安全带	"有没有航空公司雇员、军人、警察和消防人员？我们需要您的帮助。" "你们三位愿意作我的援助者吗？""好，请跟我来。" 　在有时限的迫降中，乘务员应让紧靠出口或乘务员座位对面的乘客作为援助者
（5）乘务长广播： 　　　　取下物品说明	乘务员在客舱内强调并督促完成
女士们、先生们： 　为了疏散时您的安全，请您取下随身的尖锐物品，如钢笔、手表和首饰，解下如领带和围巾这样的物品，脱下高跟鞋（水上迫降：脱下鞋子），把所有这些物品放入行李内。请不要把任何东西放在您座位前面的口袋内。请乘客把所有行李放在座位底下或行李架内	"脱下高跟鞋放在行李架上。""贵重物品放在外衣口袋。""解下围巾、领带放在行李架上。""大件行李锁到卫生间。" "座椅前方口袋不要放任何物品。""眼镜、助听器、假牙要取下，但不是现在，听我的口令时再取下。" "撤离时不要携带任何行李。"
（6）乘务长广播： 　　　　冲撞姿势	乘务员演示、辅导、确认。
说明女士们、先生们： 　为了您的安全，现在乘务员将向您介绍两种防冲击姿势。 　第一种：上身挺直，收紧下颌，双手用力抓住座椅扶手，两脚用力蹬地。 　第二种：两臂伸直交叉抓紧前面座椅靠背，头俯下，两脚用力蹬地。 　当您听到："全身紧迫用力"的口令时采取这种姿势，直到您听到"解开安全带"的口令为止。在飞机着陆时，会有多次撞击，保持您的防冲撞姿势直到飞机完全停稳	"看着我，跟我学。 Attention! Follow me!""第一种 First……" 　第二种 Second……""做好防冲击姿势我来检查！""很好，听到我喊低头弯腰，紧迫用力，bend overbrace 时再做！" 　特殊乘客的指导：L1/R1 对第一排乘客，L4/R4 对应急出口座位乘客，再指导特殊乘客（高血压患者、孕妇、小孩、抱小孩乘客）
（7）乘务长广播： 　　　　救生衣演示（水上迫降）	乘务员使用机组救生衣在客舱演示、指导乘客
女士们、先生们： 　现在乘务员将向您演示救生衣的使用方法，请乘客们随同乘务员的演示穿上救生衣，但请不要在客舱内充气，注意不要在客舱内充气。 　救生衣在您座位底下。取出并撕开包装，将救生衣经头部穿好。将带子扣好，系紧。当您离开飞机时，拉下救生衣两侧的红色充气把手，但在客舱内请不要充气。充气不足时，可将救生衣上部的人工充气管拉出，用嘴向里吹气。（在夜间）最后请拔掉电池销。 　现在乘务员将协助任何需要帮忙的乘客穿上救生衣	取出座位下的救生衣（手势指出座位下方）；演示（迅速穿好后展示红色充气开关，不要拉动）；落实："带子系紧！不要在客舱内充气！机组救生衣是红色的！"
（8）乘务长广播： 　　　　介绍安全说明书	乘务员重新检查固定客舱、厨房设备、清理出口

续表

广播内容	乘务员内容和参考语言
在您前面的座椅口袋里有安全说明书,请仔细阅读。如果您有任何疑问请向邻座乘客或乘务员询问	
(9)乘务长广播: 注意事项提示乘客 女士们、先生们: 当客舱乘务员发出"全身紧迫用力"的命令时,您要做好防冲击姿势,并保持防冲击姿势直到飞机完全停稳。当您听到"解开安全带"的命令时,迅速解开安全带,听从客舱乘务员的指挥进行紧急撤离,应急撤离时,不要携带任何物品。在到达出口时,打开救生衣的充气阀门。(水上撤离)现在请拿下眼镜、假牙和助听器,并将它们放在外衣口袋内	1. 厨房:关闭电源,固定好设备; 2. 厕所:再次确认卫生间没有人,大件行李锁闭; 3. 客舱:乘客安全带、小桌板、座椅靠背、遮光板、脚踏板; 4. 行李架关闭; 5. 取下门帘、隔帘; 6. 门区:确认出口畅通无障碍物,确认滑梯预位系统在 armed 位
(10)乘务长广播: 关闭客舱灯光	全体乘务员做好最后准备
女士们、先生们,请注意: 为了使您的眼睛能尽快适应外部光线,我们将调暗客舱灯光	迅速自身确认,发卡、胸牌、手表、丝袜、高跟鞋放在行李架里,打湿头发(水上撤离不需要),并乘务之间互检
(11)乘务长广播: 最后确认	最后确认
全体乘务员做好最后准备	坐好,做好防冲击姿势。内话报告:L1 门,客舱确认完毕,自身确认完毕。

相关的训练内容,通常在"客舱播音"(汉语/外语)课程和训练中有具体内容,在本书中的后续应急处置训练项目中有详细的介绍。

2. 应急(撤离)指挥口令

指挥口令是撤离过程中非常重要的组成部分,需要旅客按口令行动,与机组密切配合,保证有序、安全撤离。乘务员在喊出口令时应该做到:响亮、清晰、简短、积极、节奏清楚、语气坚定。在不同的应急撤离阶段,有不同的指挥口令,民航部门有统一的应急指挥口令,并通过"大撤"训练,将口令与实操结合起来,训练乘务员的应急撤离组织、指挥与协调能力。有、无准备的撤离典型的应急指挥口令如表9-7~表9-9所示,水上、陆撤离的应急指挥口令如表9-10、表9-11所示。

表9-7 有准备应急撤离标准喊话——着陆前应急指挥口令

状态	发布人	口令
飞机接地前1分钟高度500英尺	机长	防冲撞准备! Prepare for bracing!
飞机接地前20秒钟高度50英尺	机长	防冲撞开始! Brace!
	客舱乘务员	弯腰不动!/Bend down!

表9-8　有准备应急撤离标准喊话——飞机停稳后应急指挥口令

状态	发布人	口令	
实施撤离	机长	撤离！/Evacuate！（三遍） （从左/右侧撤离 Evacuate to the left!/Evacuate to the right!）	
	客舱乘务员	解开安全带！/Release（Seat belt）！ 撤离！/Evacuate！	
解除撤离		机长	保持原位！/Remain seated！
		客舱乘务员	保持原位！/Remain seated！ 保持镇静！/Keep calm!
30秒无飞行组指令 （飞行人员丧失能力）	主任乘务长/乘务长	撤离！/Evacuate！ 解开安全带！/Release（Seat belt）！	
滑梯完全充气后，指挥人员撤离时	客舱乘务员	这边来！/Come（This way）！	
水上撤离，当旅客通过出口时	客舱乘务员	充气！下水！Inflate! Go!（无救生筏） 充气！爬出去！Inflate! crawl out!	
陆地撤离，当旅客通过出口时	客舱乘务员	一个接一个！跳！坐！ One by one！ jump！	
旅客从翼上出口撤离时	客舱乘务员/援助者	跨出去！脚先出！ Step out! Feet First!	
指令旅客加快撤离速度时	客舱乘务员	快！快！Move（Fast）！	
客舱有烟雾时	客舱乘务员	蹲低行走！沿灯光向前！沿声音方向走！透过衣服呼吸！ Stay down！ Follow Path indicator lights! Follow the sound! Breathing through clothes!	
出口门操作手柄被卡住，出口外有火、烟、水、障碍时，严禁打开该出口；撤离滑梯失效	客舱乘务员	出口不通！到对面！（前面！后面！） No exit！ Go that side！（Forward！ Backward！）	
撤离后清舱	客舱乘务员	还有人吗？Any body else?	

表9-9　无准备应急撤离标准喊话——飞机停稳后应急指挥口令

状态		发布人	口令
起飞滑跑或着陆过程，发现异常情况，等待飞机完全停稳后	实施撤离	机长	撤离！/Evacuate！（三遍） （从左/右侧撤离 Evacuate to the left!/Evacuate to the right!）
		客舱乘务员	解开安全带！/Release（Seat belt）！ 撤离！/Evacuate！
	解除撤离	机长	保持原位！/Remain seated！
		客舱乘务员	保持原位！/Remain seated！ 保持镇静！/Keep calm!
	无撤离指令	主任乘务长/乘务长	主任乘务长/乘务长通过内话征询机长指令：是否撤离？

第九章　迫降与应急撤离

续表

状态		发布人	口令
主任乘务长/乘务长通过内话征询,未获得任何指令应经判断决定	实施撤离	主任乘务长/乘务长	撤离!/Evacuate!(三遍)
		客舱乘务员	解开安全带!/Release(Seat belt)! 撤离!/Evacuate!
	解除撤离	主任乘务长/乘务长	保持原位!/Remain seated! 保持镇静!/Keep calm!
		客舱乘务员	保持原位!/Remain seated! 保持镇静!/Keep calm!

表9-10 陆地撤离时的状态和对应的应急指挥口令

序号	状态描述	口令
1	500英尺,准备冲撞	低头弯腰!紧迫用力!Bend over! Brace!(持续)
2	应急灯亮	不要动!Remain seated!(两次)
3	飞机停稳,机长发出"撤离!撤离!"或者"应急撤离警告系统响",乘务员解开安全带及肩带从座位上站起,观察外面状况并打开出口门后封住舱门时	解开安全带! Open seat belt! 撤离!Evacuate!
4	出口门已经打开,滑梯充气后,一只手握着门边把手,另一只手进行指挥时	到这边来! Come this way! 这边走! Come here!
5	撤离期间指挥乘客加快撤离速度时	快点走! Move faster!
6	当乘客在充满烟雾的客舱内撤离时	低下身,跟着灯光走,随声音来,隔着衣服呼吸 Stay down! Follow me!
7	当乘客通过出口撤离时	一个跟着一个!跳滑! One by one! Jump and slide!
8	当门被堵住,门把手卡住,舱外有火、烟、水,乘务员面向客舱双臂封住舱门时的指挥。以及门已经打开,但无滑梯的情况下,乘务员面向外双手抓住门边把手时的指挥	此门不通,到对面去! 到前门去!到后面去! No exit, go across! Go forward! Go back!
9	遇到无计划的应急撞击时	弯腰/趴下!Bend over! Keep head down!
10	遇到有计划的应急撞击时	紧迫用力! Brace!
11	当飞机着陆后,机长指示不用撤离时	坐在座位上! Stay in your seat! 保持镇静! Don't panic!
12	遇到无计划的应急撤离时	脱掉高跟鞋! Take off shoes!

表9-11 水上撤离时的状态和对应的应急指挥口令

序号	状态描述	口令
1	500英尺,准备冲撞	低头弯腰!紧迫用力!Bend over! Brace!(持续)
2	应急灯亮	不要动! Remain seated!(两遍)

续表

序号	状态描述	口令
3	飞机停稳，机长发出"撤离！撤离！"或者"应急撤离警告系统响"，乘务员解开安全带从座位上站起，观察外面状况并打开出口门，封住舱门时	解开安全带！ Open seat belt！ 撤离！Evacuate！
4	遇到无计划的应急撤离时	穿上你座位下的救生衣！ Life vest is under your seat！ 脱掉高跟鞋！ Take off shoes！
5	出口门已经打开，滑梯充气完毕后闪开出口，一只手握住门边把手，另一只手指挥时	到这边来！ Come this way！ 这边走！ Come here！
6	当乘客通过出口撤离时	救生衣充气！ Inflate life vest！ 上船！ Get on raft！（三遍）！
7	撤离期间指挥乘客加快撤离速度时	快点走！ Move faster！
8	乘客在救生船上以及移动时	趴下，坐下！ Stay low, sit down！
9	当门被堵住，门把手卡住，舱外有火、烟、水，面向客舱双臂合十时的指挥，以及门已打开，当中大型飞机救生船充气失效时，双手抓住门边把手指挥时	此门不通，到对面去！ 到前门去！到后面去！ No exit, go across！ Go forward！ Go back！
10	遇到有计划的应急撞击时	紧迫用力！ Brace！
11	遇到无计划的应急撞击时	弯腰/趴下！ Bend over！ Stay low！
12	当飞机着陆后，机长指示不用撤离时	坐在座位上！ Stay in your seat！ 保持镇静！ Don't panic！

俄客机起火，撤离时被要拿行李的乘客延误了

【事件概况】

俄罗斯当地时间2019年5月5日，俄罗斯一架客机从莫斯科谢列梅捷沃机场起飞后不久紧急迫降。降落时飞机起落架断裂，发动机起火，事故造成机上41人死亡。值得注意的是，可以在乘客逃生的视频中清楚地看到，即使情况危急，火势猛烈，仍然有人拿着行李箱在逃生。俄罗斯国际文传电讯社援引一位不愿透露姓名的"知情人士"说，"飞机的逃生被延误了，因为一些乘客执意要去拿行李。"人们不禁叹息，前排的乘客虽然是拿了行李成功脱离了，人、财都保住了。殊不知，后排乘客的逃生时间却被消耗殆尽了，飞机火势蔓延速度之快，一般人是无法想象的。

"网易航天航空"分析称，机上撤离是一件争分夺秒的事，尤其是机上火灾，由于飞机客舱内部有较多易燃品，在飞机客舱门打开后，空气进入更易加速其燃烧，大火可以在数十秒内吞没整个机身。虽然飞机制造商在设计飞机时都考虑了紧急撤离的问题，但由于机上逃生路径较为固定，一旦有旅客拿取行李堵塞了逃生通道，整个客舱内的逃生速度和秩序就可能被打乱。

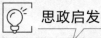 思政启发

其实，在飞机火灾迫降后，不光是逃离火源这么简单。机上火灾带来的威胁是多方面的，吸入有害气体导致伤亡的情况其实是最多的，短短的几秒钟，很可能就是生与死之间的距离。另外，如果火灾引起燃油的燃烧，很可能引发飞机爆炸，可能带来很严重灾难。

启发1：不能把人的自觉作为信任的理由，人总是存在"自私"和"贪财"的心理。

启发2：客舱失火迫降撤离的危险性还没有普遍被人们理解与接受。

启发3：把行李看得比他人生命还重要的人是极度自私的，无形中成为隐形的"刽子手"。

启发4：逃生往往以"秒"计算，拿行李耽误的那几秒，都有可能让你身后人的无法逃生！此时的责任与无私是无价之宝。

 开放式讨论9

讨论题目——紧急撤离更需要大局观和忘我精神

引导性提示

1. 逃生往往以"秒"计算，可能的灾难随时降临。
2. 由于机上紧急出口与客舱空间的限制，撤离需要秩序，需要谦让，自私往往害了自己也害了大家。
3. 乘务组需要从大局出发来做好组织与协调工作。
4. 树立正确的人生观与价值观，理解生命的价值。

 本章总结

1. 迫降是非正常情况的选择，风险性需要乘务组做好旅客的指导工作，并按机长的统一指令行事。
2. 研究与试验表明，正确的防冲撞姿势可以减少冲击对人体的伤害。
3. 迫降的程序是针对不同的迫降种类与迫降方式而言的，要注意它们的差异。

4. 应急撤离是迫降后的接续任务，关系到客舱旅客的生命安危，迫降伴随着撤离，不确定因素决定了时间就是生命，机组成员需要具备过硬的应急撤离组织能力。

5. 应急口选择关系到撤离的速度，逃离方向关系到撤离后的安全性。

6. 撤离是旅客和机组人员需按照科学、统一、简练的动作尽快撤离飞机的规定程序，目的在于拯救人员生命，减少航空器损失。

7. 撤离口令是迫降过程中不可缺少的元素，严谨清晰的口令关系到撤离过程的每一个步骤实施。

后续阅读

推荐资料：电影《紧急迫降》。

自我心理建设

大无畏的忘我精神培育。

课后思考与复习

思考题

1. 客舱释压与应急撤离的核心问题是什么？
2. 可能影响应急撤离的因素有哪些？

复习题

1. 简述客舱迫降与紧急撤离的重要性及特点。
2. 简述迫降及发生的原因。
3. 简述不同迫降种类与方式的迫降程序。
4. 简述紧急撤离的基本程序。
5. 简述撤离口令的几个阶段及主要内容。

第十章 野外生存

应急撤离后，机组和旅客将面临复杂的情景：如果飞机迫降在远离人烟的地方，生存条件恶劣，成功撤离后，在被动的野外生存的条件下，机组与旅客将面临生存问题。此时，了解野外生存的基本常识，掌握野外生存的基本技能，可以获得生存和获救的机会。在过往的民航事故中，有许多经历严酷恶劣的野外生存而获得生存的案例，如17岁女孩朱丽安·科普柯，在飞机失事中坠落，独自穿越亚马逊，是旅客中唯一的幸存者；像电影《荒岛余生》描述的联邦快递工程师查克，因飞机失事，独自一人在一个荒凉的岛上生活并最后获救的故事等。今天的飞机安全性得到了极大地提高，现代营救手段十分发达，出现野外长期生存的概率很低。但居安思危，有备无患，了解基本野外生存技能，也能为非常情况下的野外生存提供帮助。

本章系统介绍了野外生存的基本知识（包括威胁生命的主要因素、必须掌握的主要生存技巧及野外求生要素），分别介绍了陆地、水上及特殊环境生存的技术与技巧。

 本章学习目的

本章的学习目的包括：
1．了解野外生存的基本知识。
2．熟悉陆地生存的要点。
3．了解水上求生需要面临低温、方向、风力等考验。
4．了解特殊环境求生中森林求生、极地求生和沙漠求生将面临的问题。

 理论知识点

1．野外生存受制于与正常生存不同的生存环境，面临着多种威胁生命的因素，需要克服重重困难，必须做好充分的心理准备。
2．陆地生存将面临水、食物、疾病及避难所等困难，组织互助与心理建设十分重要，尽快发出求救信号是获救的基本条件。
3．水上生存的要点是克服低温，解决好食物与饮用水，辨别好方向，尽快上岸得救。

4．特殊环境求生往往是在极端的环境下，即使有准备的人都很难生存，而对于没有准备的人来说，困难可想而知，需要毅力支撑，需要科学的方法。

 能力与素质

1．能力要点
（1）组织能力：组织起来，使旅客能够形成相互信任与依赖的团队。
（2）联系性思维能力：把困难想得更复杂一些。
（3）解决问题的能力：掌握化解威胁生命的关键因素的办法。
2．素质要点
（1）道德素质：互敬互爱，乐观的态度。
（2）职业素质：关爱他人胜过自己。

导读

野外生存的核心问题——维持生存

在发生紧急情况下，飞机迫降在远离居民区的荒郊野外，就会使幸存者陷入险境。此时，在无法得到及时救援且发生地在人迹罕至的地区，一般情况下其自然条件比较恶劣，缺乏生存所需要的基本条件，生命随时受到威胁，曾登上珠穆朗玛峰的英国人贝尔·格里尔斯总结脱险基本原则时说道：利用各种手段维持生存，并在尽可能短的时间内，设法回到文明世界，寻求他人帮助。可见，野外生存的核心是维持生存，因为只有能活着，才有获救的希望。这需要意志力、决心和充满希望，那些对家庭和生活无比热爱，求生意志坚定，身体健壮，始终保持清醒和警觉的头脑，善于利用机会的人，无疑是最有可能走出困境的幸运儿。即使遇险者事先有所准备，但只靠这些来应对野外的恶劣环境还远远不够，必须熟悉和掌握一系列基本技能，才有可能求得最后生存。

第一节　野外生存的基本知识

一、威胁生命的主要因素

应急撤离后，野外生存是被动的，无法做充分的准备，面临的威胁生命的因素众多，从广义角度看，一般将面临十种主要威胁，如图10-1所示。

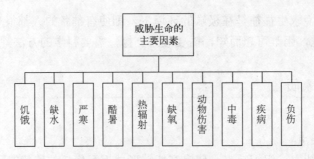

图10-1　威胁生命的主要因素

二、必须掌握的主要生存技巧

野外生存是一种特殊环境下的特殊生存，需要具备生存技巧，主要的生存技巧包括11种，如图10-2所示。

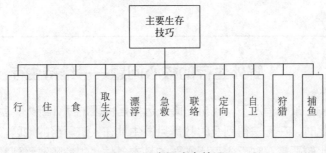

图10-2　主要生存技巧

三、野外求生要素

野外生存的首要条件就是要有强烈的求生欲望，尽可能地保存体能，具备保持健康与清洁的方法。

1. 强烈的求生欲望

（1）充分预见可能存在的危险和困难局面，并制订行动计划。

（2）经过训练和平时经验的积累，能增强求生的欲望。

（3）保持乐观的心态，使自己和周围的人能放松下来。

（4）保证身体处于健康状态，有利于增强求生信心。

（5）尽快适应陌生环境，并进行心理调节，排除抑郁情绪。

2. 保存体能

（1）必须保证有水和食品供应，但不要为此过分劳累。

（2）不要无目的地走动或大声呼叫，不要做出超出能力范围的事。

（3）保暖御寒，防止暴晒，避免身体过冷或过热。

（4）建造掩体，来应对寒风、烈日与风沙等威胁。

（5）避免流汗而导致体内水分流失，尽量睡觉减少体能消耗。

3. 保持健康与清洁

（1）脚的保护措施

① 行走是求生过程中唯一的交通方法，不要让脚受伤。

② 脚受伤后，必须立即求助。

③ 注意保持脚的清洁与温度。

④ 尽可能穿上鞋和袜子。

（2）保护眼睛的方法

① 使用太阳眼镜或护目镜。

② 用布片或树皮保护眼睛，中间留一狭缝。

③ 用炭笔涂黑眼睑下方。

④ 注意保护视网膜，防止雪盲发生。

⑤ 防止外伤感染，不要揉搓眼睑，避免使用隐形眼镜。

第二节　陆地生存

一、撤离后的组织

（1）首先远离飞机，避免再生性侵害。

（2）集合并清点幸存人数，将其分成几个小组，每组约10人。

（3）每组指定一名组长负责管理，总的任务由机组人员下达，具体任务由组长分配给每一个人。

（4）对伤者实施急救，并请求幸存旅客中的医务人员提供援助。

（5）当发动机冷却，燃油蒸发，火已熄灭时，设法回到飞机。

（6）利用现有的材料搭设临时避难所。

（7）准备好发出求救信号设备。

二、避难所的选择与构建

1. 天然避难所

常见的天然避难所如图10-3所示。

2. 飞机避难所

在特殊情况下，飞机是最好的避难所如图10-4所示。

3. 修建避难所

（1）山洞作为避难所时，要记住里面可能会很潮湿，同时可能会有其他生物存在。

（2）冬季时，不宜依靠机身修建避难所，因金属散热过快。

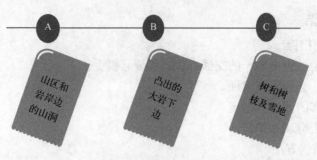

图 10-3　天然避难所

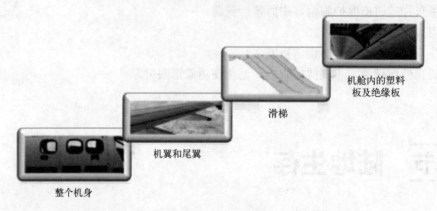

图 10-4　飞机避难所

（3）避免在低洼潮湿的溪谷处修建避难所，防止被洪水冲走。

（4）在倒下的死树及树下不宜修建避难场所。

（5）不宜在茂密及较深的草木丛林中修建避难所。

三、信号与联络

不管是在船上、水里，还是在陆地上，要尽可能频繁地发送求救信号，节省信号资源。没有信号的话，救援人员可能找不到求救者和其他幸存者。

1. 国际公认的求援符号

（1）"SOS"表示请求援助我们。

（2）"Y"或"N"分别表示"是"或"不是"。

（3）"X"表示幸存者需要医疗救护。

（4）"箭头"表示求援者行进的方向。

（5）"V"字表示求援者需要帮助。

2. 发射信号弹

根据信号弹的数量，合理使用信号枪。如果信号弹数量不多，留到飞机或者船只出现的时候使用。

3. 自制求救信号

（1）制作地面标志　在比较开阔的地面，如草地、海滩、雪地上可以制作地面标志。

把青草割成一定的标志,或在雪地上踩出一定的标志;也可以用树枝、海草等堆成各种求救符号,与空中获得联络。

(2) 使用镜子　用镜子将阳光反射到搜救船只上。

(3) 火光信号　火在白天和夜间都可作为信号。连续点燃三堆火,中间距离最好相等。白天可燃烟,在火上放些青草等容易产生浓烟的物品,每分钟加6次。夜晚可燃旺火。三堆火组成的三角形信号是一种国际遇难信号。

(4) 烟雾　当在晴朗无风的日子里或是白雪覆盖时,可用白色、黑色烟雾作为信号。三个烟柱组成的三角形也是一种国际遇难信号。蓝天为白烟,雪地、阴天为黑烟。

4. 发信号的注意事项

(1) 做好发信号的一切准备,并保证其有效性。

(2) 应保证铺设的信号在二十四小时内都有效,因为信号在昼间大部分时间都有阴影,所以铺设方向应为东西方向。其线条宽度为不短于3英尺(约0.91米),长度不短于18英尺(约5.49米),并定时检查。

(3) 所有信号的发出和铺设应在开阔地带,可能的情况下多准备几种信号。

(4) 用火作为信号时,应选择离开其他树较远的孤立稠密的常青树,避免引燃森林火灾。

(5) 保护好信号材料不受冷、受潮。

(6) 烟雾和反光镜是仅次于无线电的最佳联络手段。

(7) 任何异常的标志和颜色之间的差异在空中都能发现。

四、饮水

在生存中,水比食物更为重要,水是人类生存的必需品,缺水对生存,乃至生命的威胁更大。据生理医学研究表明,在一个成年人的体内,水分占50%~60%。人体各大组织及器官的功能也大都需要靠水来协助发挥,身体一旦缺乏水分,便会发出不同的警报提醒缺水者补充水分,一旦忽视它,很有可能会对身体造成威胁。图10-5为列出随着水分的流失身体所产生的变化特征。

1. 水源

(1) 当从飞机上撤离下来时,应尽可能地带水和饮料。

(2) 寻找附近的河流、湖泊、池塘、山泉等。

(3) 在沙丘之间的凹处进行挖掘可能会发现水。

(4) 干枯河床下面常常有水。

(5) 雨水和露水。

(6) 热带丛林的植物也富含水分。

(7) 在寒冷地带,融化纯净的冰和雪。

(8) 鸟群经常在水坑上飞翔。

(9) 顺着动物的足迹和粪便等寻找水源。

(10) 获取凝聚于植物叶面上水蒸发的水汽。

(11) 用器皿收集日晒液体的水,用以提存,如海水、尿液等不能直接饮用的液体。

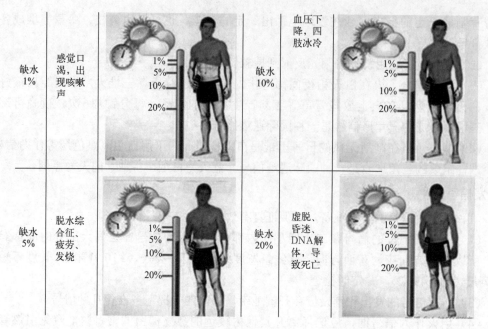

图 10-5　随着水分的流失身体所产生的变化特征

2. 饮水禁忌

在合理分配用水量、减少活动，避免体液损失，并坚持飞机上带下来的水和应急水应放在最后使用的原则下，需注意以下禁忌：

（1）不干净的水至少煮 10 分钟之后再使用。
（2）河流、湖泊、池塘、山泉等水源，需消毒后使用。
（3）不要直接食用冰和雪解渴，因为雪和冰会降低体温，或造成更严重的缺水。
（4）丛林植物中呈乳汁状的汁液不能喝，可能有毒，尿液需要处理才能喝。
（5）沙漠中的湖泊和水坑中的水如含有盐碱味，不要饮用。

五、食物

1. 食物的获取

在野外生存中，食物与水相比并不是最重要的。一个幸存者不吃东西，光靠水和本身脂肪也能生存一段时间，当需要吃食物的时候，可以从周围的环境中获取，食物的来源包括：

（1）在不影响撤离速度的情况下，尽可能地从飞机上带下可食用的食物。
（2）从昆虫身上获取食物。
（3）猎捕鸟类等作为补充食物。
（4）捕食鱼类。
（5）采摘野生藤本植物。
（6）飞机货舱内可食用的食物。

2. 进食禁忌

要坚持应急食品要放在最迫不得已的时候再吃，野生藤本植物要小心食用的原则。

（1）有些昆虫可以生吃，但烧烤后味道更好。不要食用蜈蚣、蝎子、蜘蛛、苍蝇、红蚁、虱子和蚊子。

（2）食用鸟类等之前，应先放血，去皮取出内脏，然后经烧烤后食用。

（3）淡水鱼一定要先将其煮熟后食用。

（4）野生藤本植物作为最后的求生食品时，一要熟悉其属性，二要在食用前先分辨一下是否有毒。

有毒的植物可能会有下列现象：

① 触摸后有刺痒感及红肿。

② 折断后的树枝叶上有乳汁样的汁液流出。

③ 嚼在嘴里有烧灼感，感觉辛辣苦涩或滑腻。

但不是所有的有毒植物都有怪味，有时是香甜味，如咀嚼8小时后无特殊感觉，就可放心食用。

六、野外生火

火是野外生存的基本需要之一，它可以做饭、取暖、烘干衣服、保持体温、防止野兽的袭击，同时火光可以作为联络信号。

1. 火种

（1）火机、火柴最便捷，但很稀少，因为不允许带上飞机。

（2）聚光方式取火，如镜子，玻璃等。

（3）民间取火的方式，如钻木取火、火石金属摩擦。

（4）电瓶，但不要在飞机附近使用。

（5）其他。

2. 引燃物

利用所在地的天然物质作为引燃物，如枯草、干树枝、桦树皮、松叶、松蜡、细树枝、纸、棉花、油布等。

3. 火源物资

就是干柴，这类物资比较丰富，因地制宜，树、草、农作物、动物的干燥粪便，也可在安全的前提下，使用飞机上的燃油和润滑油。

4. 火场的设置与控制

火场一般设置在避风、平坦、远离干柴的空地，最好靠近水源。火一旦失控，后果是严重的，取火可能酿成火灾，因此，火源最好摆设成可控制的形状，如锥形、星形等，以便于控制。

特别提示：要为第二天准备足够的引柴和燃料，并用干燥的东西将其盖好。

5. 野外生存的组织与自我保护

在组织上，人员要集中，避免走散，随时清点人数，保持避难所的清洁。作为个体，旅客要调整好心态，充分休息，保存体力，每晚应睡7～8个小时，保持身体干燥和温暖，应避免蚊虫叮咬，适当锻炼身体，在阴冷的天气里，尽可能地做好保暖。

第三节　水上生存

一般而言，水上迫降是无奈的选择，俗话说得好，"水能载舟亦能覆舟"，水上生存的难度远超过陆地。

一、水上生存的困难

（1）水上缺乏参照物，难辨方向，不易发现目标，生存人员很难判断所处的位置。
（2）风大浪高，平均风力3～4级，大风时可达10级以上。
（3）缺乏淡水。
（4）水温低，表面平均水温不超过20℃，有13%的水表温度在4℃以下。
（5）海洋生物对人类的伤害。

二、水上生存的要点

1. 有效解决水中保暖

体温过低是仅次于溺水的第二大威胁。一直接触冷水会导致体温降低，体温极其低的情况下，身体器官最终会停止运作，从而死亡。

如果求生者靠着漂浮物泡在水里，没有任何救生艇可以帮助而脱离水面，不妨将大腿贴近腹腔并环抱双膝。这个动作可以有助于保持体温；如果和其他人一起待在水里或者船上，和他们靠在一起，相互拥抱取暖；穿上衣服，即使是泡过水的衣服也有保暖的作用。

2. 解决水的来源与使用

（1）海水　海水未经淡化不能直接饮用，否则会导致脱水，海水对人体组织具有破坏作用，会引起许多器官和系统的严重损伤，先使用已有的淡水，再进行海水的淡化。

（2）淡水源　紧急迫降条件下，离机前或迫降随身携带的饮料是有效的，在条件允许时尽量收集机上饮料，但这不足以解决饮用水的问题，需要多种办法来解决。

① 收集雨水，利用船上的设备储存雨水。
② 收集金属表面的露水。
③ 北半球海域冰山是淡水的来源，但若靠近冰山要很小心，因为冰山翻转十分危险。
④ 利用海水淡化剂淡化海水，使其成为可饮用淡水。

（3）水的合理饮用

① 饮水节奏与饮用量控制，节约使用。除非特别渴，否则在救生船上的第一个24小时内不要喝水（婴儿和重伤员可适当分配淡水）。如果水量有限，每天喝16盎司（约473毫升）水。当雨水充足或16盎司不能满足需要时，每天可以喝24盎司（约710毫升）或者更多。当淡水很少时，在下雨前只能用水湿润嘴或喝一点水。

② 自我控制与调节。可在嘴里含一个纽扣或口香糖，增加唾液，减少渴的欲望。不能抽烟，不能饮酒及饮用咖啡因制品，避免体内水分的散发，酒可以留下用于对外伤消

毒止痛。尽量少动，多休息，减少体内水分的消耗。

3. 食品

除陆地生存食物外，可以捕捉水中的鱼类和水面的鸟类作为食物，利用飞机货舱散落的食物，以及救生船的救命包内的应急口粮。

三、发现陆地

在水面漂泊的最后出路就是登陆海岛或获救，因此，进入水上生存状态的时候，需要努力寻找登陆岛，尽快登陆，使生存进入陆地生存状态。

1. 寻找海岛

要辨认确定陆地海岛的位置，主参考信息有：

（1）气象信息

① 在晴朗的天空，远处有积云或其他云聚集在那里，积云下面可能有陆地或岛屿。

② 通常情况下，白天风吹向陆地，晚上风吹向海岸。

③ 在热带海域，天空或云底的淡绿色通常是由于珊瑚礁或暗礁反射所形成的。另外，不要被海市蜃楼所迷惑，避免无功而返。

（2）根据最后的已知位置来判断所在地点　这时可以利用地图、航海图或者星星来判断方位。

（3）飞行鸟类信息　黎明鸟群飞出的方向，黄昏鸟群飞回的方向，可能是陆地岛屿。

（4）漂浮物　漂浮的树木或植物意味着附近有陆地。

2. 登陆

登陆是海洋生存的最后环节，要想顺利成功地实施登陆，应注意以下事项：

（1）选择最佳登陆点，尽力向其靠近。

（2）穿好救生衣并充好气。

（3）穿好所有的衣服鞋帽。

（4）靠岸时，尽量放长海锚绳，降低船向登岸点的接近速度，保证安全。

（5）救生船在海滩上着陆前不能爬出救生船。

救生船一旦登陆，迅速下船并立即设法将船拖上海岸。

四、获救

获救包括在水面时直接获救，或在登陆岛上获救。当救援船驶到救生船旁边时，不要认为你可以很容易地登上救援船。此时一定要静静地坐在船上等救援人员来救。当直升机来救援时，一个吊篮只能容纳一个人。

第四节　特殊环境求生

一、冬季/极冷求生

1. 冬季求生原则

当处在任何低温强风和冰雪覆盖的地区时，在不同季节都必须应用冬季求生原则。
（1）携带救生衣作御寒之用。
（2）卸下并带上所有滑梯/救生艇。
（3）滑梯/救生艇应充气架设好作为掩体，并尽快让乘客进入避寒。
（4）启动应急求救发报机。
（5）在可能条件下收集飞机上的枕头和毛毯分配给乘客，让乘客尽量靠近坐好以保持体温，松开紧身的衣服。
（6）熟悉救生包里的物品：
① 取出信号发射设备。
② 其余物品留在储存袋里到实际需要的时候再取出。
（7）经常地指挥乘客做温和的运动，例如坐着屈伸腿部，运动手指和脚趾等。
（8）避免喝酒类饮料，以免有促进体温散发的危险。
（9）必须经常放一些新鲜空气到掩体内，内部的二氧化碳含量增高会造成伤害。
（10）不要让乘客们全体同时睡着，日夜都需要安排人员担任轮流守望工作。
（11）发现搜救者时，白天使用烟雾信号弹和反光镜，夜间使用火炬和信号弹，放烟雾信号和火炬时要在风下侧。

2. 预防冻伤

（1）衣着应温暖不透风，且松紧适度，保持身体干燥。
（2）烤或换鞋袜、鞋垫，鞋袜不能过紧。
（3）揉搓额面。
（4）不要长时间静止不动。
（5）不要在无准备时单独外出。
（6）不要赤手接触温度很低的金属。
（7）不要喝带酒精的饮料。
（8）勤互相督促。

3. 冻僵的治疗

（1）迅速将伤员移入温暖环境，脱掉（或剪掉）潮湿冻结的衣服鞋袜。
（2）采取全身保暖措施，盖以棉被或毛毯，利用树叶、干草、加热过的石头，用热水袋（注意用垫子、衣服或毯子隔开）放腋下或腹股沟。

4. 保暖注意事项

（1）保持身体干燥。

（2）贴身的保暖衣物不能过紧，以防止身体不能与外界空气交换以至于身体过热出汗和身体热量散失过快。

（3）头部和手易被冻伤应重点采取措施。

（4）脚部保暖时应保持脚的干燥，如有可能应在鞋底增加保暖物品后再进行包裹。

（5）应避免身体直接坐或躺在雪地上。

（6）不能使用飞机作为避难所，因为金属结构的机身如同一个巨大的散热器。

（7）如果使用雪屋作为避难所，应注意保持通风和避免雪屋坍塌。

二、森林生存

森林一望无际，像迷宫一样，很容易迷失方向，引起惊恐失措，同时，森林中野生动物可能会伤害人，昆虫及植物会引起疾病，高温和极寒也会危及人的生命。所以，森林生存面临很大的挑战。

（1）带上救生衣以便和周围颜色形成鲜明的对比，便于识别。

（2）准备搭设临时住所的物资，如飞机的滑梯、救生船等。

（3）利用紧急求救发射机求救，如信号发射器，若利用火把传递求救信号时，必须对着下风边，避免火灾发生。

（4）熟悉救生包的物品，便于开展救治，利用好救生指导手册。

（5）暂不使用物品放在储存袋内备用。

三、沙漠生存

沙漠环境昼夜温差大（-50～60℃），缺水，若再遇上狂风沙尘暴（风速达到40公里以上），使人的生存难度极大，所以必须科学防护，谨慎对待。除了采取其他特殊环境求生措施外，特别注意以下几点：

（1）做好御寒，抵御温差。

（2）避免在风暴来临时移动。

（3）轮流睡觉，安排值班。

（4）避开浮水，免入沼泽。

思政阅读10

真人版荒野求生——飞行员迷失在亚马孙丛林36天后成功获救

【事件概况】

巴西36岁的飞行员安东尼奥·塞纳因所驾驶的飞机失事，被困亚马孙森林36天，上演了现实版"荒野求生"。

原始森林中，有各类昆虫在塞纳身边飞来绕去，还有毒蛇以及其他猛兽需要防备。此外，由于没有食物，塞纳只能吃野草、野果充饥。

塞纳最终遇到了外出采摘的当地人，获得营救。而此时的他已经在森林里跋涉了大约27公里，被困36天。由于长期处于饥饿恐慌的状态，塞纳暴瘦大约25公斤。幸运的是，除了有些虚弱和轻微擦伤外，他的身体并无大碍。

在塞纳获救被送往医院之前，接受巴西电视台采访时，塞纳强忍着眼泪说："（在这几天里）唯一一个让我坚强和让我活着出来的信念，来自我的家人，我爱我的家人们，我渴望见到我的父母和我的兄弟姐妹。"塞纳是一位体育运动爱好者，这可能让他更有体力，能够帮助他在野外活下来。因为在野外的几周里，塞纳脱水和轻微受伤，获救后他接受了治疗并康复。他在接受巴西一家电视台采访时动情地说："（当我在野外时）我的首要任务总是寻找水源和食物。我知道我面临着生死关头。"

 思政启发

在民航史上，也有类似于安东尼奥·塞纳飞机坠毁幸免之后面临野外生存的例子。安全数据表明，民航飞机是世界上最安全的交通工具之一，但即使如此，非常规情况的出现也是无法从根本上避免的。在飞机出现意外而迫降或坠机的幸存者都将面临野外生存的考验，而机组成员则会肩负着带领幸存旅客，团结合作去克服恶劣生存环境对生理和意志的考验，最终能够成功获得救助而生存。我国继2018年首次在着陆场区沙漠地域组织航天员野外生存训练之后，2022年6月16日，第三批10名航天员赴巴丹吉林沙漠，开启为期10天的真实版"荒野求生"。民航西南局曾开展高原航空器事故调查员野外生存训练，在各航空公司的乘务人员的培训体系中，均有野外生存技能训练部分。民航以安全为己任，需要机组成员有能力面对各种可能的突发事件，有能力带领旅客走出各种困境。

启发1：野外生存中，坚强的信念是最核心的动力！

启发2：野外环境是未知而恶劣的，需要具备知识和常识。

启发3：野外生存中，最重要的事情是"生存"，即人要活着！如何获得最大的生存机会是最大的挑战。

启发4：假如乘务员带领旅客一起野外求生至最终获救，面临的困难会更多，面临的挑战会更大，需要乘务员具备什么素质才能不负众望，这是关系到民航人品质的深层次问题，值得思考！

开放式讨论10

讨论题目——如何培养在野外生存中坚不可摧的意志力

引导性提示

1. 民航的野外生存，往往是环境不可知，出现的变数最大，面临的困难也是最多的野外生存。

2. 意志力是坚定不可动摇的信念，意志强大，来自坚定信念，信念是一个人的胸怀与品质特征。

3. 意志的强大，不但能够创造奇迹，挑战极限，更能将精神的力量发挥至巅峰。

4. 什么样的人最容易在困难面前退缩？而什么样的人意志坚不可摧？

 本章总结

1. 飞机迫降后的野外生存是飞行安全出现极端情况发生的突发性事件，最大的特点是生存环境恶劣，不确定因素复杂，无充分的准备，生存者的人身受到极大的威胁。在世界民航安全事故的历史中，飞机迫降而导致旅客通过野外生存并获救的情况鲜有发生，也有很多成功的案例可以借鉴。

2. 在野外生存的条件下，脱离险情的基本原则就是"利用各种手段维持生存，并在尽可能短的时间内，设法回到文明世界，寻求他人帮助"。其核心是维持生存寻求获救，因为只有能生存，才有获救的希望。实际发生的野外生存的案例表明，具有意志力、决心和希望是第一要素，那些内心充满热爱、求生意志坚定、身体健壮，始终保持清醒和警觉的头脑，善于利用机会的人，才最有可能走出困境；同时，必须熟悉和掌握一系列基本生存技能，才有可能求得最后生存。

3. 撤离旅客无论是陆地生存、水上生存还是特殊环境下的生存，同样面临各种威胁和对生命的挑战，生存的技巧除了制约生命的水、食物、疾病、信心外，都需采取结合所处生存环境的实际情况来进行，集体的智慧与危机应变能力又是不可或缺的积极因素。

 自我心理建设

极端情况下的耐力。

课后思考与复习

思考题

1. 野外生存的最大挑战是什么？
2. 野外生存中个体与群体的关系是什么？

复习题

1. 简述野外生存需要的基本知识。
2. 简述制约野外生存的主要因素。
3. 简述陆地生存的基本技能。
4. 简述水上生存的基本技能。
5. 简述极端环境下求生的要点。

第十一章
客舱安全特情应急处置

通常情况下，民航特情泛指在飞行过程中出现的超出我们所期望的情况发生或者所期望的情况没有发生或没有完全发生，如果不能及时应对，影响客舱及旅客安全，可能导致严重后果。而客舱安全特性主要是指在执飞的航班客舱内发生的，具有随机性、紧迫性、复杂性和潜在危险性等的特点。另外，特情的出现与发展，直接关系到客舱秩序与安全，在处置上，要立足于客舱内果断及时地解决问题，如飞机颠簸、旅客物品丢失、特殊救治以及传染病特情，直接关系到旅客的安全状态，具有很强的时效性。

本章主要就客舱安全典型的特情产生、影响及处置规则与方法进行介绍，包括客舱颠簸、旅客物品丢失、特殊救治以及传染病等特情，使学生掌握主要特情处置方法，为做好客舱应急处理奠定基础。

 本章学习目的

本章的学习目的包括：
1．了解飞机颠簸产生的原因及危害。
2．掌握飞机颠簸处理规范。
3．了解遗失与被盗的预防措施。
4．掌握遗失与被盗的处置程序。
5．掌握特殊救治，特别是晕厥、心绞痛、气道异物阻塞的应急处置方法，掌握心肺复苏（CPR）的基本程序与救助操作。
6．掌握传染病处置，特别是处置措施。

理论知识点

1．飞行中飞机颠簸是因气象条件而引发的特殊的飞行状态，飞机一旦进入引起颠簸的气象大气，颠簸是不可避免的，需要做好充分的思想准备，采取保证安全的技术措施。

2. 颠簸的处置的核心是克服恐惧心理，系好安全带，避免身体与机体或其他东西相碰撞，更需要乘务人员的组织与协助。

3. 机上旅客物品丢失不仅仅是物品本身的问题，关系到旅客的飞行体验和航班的信誉，乃至于航空运输的安全。

4. 机上特殊救治越来越引起航空公司的重视，其飞行中的特殊性，使得机上乘务员掌握必要的特殊救治技术，往往可以挽救旅客的生命，因此，机上特殊救治是乘务人员服务技能的重要组成部分，不可忽视。

5. 机上特殊救治一般以心脑血管疾病和气道异物阻塞的救治为核心，其中，心肺复苏是挽救心脏危机病人的基本手段。

6. 传染病处置有严格的法律法规，处置规范性强，需要按交通卫生检疫规定进行处置。

 能力与素质

1. 能力要点
（1）晕厥、心绞痛、气道异物阻塞应急处置方法。
（2）心肺复苏（CPR）的操作。
（3）新冠疫情传染的预防。
2. 素质要点
（1）道德素质：仁爱之心、责任意识。
（2）职业素质：精益求精。

 导读

宝宝机上被噎 空姐紧急施救

据广州日报讯，2020年11月3日下午，由西安飞往广州的HU7857航班上，一名一岁多的幼儿因吞食葡萄干导致异物堵塞，呼吸困难，飞机上的乘务员用海姆立克法进行急救，最终让孩子吐出异物，脱离危险，飞机提前半小时到达广州。

乘务人员提醒：如乘机过程中发生异物阻塞气管，观察患者有无法发声、颜面青紫、呼吸困难、肢体抽搐等伴行的症状表现，可判断为窒息，需立即进行海姆立克法急救。旅客安全管理细则涵盖了与安全相关的每一个环节，是铁律，没有规范之外的人，无论是机组人员还是乘客。当然，对旅客行为管理更是消除客舱高危风险的重要之举。

类似的情形，在民航客机上时有发生，乘务员掌握有效的救助办法，即可以挽救一个生命，所以掌握基本的急救常识和基本技术，是客舱服务人员应该具备的技能。

第十一章　客舱安全特情应急处置

第一节　飞机颠簸

一、颠簸及对安全的影响

1. 颠簸

颠簸是受气流影响上下活动造成不稳定气流，让飞机在飞行中出现忽上忽下、左右摇晃及机身震颤等现象。

飞机遇到气流就颠簸的原因，是由于大气中存在乱流，这些不稳定气流的范围有大有小，方向和速度也各不相同。当飞机进入与机体尺度相近的乱流涡旋时，飞机的各部位就会受到不同方向和速度的气流影响，原有的空气动力和力矩的平衡被破坏，从而产生不规则的运动。飞机由一个涡旋进入另一个涡旋，就会引起振动。当飞机的自然振动周期与乱流脉动周期相当时，飞机颠簸就会变得十分强烈。

中国民用航空局飞行标准司还将颠簸程度细分为轻度颠簸、中度颠簸和严重颠簸三级，明确三级颠簸情况下的客舱表现，以规范客舱乘务员的服务方法。

轻度颠簸时，客舱内饮料会晃动，旅客感到安全带稍微拉紧。这时乘务组会进行客舱广播，认真检查旅客的安全带是否系好，并继续服务。

中度颠簸时，客舱内饮料会从杯中晃出，旅客感到安全带有拉紧的感觉，行走困难，没有支撑物较难站起，餐车也很难拉动。这时乘务组会进行客舱广播，暂停服务，将餐车拉回服务舱，锁扣好餐车；在检查旅客的安全带是否系好后，乘务员也会回到座位系好安全带、肩带。

当飞机遭遇严重颠簸时，客舱内的机上用品会摔落在地上，物品摔倒或抛起，乘客有被安全带猛烈拉紧的感觉，乘务组不能在客舱中服务、行走。这时乘务组会立即停止服务，在原地马上踩好刹车，将热饮放入餐车内；在就近座位坐好或就地坐下，抓住行李挡杆。

2. 颠簸对客舱安全的影响

颠簸是影响航空安全的重要因素，表现在旅客和机组人员受伤。

对乘务员来说，普通的空中颠簸虽然不会严重威胁到飞行安全，但由于乘务员大部分时间都是在客舱内活动，遇到颠簸时受伤的概率比较大。

作为旅客，在遇到颠簸时，听到乘务员要求回到座位并系好安全带的提醒之后，一定要按要求去做，除特殊需求外，建议旅客在旅途全程中都系好安全带。而当遇到剧烈颠簸，特别是晴空颠簸时，会让旅客感到失重，耳部可能会出现增压状况，部分旅客还可能出现眩晕和呕吐，这时旅客不要慌张，要保持平稳心态，通过咀嚼、吞咽和深呼吸来减轻耳压，飞机座位背后的口袋里备有清洁袋，可供旅客呕吐使用。颠簸之后，乘务员会及时为旅客提供相应服务。

二、颠簸的处置

1. 颠簸的通用处置

（1）遇有颠簸，旅客应立即系好安全带，听从乘务员的安全指令，回座位坐好，停止使用卫生间，即使出现心理不适，也不建议出现抵触情绪。

（2）突发强烈颠簸时，旅客可能离座位较远，来不及回座位，那么旅客应立即蹲下，抓住旁边可固定的物体，如座椅扶手、座椅脚柄等；旅客有可能正在使用卫生间，卫生间是没有安全带的，要立即抓住水盆边缘、门把手等坚实物件，有很多机型的厕所马桶旁配有辅助手柄；如旅客正在用餐、用水，特别是热饮，可以立即将餐饮放置在地板上。

（3）旅客应养成良好的乘机习惯，多了解乘机的安全知识。座椅口袋里有安全须知卡，起飞前客舱会播放安全录像，应认真观看。颠簸时千万不要开启行李架，以免行李砸伤旅客。不要睡在地板上，躺在空座位上睡觉时务必系好安全带，一旦颠簸，应立即起身坐好。成人旅客做好对儿童、婴儿旅客的监控，不能因其不愿意或哭闹就不为其系好安全带。孕妇旅客可以将安全带系于大腿根部，并在中间垫一个柔软的东西，如小枕头。身体不方便的旅客，可以请求乘务员或其他旅客的帮助。

（4）旅客主要应克服恐惧心理，严重颠簸时，飞机会左右摇摆，机体会剧烈晃动，甚至于快速地下降，旅客会有失重感，会恶心、头晕和呕吐，很多人会感到很害怕。这时旅客一定不能慌张，要保持平稳心态，通过咀嚼，捏住鼻子深呼吸会减轻耳压，尽量将头靠在座椅背上不动，可以减缓眩晕。飞机座位口袋里配有呕吐袋，是经防水处理的，供旅客呕吐使用。

（5）颠簸后，乘务组应做好应急预案、检查卫生间是否有人、及时救治受伤机组成员和旅客等应急处置。

（6）乘务长应进行巡舱，检查客舱设备受损情况，并汇报给飞行机组，编写客舱维修记录本（CLB），请示飞行组是否继续进行服务工作。

（7）如遇强烈颠簸，乘务长有责任根据人员受伤情况，提出改行、返航以及地面医疗急救的类型与要求。

（8）遇中度以上（含中度）颠簸且造成损伤，乘务长需要按重大事件报告程序进行汇报。

2. 预知的颠簸的处置

（1）航前准备会和机组沟通预报颠簸　一声铃响为轻度颠簸，两声铃响为中度或严重颠簸，以便乘务员做出迅速反应。

（2）机组协作时对乘务员的提醒，做好防范　颠簸时，对自身安全的保障——安全带灯亮时应停止客舱服务。普通的空中颠簸虽然不会严重威胁到飞行安全，但由于乘务员大部分时间都是在客舱内活动，遇到颠簸时受伤的概率比较大，因此，提高乘务员的自我保护意识是防止人员受伤害的重要内容。

一旦被通知有颠簸，乘务组应视准备时间完成以下的工作：

① 先储藏大件物品，固定餐车。

② 贮藏热饮。

③ 固定厨房设施。

④ 检查客舱和卫生间。

⑤ 固定和保护好自己。

3. 非预知的颠簸的处置

(1) 飞行机组迅速打开安全带灯，并通知乘务组。
(2) 客舱机组迅速固定自己，直到安全带灯熄灭或得到通知。
(3) 颠簸结束后，检查客舱洗手间有无旅客受伤。
(4) 客舱乘务员向乘务长报告，乘务长向飞行机组的报告。

三、颠簸危害的预防

为了减少颠簸时造成的人员伤害，客舱与驾驶舱、机组与客舱乘务员之间的协调尤为重要，在不同的阶段制定出飞行机组和乘务组的沟通和责任。在直接准备阶段和起飞前，机长在与乘务组的飞行准备中，将执行航班预计航路天气等情报向乘务组进行简介。讨论遇到颠簸时采取的步骤、应对方式，乘务长应根据机长介绍情况，将本次航班可能遇有强烈空中颠簸的大致时间和时间长短告知每一位乘务员，调整空中服务项目，做好空中颠簸应急处置的心理和组织准备。空中飞行过程中，飞行机组和乘务组应当时刻保持通信的畅通，飞行机组有责任随时向客舱乘务员通报前方可能遇到的颠簸强度和时间长短。需要强调的是无论是客舱乘务员还是旅客，都要树立安全意识和自我保护意识，这样才能应对可能出现的各种问题，将飞机颠簸时可能出现的危险性降到最低。

为了确保在颠簸期间驾驶舱和客舱的正常联系，应该做好以下工作：
(1) 在航前协作中讨论颠簸处置程序。
(2) 机长在遭遇可预见性颠簸时，应预先通知乘务长。
(3) 当"系好安全带"灯亮起时（突发颠簸）或将要亮起时，驾驶舱和乘务长要尽快联系（或信号通知）。

第二节　机上旅客物品丢失

机上旅客物品遗失或被盗的事情时有发生，如果登机后，旅客发现物品在候机楼遗失或被盗，则请求机场公安部门协助处理，而在机舱内物品遗失或被盗，则由乘务组与空保协助处置。

一、预防遗失与被盗

1. 起飞前预防

提醒旅客把贵重的物品放在较近的储物柜（座位的前三排以内），便于随时监控；如果附近不能放置行李箱，在落地前，乘务员需提醒旅客再次确认行李箱位置，以防忙乱中拿错或遗忘。

2. 飞行中预防

对调换座位的旅客，特别是男性旅客加以关注；夜航要持续巡舱，加大巡舱力度，提醒旅客保管好贵重物品；婉言劝说站立、走动的旅客归位；一旦发现可疑人员，及时将其座位号、衣着、外貌特征等传递给其他机组成员，并进行全面监控。

3. 落地后预防

提醒旅客勿忘带好随身携带的物品，避免混乱中出现物品遗失或被盗。

二、遗失与被盗的处置

无论飞行的哪个阶段，若发生物品遗失，或被盗，应第一时间报告乘务长和机长，并根据情况请示机长妥善处置。一旦发生有物品被盗，需要启动安保处置程序。

1. 未发现盗窃嫌疑人的情况

（1）向失主了解具体情况，协助其查找被盗物品，同时做好事件记录。

（2）向知情人员了解情况。

（3）找到被盗物品后，应及时将物品交还失主，并请失主确认无误后在事件记录上签名。

（4）未找到被盗物品的，当失主要求联系机场警方时，将具体情况报告机长，通知机场警方处理，并在落地后将移交单等有关材料移交机场警方处理。当机场警方提出协助要求时，配合其进行处理。

（5）失主放弃查找被盗物品的，应在事件记录上注明该情况，并请失主签名证实。

2. 有被指认的盗窃嫌疑人的情况

（1）向嫌疑人亮明身份，说明情况，要求其配合调查。

（2）设法将嫌疑人带到服务舱进行调查，利用此段时间，请乘务组协助检查嫌疑人座位区域。

（3）做好事件记录，同时要求嫌疑人出示身份证件，记录该嫌疑人的身份、联系方式、座位号码及体貌特征。

（4）找到被盗物品的，及时将物品交还失主，并请失主确认无误后在事件记录上签名。

（5）当失主要求联系机场警方时，将具体情况报告机长，通知机场警方处理。空中对当事双方加强监控，防止双方发生冲突。动员知情旅客，做好调查取证工作（两份以上知情人员的亲笔证言）。落地后将当事双方及移交单、证人证言等有关材料移交给机场警方处理。

第三节　特殊救治

一、烧伤烫伤

1. 症状

（1）轻度烧伤或烫伤时伤部明显疼痛，皮肤发红、水肿或起水泡。

（2）重度烧伤或烫伤时，皮肤深部损伤，有组织暴露，皮色苍白且呈蜡样改变。

2. 轻度烧伤烫伤时的处置

（1）用凉水冲或冰敷伤部以减轻损伤和止痛。
（2）不可弄破水泡，不要强行去除烧伤部位的各种物质。
（3）拭干患部后，敷上烧伤药或敷料后包扎上（脸部不包）。

3. 重度烧伤烫伤时的处置

（1）不可用水冲或任何冷敷，不要试图去除伤部的沾染物。
（2）在出现明显肿胀前轻柔地脱去伤部各种穿戴物。
（3）以干的消毒敷布敷在伤部并加以包扎。
（4）为防止脱水要经常给病人喝少量的水或饮料。

4. 化学物烧伤时的处置

（1）尽快用大量清水彻底冲洗。
（2）轻轻地仔细去掉所有沾染了的衣物。

二、晕厥

晕厥是一种突然发生、短暂地失去知觉和行动能力的状态。多数是由于长久站立不动或长蹲、站立排尿、过度疲劳、剧痛、受惊、过度悲伤、出血或血糖过低等情况下发生的。

1. 晕厥前症状

通常的主要表现是：①脸色苍白；②头晕；③虚弱；④皮肤湿冷。不同旅客的症状反应各有差异，需细心持续观察。

2. 晕厥时症状

通常的主要表现是：①很快失去知觉；②浅呼吸；③脉搏细弱，或快或慢；④出汗。

3. 晕厥前处置

（1）将病人置于头低脚高体位。
（2）松开紧身衣物。
（3）对额头进行冷敷。

4. 晕厥时处置

（1）将病人置于头低脚高体位。
（2）如果病人有呼吸和心跳，用清醒剂放在病人的鼻下使其清醒。
（3）松开紧身衣物。
（4）在额头上进行冷敷。
（5）当恢复知觉时，清除病人的疑虑并提供热饮料。
（6）观察生命体征。
（7）广播找医生。

注意：如果失去知觉较长，则立即通知机长，并考虑其他的严重情况。

三、心绞痛

心绞痛是一种由于冠状动脉供血不足而引起的短暂发作性胸骨后疼痛。通常多见于冠心病病人。

1. 症状

（1）胸口不适或疼痛。
（2）疼痛可能放射到手臂、颈部或背部出汗、恶心。
（3）呼吸极为短促，咳嗽，有濒临死亡之感。

2. 处置

（1）广播找医生，寻求专业医生的帮助。
（2）帮助病人服下自备的药，硝酸甘油片要含在舌下。
（3）松开其紧身衣物。
（4）吸氧。
（5）询问病史，让病人保持安静。
（6）保暖。
（7）观察生命体征。
（8）为休克病人提供急救时应注意：迅速发现症状是病人获得生存机会的重要因素，因为心脏病发作可能会导致心脏停止跳动。

四、气道异物阻塞

患者如有进食时或刚进食后出现清醒状态下的呼吸困难或不能呼吸，或是说不出话来，应该怀疑是气道异物阻塞。

1. 症状

（1）皮肤苍白，然后发紫甚至变黑。
（2）显得极度紧张，说不出话来。
（3）患者用手抓自己喉部。
（4）人工呼吸时，口对口吹气吹不进患者肺部。

2. 处置

（1）立即试用手指取出异物，速度最要紧。
（2）鼓励患者用力咳嗽。
（3）用力以手掌叩拍患者背部双肩胛之间。
（4）海姆立克法急救

① 无法有效配合的婴幼儿采取头低脚高体位背部拍击，急救者位于患儿身后，掌根用劲叩击其背部中间（4～6次）。

② 可有效配合的儿童及成人采取腹部冲击法，急救者站于患者背后并从背后抱住患者的肚脐上两横指处，一只手握拳，拳心向内按压患者肚脐上两横指处，另一只手成掌包住拳头，双手急速用力向里向上冲击（4～6次），反复进行直到阻塞物吐出。

五、心肺复苏（CPR）

心搏骤停占飞行医疗问题的比例越来越高，而心搏骤停的死亡率高达86%以上，但至今仍无具体的治疗建议指南，依据2015年国际新标准，客舱中CPR操作流程如下。

1. 评估患者

（1）判断患者的意识：用双手轻拍患者双肩，问："先生（女士），醒醒"，确认患者意识丧失，无应答，立即呼救。

（2）判断呼吸：解开上衣看——患者胸部有无起伏；听——有无呼吸音；感觉——口鼻有无出气，约5秒（数1001、1002、1003、1004、1005…），确认呼吸停止。

（3）判断有无颈动脉搏动：用右手的中指和食指从气管正中环状软骨（喉结部位），旁开两指，至胸锁乳突肌前缘凹陷处，确认无搏动（数1001，1002，1003，1004，1005…10秒）。立即进行心肺复苏，复苏体位根据实际情况，最好将患者抬至较为宽敞的地方，如服务间等地，使患者平卧、解开上衣、松解裤带。

2. 心肺复苏（CPR）

（1）首先进行胸外心脏按压：部位——两乳头连线中点（胸骨中下1/3交界处），用左手掌跟紧贴病人的胸部，两手重叠，手指相扣，左手五指翘起，双肘关节伸直，用上身重量垂直下压，按压30次，如图11-1所示。

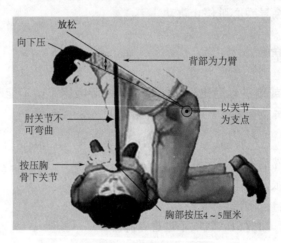

图11-1　心肺复苏操作示意

说明：按压和放松时间1：1，按压频率至少100次/分，按压深度成人4～5厘米，对儿童及婴儿则至少胸部前后径的1/3厘米。

（2）开放气道：将患者置于仰卧位，头偏向一侧，清理口鼻分泌物，头复位，仰头抬颌法，开放气道。

（3）人工呼吸：①口对口人工呼吸——吹气时捏住患者鼻子，呼气时松开，吹气见胸廓抬起即可，嘴包严患者的口部。②在有条件的时候，应用简易呼吸器，连接氧气，氧流量10升/分，手以"CE"手法固定面罩，一手挤压简易呼吸器，每次送气400～600毫升，频率：8～10次/分。

CPR操作要点：按压与人工呼吸的比例为30：2，持续进行5周期2分钟CPR（心脏按压开始，送气结束)，再次判断效果，时间不超过10秒。

3. 除颤治疗

特别强调的是心源性猝死的患者，对于预后改善，非常重要的一点是要进行及时除颤治疗。因此在进行心肺复苏操作的同时，一定要及时呼唤别人的帮助，使用自动体外除颤仪，因为如果该病人是可除颤心率，及时除颤可以极大提高生存率。目前，客舱鲜见除颤设备，如果有条件的地方，如机场配备了除颤仪器，可以联系机场部门，协助对患者进行除颤的后续治疗。

4. 判断复苏是否有效

判断的方法是：可扪及颈动脉搏动；收缩压60mmHg以上；瞳孔由大缩小；对光反射恢复；口唇、指甲由发绀变红润；自主呼吸恢复。

结束后，整理患者，密切监测病人生命体征变化。

第四节 传染病处置

《国内交通卫生检疫条例》规定，对出入检疫传染病疫区的或者在非检疫传染病疫区发现检疫传染病疫情的交通工具及其承运的人员、物资，实施交通卫生检疫；经检疫合格的，签发检疫合格证明。交通工具及其承运的人员、物资凭检疫合格证明，方可通行。《突发公共卫生应急条例》规定，交通工具上的传染病病人的密切接触者，由交通工具停靠点的县级以上各级政府卫生行政主管部门或铁路交通、民用航空行政主管部门，根据各自的责任，依传染病防治法律、行政法律的规定，采取控制措施。

法律规定，对拒绝隔离、治疗、留验的检疫传染病病人、病原携带者、疑似检疫传染病病人和与其密切接触者，以及拒绝检查和卫生处理的可能传播检疫传染病的交通工具、停靠场所及物资，县级以上地方人民政府卫生行政部门或者铁路、交通、民用航空行政主管部门的卫生主管机构根据各自的职责，应当依照传染病防治法的规定，采取强制检疫措施；必要时，由当地县级以上人民政府组织公安部门予以协助。

一、航空鼠疫疫情处理措施

（1）在运行途中的航空器上发现鼠疫病人、疑似病人时，机长应当立即通过空中交通管制部门，向民用航空行政主管部门报告以下内容：

① 航空器所属公司、型号、机号、航班号。
② 始发机场、经停机场、目的地机场。
③ 机组及乘客人数。
④ 病人的主要症状、体征、发病人数。

（2）机长应当组织人员实施下列临时交通卫生检疫措施：

① 立即封锁鼠疫病人、疑似病人所在舱位，禁止各机舱间人员流动，控制机组人员

进出驾驶舱。

② 对鼠疫病人、疑似病人采取就地隔离、采样等医学措施。

③ 对被污染或者可能被污染的环境和病人的分泌物、排泄物进行消毒处理。

（3）航空器降落后，机场管理机构应当组织有关人员实施下列应急卫生检疫措施：

① 对鼠疫病人、疑似病人就地隔离，并实施应急医学措施；航空器上其他人员应视为密切接触者，对密切接触者进行详细登记，做好检诊，投服预防药物。

② 将鼠疫病人、疑似病人移交给当地县级以上地方人民政府卫生行政部门指定的医疗机构，密切接触者移交临时交通卫生检疫留验站。

③ 如航空器上发生鼠疫病人、疑似病人死亡，其尸体应经消毒处理后，移交当地县级以上地方人民政府卫生行政部门指定的医疗机构。

④ 对被污染或者可能被污染的物资实施消毒，固体废弃物必须进行焚烧处理。

⑤ 对航空器实施终末消毒、灭蚤、灭鼠等卫生处理，经检疫合格，签发检疫合格证明后，方可继续投入运行。

二、航空霍乱疫情处理措施

（1）在航空器上发现霍乱，机长可按原计划飞行，通知空中交通管制部门和目的地机场，并组织人员实施下列紧急措施：

① 立即封锁霍乱病人、病原携带者和疑似病人所在舱位，禁止各机舱间人员流动。

② 将霍乱病人、病原携带者和疑似病人隔离在其座位舱一端，实施应急医学措施，提供专用吐泻容器，封闭被污染的厕所，并对吐泻物进行采样留验。

③ 对霍乱病人、病原携带者、疑似病人的吐泻物和被污染或者可能被污染的环境进行卫生处理。

（2）航空器降落后，机场管理机构应当组织人员实施下列应急卫生检疫措施：

① 确定密切接触者。与霍乱病人、病原携带者和疑似病人的同行人员、直接护理者、接触病人、疑似病人吐泻物和其他污染物的人员均视为密切接触者。对密切接触者进行详细登记，做好检诊，投服预防药物。

② 对霍乱病人、病原携带者和疑似病人实施医学措施后，移交当地县级以上地方人民政府卫生行政部门指定的医疗机构，密切接触者移交临时交通卫生检疫留验站。

③ 如航空器上发生霍乱病人、疑似病人死亡，其尸体应经消毒处理后，移交当地县级以上地方人民政府卫生行政部门指定的医疗机构。

④ 确定污染范围，对霍乱病人、疑似病人吐泻物和被污染或者可能被污染的物资和环境进行消毒处理。

⑤ 对航空器上的排泄物、废水进行消毒后排放，对固体废弃物进行焚烧。

⑥ 对航空器进行消毒、杀虫、灭鼠等卫生处理，经检疫合格，签发检疫合格证明后，方可继续投入运行。

三、新冠疫情处置措施

2020年出现的新冠疫情，病毒传染率较高的特性，对航空飞行安全产生了较大影响，整个客舱服务过程中的疫情防护，对于客舱乘务员乃至整个机组都是必须高度重视的工作，也对整个客舱安全工作提出了更高的要求。针对此特殊情况，各个航空公司依据运输航空公司、机场疫情防控相关指导文件等，对乘务员客舱新冠防疫处置工作进行了相关要求，并随着疫情的变化不断完善。

1. 基本防护处置

（1）机组核酸检测规定：每个自然周（周一至周日）做2次核酸，每次核酸时间间隔不低于48小时，地区规定：参考当地防疫部门要求执行（就高不就低）。

（2）一防护：自身防护到位，分别按低、中、高风险航班标准实施防护。

（3）两提醒：提示旅客防护到位，提示旅客身体不适要报告。

（4）三观测：观察旅客身体症状、监测旅客体温、减少机上服务程序。

（5）四处置：及时发现旅客异常症状，将有异常症状旅客的座位调整至后三排进行隔离，向到达机场及公安报告信息，等待并协助机场救护上机处置（处置完成前不可下机）。

（6）五消毒：协助地服旅客登机前的手消毒、盥洗室消毒、垃圾消毒、分泌及呕吐物的随时消毒。

（7）六指定：指定机组盥洗室、指定机组服务人员、指定旅客服务人员、指定隔离旅客服务人员、指定医疗垃圾桶、指定机组用餐先后程序。

2. 异常旅客处置

（1）暂停客舱服务。

（2）条件允许时，设立客舱后部最后三排座位为应急隔离区，尽可能将疑似旅客安置在右侧靠窗位置，以便尽可能将其呼出的气体直接排出机外，并禁止各舱位之间人员流动。

当客舱满员时，要求疑似旅客佩戴口罩进行原地隔离。在客舱非满员时，可采用空间位置隔离。

（3）设立后部右侧洗手间供疑似旅客使用，以免交叉感染。

（4）由客舱经理/乘务长或指定专门乘务员（最好是前期负责该区域旅客服务的乘务员）为其提供必要的机上服务，并减少与其他机组人员近距离接触（2米）、非必要接触及禁止跨舱位走动。

（5）为疑似旅客提供备用口罩、备用手套、消毒湿巾/无醇免洗洗手液。测量疑似旅客体温，询问旅客近期是否有过国内中高风险地区及境外国家/地区居住史、旅行史、接触史等。为周边旅客发放口罩并收集前三后三排旅客信息。

（6）疑似旅客使用过的口罩、手套、体温枪按照防疫垃圾处理，放置于"黄色医疗废物垃圾袋"内，做好垃圾袋封口及消毒工作。

（7）负责与该旅客接触的乘务员须穿戴使用"应急疫情处置包"及"防疫流动包"内防疫物资。如疑似旅客有呕吐现象，及时使用"卫生防疫包"中的其他防护用具。如遇特殊情况，机上无防护服、护目镜、手套等，则使用"卫生防疫包"内物资。按照说明书穿戴使用眼罩、口罩、医用橡胶手套、防护围裙等个人防护用品。

① 手套：佩戴双层手套，若机上有2名以上疑似旅客，应对双手区域消毒后再接触不同旅客。

② 口罩：注意密闭性和内外上下之分。应急处理期间，禁止触碰及调整口罩。

③ 护目镜：佩戴使用护目镜。

④ 防护服：着一次性防护服，特殊情况时可使用卫生防疫包中的防护围裙作为替代，进行短时应急处置。

（8）对疑似患者及其密切接触者进行详细登记，填写"紧急医学事件报告单"。

（9）乘务员需收集疑似患者的主要症状、体征、发病人数等信息通报机长，由机长通报地面相关单位。

（10）落地后移交机场防疫部门，并配合相关防疫人员的要求进行后续工作。

（11）客舱经理/乘务长第一时间电话通报所属中队，同时按照部门信息上报流程上报，并提交航医"紧急医学事件报告单"。

（12）如机组人员在机上出现发热、乏力、干咳、咽痛、嗅（味）觉减退、腹泻等症状，按照上述机上发热旅客的程序开展机上应急处置，落地后立即上报所属中队督导。

（注：新冠疫情防控政策和处置措施是随着疫情的发展不断完善的，本文所列举的新冠疫情处置措施仅供参考，需按最新的防疫措施执行。）

思政阅读 11

以"三个敬畏"构建民航安全的钢铁防线

2020年4月14日，在民航局召开的4月民航安全运行形势分析会上，时任民航局局长冯正霖表示，要大力弘扬和践行当代民航精神，以"敬畏生命、敬畏规章、敬畏职责"为内核，切实增强敬畏意识，深入推进作风建设，不断提升专业素养，全力确保民航安全运行平稳可控，为取得疫情防控阻击战的最终胜利贡献力量。

一、知敬畏

敬畏是人对待事物的一种态度。常怀敬畏之心的人，才能成为一个君子。敬畏是自律的开端，也是行为的界限。

有了敬畏，才能有无穷的精神力量，当灾难突如其来的时候，就有能力与之抗衡；有了敬畏，才能有孜孜不倦的学习态度，在应对突发情况的时候，就能自信自如，更有把握；有了敬畏，才能有良好的职业操守，在关键时刻，就能坚守责任，勇于担当。民航人要把对生命、规章、职责的敬畏融入每一天的工作中，做一名践行当代民航精神的青春代言人。

二、敬畏生命

要敬畏生命，努力克服侥幸心理和变通思维。全体民航人要把敬畏生命作为履行岗位职责的思想基础，肩负起保护旅客生命的责任，强化担当。

敬畏生命体现了民航业的价值追求，是党的根本宗旨和民航业内在要求的高度统一，在全行业提倡开展作风建设，也是为了通过培育优良的作风，进一步提升民航安全运行水平，使旅客生命安全得到更好的保护。

三、敬畏规章

要敬畏规章，严肃惩戒违章和失信行为。要充分认识和深刻理解规章条文背后的原理、逻辑，充分了解其制定的背景和意义，并深刻理解和融会贯通，才能做到更加自觉、规范，在不违反规章的前提下举一反三，能够更加自信自如，更有把握地应对突发情况；要严肃惩戒触犯规章底线，诚信红线的行为，令其付出代价，绝不允许不诚信的人员在行业内立足。

敬畏规章体现了民航业的运行规律，是安全理论与实践经验的高度统一，要通过深化作风建设，努力把规章外在的强制要求转化为员工内在的自我约束，真正做到按章操作、按手册运行。

四、敬畏职责

要敬畏职责，做到岗位责任和专业能力的高度统一。民航人要对自己的岗位职责高度认同，在关键时刻绝不放弃责任，自觉按照岗位要求提升专业能力，自觉摒弃不适应岗位职责的不良习惯。

敬畏职责体现了民航人的职业操守，是岗位责任和专业能力的高度统一，民航人要对自己的岗位职责高度认同，在关键时刻绝不放弃责任，自觉按照岗位要求提升专业能力，自觉摒弃不适应岗位职责的不良习惯。

根据真实事件改编的电影《中国机长》，展现了在万米高空突遇驾驶舱风挡玻璃爆裂脱落、座舱释压的极端罕见险情中，机组人员临危不乱、果断应对、正确处置，确保了机上全部人员的生命安全，创造了世界民航史上的奇迹。机长说的三句话：敬畏生命、敬畏职责、敬畏规章，值得我们思考和学习。

总结起来就是，敬畏生命，即时刻以乘客和机组人员的性命为重，人生只有一次，敬畏他人的生命，是我们民航人必须要做到的头等大事。敬畏规章，即要求我们严格遵守民航界的规范，始终坚持立志成为一名合格的民航人。敬畏职责，即敬畏我们所在的事业，敬畏我们头顶的这片蓝天，磨炼自己，砥砺前行，为中国民航业的发展贡献一份微薄之力。坚守"三个敬畏"，不忘我们的初心，方能让我们守住自己的红线，并让我们成长为更好的民航人。

开放式讨论11

讨论题目——后疫情时代，乘务员面临的新挑战

在《客舱乘务员的资格和训练咨询通告》（AC-121-FS-27R3）中，对客舱乘务员的职责定位有明确的要求："客舱乘务员是保障飞行安全的人员之一，主要职责是保证客舱安全"，"在满足和确保安全的前提下，可以为旅客提供适当的服务"。总结来说，一名合格的客舱乘务员，第一要有能力保障客舱安全，第二要有能力为旅客提供适当服务。有能力保障客舱安全就需要乘务员有责任心、具备较强的执行力以及良好的团队配合；有能力为旅客提供适当服务就需要乘务员具备良好的沟通能力、有亲和力、有耐心、有应变能力以及对提供服务工作的认同感。

引导性提示

1. 客舱安全为什么超越服务的地位？客舱安全对乘务员来说，它意味着什么？服务意味着什么？
2. 客舱安全范畴在扩大，除了飞行安全、旅客安全外，还包括目前尚未得到消除的新冠肺炎等的威胁。
3. 乘务员应对突发事件的能力与素质越来越引起人们的重视，知识、经历的价值越来越被认可。
4. 如何克服目前乘务队伍的短板，建立适合未来民航发展的人才培养体系，将关系到我国民航服务水平的高度。

 本章总结

特情的发生对客舱旅客均构成直接或间接的影响，由于随机性、紧迫性、复杂性和潜在危险性的特点，决定了在处置上，要立足于事发现场，及时解决，不容迟缓，这样才能化解旅客关切，解除忧虑之心，消除安全隐患。而且，诸如突发疾病，必须采取特殊的方法，对病人进行救助，并按传染病处置规范，对传染病进行防护与阻断传染。

 自我心理建设

稳定的心理素质。

课后思考与复习

思考题
1. 飞机颠簸状态下，如何安抚旅客，消除恐惧心理？
2. 新冠疫情下，乘务组如何做好客舱疫情防护？

复习题
1. 简述飞机颠簸产生的主要原因及危害。
2. 简述飞机颠簸处理规范。
3. 简述旅客遗失与被盗预防及处置。
4. 简述晕厥、心绞痛、气道异物阻塞应急处置方法。
5. 简述心肺复苏（CPR）的基本程序与救助操作。
6. 简述机上新冠疫情处置措施。

附录 应急处置实训指导书

一、实训项目

项目1：客舱失火处置训练
项目2：客舱释压处置训练
项目3：有准备陆地迫降程序

二、实训要求

1. 根据理论课程内容针对性地设计实训内容。
2. 根据实际实训条件，结合航空公司新乘务员培训的基本要求合理安排。
3. 重视实训过程中的安全问题，确保实训安全。

三、实训目的

1. 掌握客舱处置的基本原则等基本知识。
2. 具有熟练操作各种安全设备的能力，熟练进行各种应急事件的处置的能力。
3. 具有高度的安全意识，具有在紧急情况下能够沉着、准确判断的能力。

四、实训条件

1. 熟练掌握客舱服务技能。
2. 熟练掌握安全处置理论内容。
3. 具有模拟训练舱。
4. 具有灭火、释压等相关处置设备。
5. 参训者着装以宽松、方便为主，不宜穿着制服。

五、实训内容

项目1：客舱失火处置训练

客舱发生火灾时，需要至少三名客舱机组成员组成临时灭火小组，有些航空公司培训时因为是模拟连续发生着火的情景,会有四人或五人灭火小组。本训练以三人灭火小组为例。

● 灭火者

1. 第一位发现失火的机组成员。
2. 确认火势的情况,如果只是烟雾,要寻找其问题,到底是从哪里来的烟雾。
3. 迅速告诉其他客舱机组成员"我来灭火,你去报告"。
4. 取下就近的灭火瓶。
5. 立刻确定火源并灭火。
6. 移走易燃易爆物,关断电源,拉断电路器,如闻到煤油、汽油、酒精或化学物品味道时,不要开关任何电器,提醒旅客不要按呼唤铃或开阅读灯。
7. 移走氧气瓶到密封的空间里,例如衣帽间,并用毛毯、枕头,加以固定。
8. 如果只有一个人,先移走氧气瓶,再灭火,如果旁边有人,将氧气瓶交给他,并让他通知其他人。

● 联络者

1. 现场第二位发现失火的机组成员。
2. 接到信息后,先观察火势的情况,确认着火位置、火势程度、烟雾程度、特殊气味。
3. 就近找个内话系统与驾驶舱进行联系,"报告机长,×排×座舱壁起火,火势中等,烟雾中等,无特殊气味,我们正在组织灭火"。
4. 通知所有人,"所有人员请注意,×排×座起火,请速来支援"。
5. 保留在火灾现场附近,对整个灭火过程做了解,在时间上做一个相应的记录。
6. 火势有变化的时候,观察情况,及时通报驾驶舱。
7. 如果现场少了灭火瓶,告知客舱。
8. 火势扑灭:"报告机长,×排×座的火已经被扑灭,我们已经派专人监视火场"。告诉全体乘务员:"所有乘务员请注意,×排×座的火已被扑灭,速把灭火瓶归位。"
9. 火势未灭:"报告机长,×排×座的火没有办法被扑灭,现在的火势中等,所有的灭火设备已经全部用完,请指示"。并通知全体乘务员。

● 援助者

1. 听到灭火者和联络者喊话,发现火源的机组成员。
2. 首先判断着火位置需不需要转移乘客,如果需要,先把乘客转移离开火源区域。
3. 帮助灭火者拿取客舱内其他的灭火设备,并告知有几个什么样的灭火设备(比如两个海伦灭火器),放在了什么位置(位置要具体,方便灭火者拿取,比如放在右后方或者左前方等)。
4. 安抚并指导乘客捂住口鼻。指导语言:请大家不要惊慌,我们都是经过专业训练的,有能力有信心保证大家的安全,请低下头、俯下身、用衣袖捂住口鼻。
5. 边安抚乘客,边观察乘客及客舱内情况,直至灭火者完成灭火任务。

项目2:客舱释压处置训练

1. 模拟客舱服务

1号和3号在前舱,2号、4号、5号在后舱,由2号、3号、4号进行模拟服务。1号乘务长和5号安全员在各自负责区域。

2. 释压阶段

当听到"嘶——"的声音,氧气面罩脱落。

客舱内乘务员立刻停止服务,就近找座位坐下并系好安全带,如果没有空余座位,立即蹲下,抓住座椅的固定部分。

1号和5号坐在自己的座位上,系好安全带,并拉下氧气面罩吸氧。

客舱内乘务员大声喊出口令:"请大家系好安全带,拉下氧气面罩吸氧。"至少三遍。

3. 释压解除

当听到释压解除口令,客舱内乘务员起身安抚乘客:"刚才是由于客舱释压造成的情况,请大家不要惊慌。"

安抚乘客完毕,客舱乘务员拿氧气瓶到客舱询问:"请问哪位乘客身体不适需要吸氧,请示意我。"乘务员将氧气瓶交给乘客之后,各舱乘务员回舱报告,前舱报告1号,后舱报告2号。

报告内容:"×排×座(和×排×座)的乘客身体不适,正在吸氧。报告完毕。"

2号将乘务员报告的内容重复报告给1号。1号综合2号和3号所报告的内容报告给机长:"报告机长。客舱内有×名乘客身体不适,正在吸氧。报告完毕。"

客舱乘务员在一段时间后回收氧气瓶:"旅客您好,请问您还需要继续吸氧吗?"若乘客不再吸氧,则回收氧气瓶:"您座位上方有呼唤铃,如果您身体仍然有不适的状况,请按铃呼叫我们,我们将为您提供帮助。"

乘务员回收氧气瓶后回各自的舱位,报告1号和2号:"×排×座(和×排×座)的乘客吸氧×分钟,共用×个氧气瓶。报告完毕。"

2号将乘务员报告的内容重复报告给1号。1号综合2号和3号所报告的内容报告给机长:"报告机长。客舱内有×名乘客身体吸氧完毕,共吸氧×分钟,用了×个氧气瓶,氧气瓶氧气是否在500PSI的正常范围内(比如氧气瓶内氧气均在500psi以上)。其他乘客状况良好,客舱内无火灾隐患。报告完毕。"

4. 下降阶段

1号广播:(中文)女士们,先生们,我们的飞机将于20分钟后到达××机场,地面温度为×摄氏度。请您调直座椅靠背,收起小桌板,打开遮光板,并再次确认您的安全带已经扣好系紧,手机等移动电子设备处于关闭状态。感谢您的配合。

Ladies and Gentlemen, Our airplane will be landing at. The ground temperature is degrees Centigrade. Please return your seatback and tray table to the upright position, open the window shade, fasten your seat belt and make sure that your mobile phone is power off. Thank you for your cooperation.

乘员在广播同时进入客舱进行安全检查。

检查完毕,客舱乘务员回舱位坐下,系好安全带,5号进行最后的检查,检查完成后给出👍的手势。

飞机落地后,乘务员到各自负责的舱门。1号:客舱乘务员操作分离器,解除预位,并交叉检查。

3号:L1解除预位。1号:L2解除预位。4号:R1解除预位。2号:R2解除预位。

项目3：有准备陆地迫降程序

1. 机组协调

机长三声"叮咚"铃声响，乘务长（1号）拿纸笔进入驾驶舱。

（1）紧急情况类型　机长说明紧急情况类型，告知需要进行计划陆地撤离。

（2）准备时限　准备时间为×分钟。

（3）确定防撞姿势信号　当听到"500英尺"口令的时候，接通应急灯光；当听到"50英尺"口令的时候，防冲撞姿势。

（4）校对时间　现在是×点×分。

（5）特殊指令　如果落地后我失能了，带我下飞机；听到"撤离、撤离、撤离"三声口令的时候再进行撤离。

（6）重复信息　听明白了吗？重复一遍。

乘务长将以上信息简洁明了地向机长重复一遍。

2. 客舱准备

当1号进入驾驶舱内时，客舱乘务员清理应急出口和通道，确认盥洗室无人，准备演示用品（安全须知卡）。厨房乘务员关闭电源，确认滑梯预位，锁定橱柜和餐车，倒空余水，卸下门帘。

1号广播："请全体客舱乘务员前舱集合"。集合客舱乘务员至前舱开会，最后一人拉上帘子。1号将机长告知的信息告知客舱乘务员。会议完毕，客舱乘务员回到各自岗位。

乘务长将客舱所有灯光全部打开，开在高亮位置。然后开始客舱广播：

机长广播、乘务长广播应平静清晰。广播和口令用中英文广播两遍。

1号：女士们，先生们，我是本次航班乘务长，我们将进行客舱准备，请听从乘务员的指挥。请大家收起小桌板，调直座椅靠背，打开遮阳板。

Ladies and gentlemen，This is your chief purser speaking. In preparation for emergency landing（陆上迫降）/ditching（水上迫降），please follow our instructions. Return seatback and tray table to the upright position and open the window shade.

乘务员将行李架扣好锁定，盥洗室锁定，固定所有松散物品。

2、3、4、5号：系好安全带，调直座椅靠背，收起小桌板，（靠窗旅客）打开遮光板。

Fasten your seat belt，Seatback to the upright position，Return the tray table，Open the window shade.

3. 收取锐利物品

1号：为了您疏散时的安全，请松开领口，解下领带、围巾，取下随身携带的锐利物品，将项链、胸针、钢笔、手镯等放入行李袋内，脱下高跟鞋交给乘务员保管，穿上外套。

For your safety，please remove all sharp objects，such as necklace，brooch，pen and bracelet. Remove your necktie and scarf. Loose your collar. Remove high-heeled shoes and hand them to your flight attendants. Now，put your coats and jackets on.

2、3、4、5号：取下尖锐物品放在行李架内，取下项链、手镯，松开领口，取下领带、围巾，脱下高跟鞋，穿上外套。

Remove sharp objects，Remove necklace and bracelet，Loose collar，Remove necktie and scarf, High-heel shoes to me, Put your jackets on.

乘务员摘下自己的胸牌，脱下丝袜、高跟鞋，松开领口，穿上外套。

4. 介绍防冲撞姿势和安全须知卡

1号：下面介绍两种防冲撞姿势。

We will now explain two kinds of bracing position for impact.

第一种：两腿分开，弯下腰，双手用力抓住脚踝。如果够不到脚踝，改环抱双膝。

For the first method, put your legs apart, bend over and grab your ankles. If you cannot grab your ankles, grab your knees.

第二种：两腿分开，两臂交叉，身体前倾，双手抓住前面的座椅靠背，额头靠在手臂上。

For the second method, put your legs apart and cross your arms. Lean forward, hold the seatback and put your forehead on your arms.

如果您还有疑问，请向邻座的旅客询问或阅读安全须知。

If you do not understand well, ask your neighbors or read the safety instructions.

演示乘务员坐在椅背上，"之"字形排列。以机头方向为基准，头等舱AC第一排椅背3号，经济舱DEF第一排椅背4号，经济舱ABC第三排椅背5号，经济舱DEF第四排椅背2号。

个别简介特殊旅客和前排旅客的防冲撞姿势。"这一排的旅客注意了：你们的防冲撞姿势是这样的，两腿分开，弯下腰，双手用力抓住脚踝，如果够不到，改环抱双膝。听明白了吗？做给我看。"防冲撞姿势英文广播完再从椅背上下来。

5. 选择援助者，调整旅客座位

1号：如果您是民航职员、军人、警察或消防人员，请与我们联系，我们需要您的帮助。同时，我们将调整部分座位，以便帮助需要协助的旅客撤离。

We need helpers, please contact us if you want to be volunteer. We will move some passengers to another section who might need help.

（1）陆地援助者选择

寻找五位旅客，询问："你愿意做我的援助者吗？"旅客同意后说："请跟我来。"将他们带至负责的安全出口处，一一介绍：

你是我的1号援助者，如果我受伤，你负责打开门。滑梯充气后，你第一个滑下飞机，站于滑梯的一侧，帮助旅客撤离。

你是我的2号援助者，第二个滑下飞机，站在他对面。

你是我的3号援助者，第三个滑下飞机，带领旅客逃向安全地带。

你是我的4号援助者，第四个滑下飞机，救助伤员。如果我受伤，你带我下飞机。我的安全带是这样解开的……

你是我的5号援助者，第五个滑下飞机，如果我受伤，你接替我执行撤离职责，站在这里，指挥旅客撤离。口令是："这边来，一个接一个，跳！Come this way, one by one, jump!"在确认出口可用之前，你们要手挽手形成人墙，挡住旅客。

（2）陆地翼上出口援助者选择

你们3个愿意做我的援助者吗？跟我来。

你是我的1号援助者，飞机停稳后，判断外部无延误或无障碍，像这样打开门（757把门抛出机外），第一个滑下飞机，站在滑梯一侧，协助旅客撤离。

你是我的2号援助者，第二个滑下飞机，站在他对面，协助旅客撤离。

你是我的3号援助者，站在出口处，协助旅客撤离，口令是"跨出去，脚先出！Step out! Foot first."

如果时间允许，乘务员："听明白了吗？重复一遍。"援助者复述任务要求。

6. 应急出口说明

1号：飞机的左、右侧有应急出口、分别标有明显标志，请您听从乘务员的指挥，如出口不能使用，请迅速转移到其他出口。

Attention please! There are emergency exits on both side of the aircraft, please located your exit or follow the direction of the cabin attendant. If that exit cannot be used, quickly remove to another exit.

乘务员站在"出口"灯下指示出口，从可用出口至区域分界线进行区域划分指示。

区域乘务员：这一排 This row，这一排（不同排）This row。你们的出口在这边。如果这边出口不能使用，请使用那边出口。

Passengers in this area. Your exits is here, if this exit cannot be used, use the other one.

出口灯下，区域负责乘务员："出口在此，Exit is here. 出口在此，Exit is here."

7. 最后确认

1号：现在请您拿下眼镜、假牙、助听器等放在外衣口袋内，将安全带系得低而紧，做好防冲撞姿势准备，当听到口令"弯腰不动"或"50英尺"时，请全身紧迫用力，直到听到'解开安全带'口令为止。注意！撤离时必须听从机组成员指挥！

Please put glasses, denture and deaf-aid in your jacket pocket and fasten your seat belt tight and low. You can take one of bracing positions for emergency impact when the captain orders or when hear 'Bend Down' and remain in this position until you hear 'release seat belt'. Please do follow our instructions when evacuation!

2、3、4、5号：眼镜、假牙、助听器放在外衣口袋内，听到"弯腰不动"或"50英尺"口令时，全身紧迫用力，进行防冲撞姿势。

Put glasses, denture and deaf-aid in jacket pocket. Take one of bracing positions for emergency impact when hear the 'Bend Down'.

检查完毕之后，所有乘务员回到自己的座位上，安全带扣上，背带背上，安全姿势坐好。关灯。

8. 迫降

机长给出指令"500英尺"，所有乘务员统一口令："接通应急灯光！接通应急灯光！"同时，2号或者5号接通应急灯光。

机长给出指令"50英尺"，所有乘务员统一有节奏喊口令："弯腰不动！Bend Down！弯腰不动！Bend Down！"一直到听到撤离口令为止。

落地之后，机长给出三声指令"撤离！撤离！撤离！"乘务员迅速解开安全带，打开舱门，封门动作口令："解开安全带！Release! 解开安全带！Release!"

184 客舱安全管理与应急处置

站在辅助空间，口令："这边来，一个接一个，跳！Come this way, one by one, jump!"

9. 清舱

乘务员最后清舱，清舱口令："还有人吗？回答我！Anybody else? Answer me!"。

清舱完毕，2、3、4、5号乘务员："报告乘务长，清舱检查完毕，×号先撤离。"

乘务员撤离完毕乘务长按照清舱要求再次清舱，报告机长清舱完毕后撤离，机长最后撤离飞机。

六、实训考核建议

1. 平时成绩40%；平时表现10%（包括出勤、课堂提问、课堂表现等）；平时模拟训练综合情况30%。

2. 模拟考试60%；理论表述20%；操作技能40%。

（说明：附录部分仅供实训教学参考，具体实训时，需要根据实际课程内容和具备条件情况进行调整。）

参考文献

[1] 交通运输部．公共航空运输企业航空安全保卫规则CCAR-343-R1.2018-11-16.

[2] 向莉等．客舱安全管理（21世纪职业教育规划教材）/民航服务．北京：中国人民大学出版社，2020.

[3] 陈卓等．客舱安全管理与应急处置．北京：清华大学出版社，2017.

[4] ［美］Alan J.Stolzer．民航安全管理体系．李继承等，译．北京：中国民航出版社，2012.

[5] 刘汉辉．民用航空安全之道安全．北京：中国民航出版社，2008.

[6] 钟科．民航安全管理．北京：清华大学出版社，2017.

[7] 孙佳．民航安全管理与应急处理．北京：中国民航出版社，2012.